湛庐 CHEERS

与最聪明的人共同进化

HERE COMES EVERYBODY

CHEERS
湛庐

银河战舰
皇家马德里

THE
REAL MADRID
WAY

[美]史蒂芬·曼迪斯（Steven G. Mandis）著
傅婧瑛 译

湖南教育出版社
·长沙·

皇马为何是世界上最成功的球队？

扫码加入书架
领取阅读激励

- 帮助皇马取得成功的核心因素是：（单选题）
  A. 明星球员
  B. 管理层
  C. 社区价值观和由此形成的文化
  D. 充足的资金

扫码获取全部测试题及答案，
一起了解皇马的历史和发展

- 早在伯纳乌执掌皇马的时期，皇马在五夺欧洲俱乐部杯冠军的同时，（ ）更换主教练。（单选题）
  A. 1次
  B. 3次
  C. 6次
  D. 从未

- 以下哪位皇马前明星球员后来担任过皇马主教练？（单选题）
  A. 菲戈
  B. 贝克汉姆
  C. 安切洛蒂
  D. 齐达内

扫描左侧二维码查看本书更多测试题

皇马在球场内外取得成功的秘诀，不仅仅是金钱、人才和数据分析，更是球迷心中和灵魂中的价值观和激情。从这里开始，到这里结束。

——皇马高管

THE
REAL MADRID
WAY

推荐序

揭示皇马成功的终极奥秘

张斌

央视体育记者

兜兜转转，这本 The Real Madrid Way 的中文简体字版终于来到读者面前。当然，如果是这样一个书名，还是略显素朴了，需要"银河战舰"这一特定英名来号令天下，给出下列问题的终极答案——为什么成功的是皇马？皇马为什么能成功？成书前，作者曼迪斯在著名的光明球场现场见证了皇马击退同城对手马德里竞技足球俱乐部（简称马德里竞技），第 10 次捧得欧冠的历史时刻，那玄妙的现场被放置在全书开篇，巅峰荣耀照亮那条独特的皇马道路。

从第 9 次夺得欧冠，到第 10 次再次站上欧洲之巅，皇马历经艰难，穿越巴萨的黄金年代，完成了十全十美的欧冠伟业，随即还成就了单赛季"四冠王"。到了 2024 年春夏之交，在温布利大球场，皇马赢得了队史第 15 座欧冠奖杯，10 年间又斩获五冠，且有一波"三连冠"，称为气贯寰宇恐怕也不为过。皇马主席弗洛伦蒂诺·佩雷斯（Florentino Pérez）在皇马的荣誉室里，以璀璨奖杯墙为背景拍摄了张照片，无需傲然昂首，只需放松身躯，从眼镜背后露出一丝难得的淡然，那王者之姿也昭然可见。

欧冠世界里的皇马玄妙至极，评论者往往会慨叹，玄学不可说。曼迪斯绝对算得例外，一个长期历练于金融和咨询业的哥伦比亚大学副教授，一个美国人，绝非足球原教旨主义者，但一路行来，就是乐于探寻答案。他家底厚实，著述所得通通捐助慈善，誓要破解玄学和难题。破解体育谜题之前，曼迪斯朝着自己最熟悉的领域进发，一本《高盛，危机即将到来？》（What Happened to Goldman Sachs）算是其在写作方面的破局之作。因为高盛的关系，曼迪斯找寻到了探入皇马的路径。本书前言里有细致交代，皇马这个偌大足球帝国的操盘者竟然是隔着几座山的所谓外行人，但恰是外行人才能挥洒组织行为学或者市场营销学的特长，塑造出一条皇马式的康庄大道。

初试牛刀写成这本书后，曼迪斯一发不可收，接连写下《意甲怎么了》（What Happened to Serie A）和《美国国家队怎么了》（What Happened to the USMNT）两本著作，本本都是显学。20 世纪八九十年代，意甲的看台是最斑斓的，21 世纪初的那些年，意甲诸强在欧冠的群体性表现是最扎实的，可繁华落尽，衰败即在眼前，甚至如今已伤及其国家队的荣耀与尊严。虽然有 2021 年拿下欧洲杯的硕果，但连续两届错失世界杯决赛圈，2024 年欧洲杯又败得脸面尽失，有谁能真的讲清楚意大利足球到底败在何处，救亡图存前至少得能看清迷局吧。在找寻答案的过程中，不妨参考一下曼迪斯的大作《意甲怎么了》。

曼迪斯勤学写作，底子是纯粹的经济学者，绝不吝惜搬运各种事实和图表，这本书仿佛一部严谨的学术著作。这一风格自然浸润到其另外一本著作《美国国家队怎么了》。研究美国的大国足球梦为何总难实现可是个诱人的选题，想当初《足球经济学》（Soccernomics）首版的副标题中便将中国、英国、美国等大国并列在一起，誓要苦苦探寻足球兴衰的答案。1990 年世界杯促动美国足球勃发，四年后美国队本土作战，更是让足球运动在美国风生水起了一段时间。但 20 多年间美国队起伏太大，2018 年俄罗斯世界杯预选赛居然连战连败，错失 32 强席位，堂堂新兴足球大国颜面尽失。遥想那年，海信电视贵为世界杯赞助商，想海阔凭鱼跃，借机突进北美市场，最好的合作伙伴自然是美国队，虽然预选赛一路艰险，但总觉得美国队不该有失，便下决心签下了赞助合同。没成想，美国队就是不争气，海信也只能"风物长宜放眼量"了。美国市场足够博大，世界杯巴不得投怀送抱，2026年美加墨三国共同承办，开辟北美足球全新时代，也希望48队模式有个稳健的开始，美国队能再一次被众人高看一眼。又一次没成想，美国队在新近的美洲杯赛中输了个莫名其妙，美国足协只能痛下决心换帅，以挽救世界杯前两年的危局。美国男足为什么不行啊，答案在哪里？可能也藏在第二本《美国国家队怎么了》中。曼迪斯在该书中继续延续在《银河战舰皇家马德里》中的稳健文风，花费超过一半的篇幅去追忆此前超过20年的美国男足征战史，不厌其烦，就是想从复杂事实中抽丝剥茧。行文至此，我萌生一念，可以邀请曼迪斯有生之年完成"怎么了"三部曲的终篇——《中国男足到底怎么了》，这绝非玩笑，兴许只有外人才能破解其中谜团。

本书出版后，曼迪斯一直静静观察着持续高歌的皇马，在皇马夺得第15座欧冠奖杯后终于完成了最新著述，将于今年11月份面世，名字也更大气了——《皇家马德里革命：世界上最成功的足球俱乐部正如何改变足球运动，为自身也为足球》(The Real Madrid Revolution: How the World's Most Successful Club Is Changing the Game-for Their Team and for Football)。好长的名字，这显然并非仅是本书的增订版，更是作者认定足球这项运动正身处未来发展的十字路口，有太多值得思考和行动的地方。一个创建于1902年，从1920年开始即被西班牙国王护佑的俱乐部，以收入计，世界足坛鲜有对手；以社交媒体影响力计，可能是最活跃的运动团队；以奖杯数量计，傲视群雄。皇马绝非只需顾及一家兴废之事，它有更大的责任与足球命运共同体一道破解发展难题。今年的欧洲杯和美洲杯都陷入了观赏性不足的困局之中，足球显然在全世界范围内受到更多娱乐方式的挑战和侵蚀，若不进化成功，恐怕会沦为老一代独有的记忆。足球俱乐部作为足球运动存续的重要载体，内核各异，既有政府驱动的，也有个人主宰的，自然也有皇马这一类以

92 000 多名会员的"魂魄"铸就，且以非营利存在的。不禁让人发出疑问，这种古老的模式度过一连串的艰难险阻，价值到底有多大？

曼迪斯站在皇马的角度沉浸思考，虽然皇马这 10 年来的革命成功地完成了两个目标，但它是如何在外部对其极其不利的情况下始终保持领先的，以及它是如何不断通过创新持续保持强大的？新书尚未到手，答案自然还不周全。但结合两本书的要义，皇马强盛的秘密至少有两大点可以被常人汲取：

第一，具备成功所需的文化。职业足球俱乐部的成功自然会被定义为能赢得奖杯，但上升至文化，便绝不止于此吧。曼迪斯通过实际研究，亲身感受到皇马上下推行的以透明度为核心、与球迷保持共同愿景的组织文化。但球队为何能赢得胜利呢？金钱和巨星都是原因所在，但球队文化才是最终决定力，这太玄学了吧？皇马人对此的解读是，文化意味着每个人都以无私的态度尽全力工作，向着同一目标迈进。每个人都知道目标所在，更知晓如何以紧密团结的方式赢得胜利。这种文化完美至极，唯有人人遵循才能让皇马从一个胜利走向另一个胜利。

第二，坚持球员和教练的需求绝对优先，在俱乐部建设层面打造通往成功的武器。皇马虽然历经多重财务困境，但最终总能在球场和训练基地的建设上做到实处，让俱乐部的存在和运行始终保持世界领先水平。精细处理所有可以达成胜利和成功的环节、要素，建造完善的训练设施，做到完美保障才能让伯纳乌成为胜利的殿堂。还有一点似乎每家俱乐部都在做，那就是足球运动表现的数据化管理，皇马从 2015 年开始设立足球创新中心，汇聚各种力量探寻足球运动的核心规律，洞悉自己系统的关联与因果。此种创新不张扬，很高级，关键很有效。

读完本书，更加期待皇马明年能否沿着皇马之道，登峰造极，实现"15+1"的壮举！

前 言

探寻皇马成功的秘密

体育产业是价值 6 200 亿美元的全球性业务，和这个世界上的其他产业一样充满竞争，一样拥有活力。皇马登上了这个领域的巅峰，这是极为了不起的成就。从接近破产到成为这个世界上最有价值的球队，皇马在这 15 年中的经历却几乎不为人知。本书用一个个精彩纷呈的故事讲述了皇马成功的秘诀。

2014 年一个工作日的上午，在西班牙马德里，我通过安检，进入了被视为足球界圣地之一的圣地亚哥·伯纳乌球场（简称伯纳乌球场）。这里是著名的皇马足球队的主场，但我并不是去看比赛，而是要前往球场内的行政办公室参加会议。

当我抵达时，皇马高管卡洛斯·马丁内斯·德阿尔博诺兹（Carlos Martínez de Albornoz）热情欢迎了我，他正是将皇马打造成国际强队的执行团队中的关键成员之一。他看起来很高雅，穿着正统的西装、打着领带，鬓角有一些银发。握手时他把我拉近了一些，仿佛我们是老朋友一样。我跟着他走进办公室，聊天过程中，我能感受到他是一个头脑冷静、思维缜密、分析能力很强的人，同时也能感受到他身为西班牙人及四个孩子父亲的那种拉丁式温暖。

我问德阿尔博诺兹："你从小就是皇马球迷吗？"他笑了起来，回答道："在做这份工作前，我根本不喜欢足球。我的职业背景是工程学和工程相关企业的管理。俱乐部主席和我的妻子、孩子说服我接受了这份工作。"

皇马是世界上最重要的球队之一，而它最重要的高管甚至不喜欢足球，不想要这份工作！当我坐下来时，我心想，"这事有意思了"。

几个小时后，我们来到了我在马德里最喜欢的餐馆埃尔蓝多（El Landó），一边吃着传统的西班牙午餐一边继续交流。我兴致勃勃地听德阿尔博诺兹跟我说起皇马的历史、所有权架构、财务转机、对设施和人员的投资、全球粉丝群体、比赛风格等话题，以及皇马是如何吸引世界最优秀的球员并让他们通力合作的。考虑到他曾经是工程师，现在负责报告皇马的财务工作，所以我预计他会聊起皇马的利润、损益或者数据分析及绩效指标方面的话题。但真正给我留下深刻印象的，却是他多次提到的"社区""激情""价值""预期""透明""文化"等词语。

德阿尔博诺兹解释道，他曾经和弗洛伦蒂诺在工程相关的多个企业的管理层及董事会合作过。弗洛伦蒂诺是西班牙籍商人、土木工程师，曾经做过政治家，现在是 ACS 集团的首席执行官，这个集团是世界上最大的建筑工程企业之一，销售额达到 350 亿欧元，拥有 21 万名员工。2000 年 7 月，弗洛伦蒂诺第一次当选皇马主席。

弗洛伦蒂诺的当选让人很意外，因为在 1998 年 5 月至 2000 年 5 月，皇马在时任主席的带领下赢得两次欧洲冠军联赛（简称欧冠）冠军。但在弗洛伦蒂诺当选时，他发现皇马已接近破产。弗洛伦蒂诺在媒体上的形象是，将负债累累的俱乐部打造成如今世界上最有价值的球队的人，在他主政时期，皇马签下了全球最优秀的一批球员。媒体纷纷使用"银河之星"（galácticos）形容弗洛伦蒂诺签约的明星球员，这个说法也演变成"银河战舰"，并成为皇马的绰号。

2000年，弗洛伦蒂诺当选主席后，邀请德阿尔博诺兹担任总监，负责日常管理一些特定业务，尤其是行政、财务和法律方面的业务。德阿尔博诺兹既不是足球爱好者也不是皇马球迷，这反而是弗洛伦蒂诺想让他加入管理团队的原因。弗洛伦蒂诺希望能找到一位不受偏见影响，不会被球员的明星气质迷惑或震慑，他自己认识并信任的人，这位人才可以真正将成功管理全球型企业的经验运用到管理皇马上。

德阿尔博诺兹的儿子洛伦佐和我一样曾在高盛集团工作过。巧合的是，洛伦佐并不知道我和他父亲有一天会见面，但他曾把我写的《高盛，危机即将到来？》一书送给了德阿尔博诺兹，那是我在就读哥伦比亚大学时写的社会学博士论文，关注的焦点是组织文化。在我们的交流中，当德阿尔博诺兹说到他很喜欢我的书时，我以为他只是出于礼貌而已。接着他走到办公室的另一边，从书架上抽出了那本书。当他翻开书时，我很震惊。他不仅读了我的书，还在书上做了大量记号，这让我感受到他的细致和强烈的好奇心。

尽管我越来越了解德阿尔博诺兹，但我对皇马的求知欲和好奇心并没有减少。了解得越多，我想知道的也越多。后来的一次马德里之行，我又一次和德阿尔博诺兹在埃尔蓝多吃饭，我告诉他，我想对皇马进行一次细致的研究，就像我研究高盛集团那样，用分析性方法和冷静的态度去研究皇马。

与其他和球队有关的书籍不同，我想在本书中研究俱乐部在赛场和商业领域的表现，想了解两者之间的联系。

前　言　探寻皇马成功的秘密　　IX

我总会想到迈克尔·刘易斯（Michael Lewis）2003年讲述棒球队——奥克兰运动家队及其总经理比利·比恩（Billy Beane）①的畅销书《魔球》（Moneyball）。书中，在运动家队的收入与类似纽约洋基队这样的大球市球队相比明显处于劣势的情况下，前职业棒球运动员比恩利用非传统的、注重分析的、以证据为基础的棒球统计学方法，成功组建了一支有竞争力的棒球队。《魔球》是我最喜欢的书之一，书中记录了棒球球员的选择策略是如何改变的，从依靠直觉到依靠过往表现的数据分析，这种改变为棒球乃至整个体育领域的管理带来了革命性变化。

这本书和2011年上映的改编电影《点球成金》的成功，巩固了以数据为导向的决策在各地公众与企业管理团队心中的影响力。尽管数据分析的作用毋庸置疑，但我依然想知道数据分析究竟在皇马的成功中起到了多少作用。

德阿尔博诺兹向我描述了皇马的商业模式出现的重大变化，但他们的情况与比恩的案例完全不同。**皇马的变革并非由数据分析驱动，而是由以共同价值和俱乐部球迷的期望为中心的组织文化驱动。**此外，比恩属于棒球专业人士，而皇马的变革很大程度上是由足球界以外的人引领的。但两者也有共同点，它们都针对财务需要和球队的不足之处做了改进和创新。我对皇马模式在体育界以外领域的应用潜力极有兴趣，我认为有必要探索并确定其潜力的上限。雄厚的资金和光鲜耀眼的明星通常会掩盖管理层的工作，而他们所做的一切应该得到俱乐部之外的人们的重视。

皇马为我提供了前所未有的机会，让我既能接触到俱乐部的工作人员，也能接触到内部数据。在两年时间里，从俱乐部总裁到现役和曾经的球员与教练，再到在球队、学校和训练机构工作的人，我对20多名皇马相关人员进行

---

① 比利·比恩是荷兰职业足球队阿尔克马尔的顾问。他也是美国职业足球大联盟（MLS）圣何塞地震队的股东之一，但不参与球队管理。

了超过 100 小时的半结构式访谈。我的研究过程包括在皇马度过的整整一周，在这期间俱乐部对我完全开放，我可以见任何想见的人、看任何想看的东西。对我提交的至少 50 份信息清单，皇马员工也非常认真、全面且迅速地做出了回复。我得到了财务信息与数据，其中一部分信息因为皇马的透明性原则也向公众开放，他们每年定期发布的报告约有 300 页。

此外，我也自行寻找资料，独立采访社区成员，足球领域专家和体育领域专家，皇马的竞争对手的现任及前任管理层，研究皇马、足球、体育或组织的学者，体育经纪公司和法律顾问，数据分析师以及媒体成员。我会对所有受访者的身份保密，不直接引用他们的话，除非他们的言语已经公开发表在其他媒体上。我在皇马提供的信息以外搜集了更多资料，研究了与皇马和其他相关球队有关的商学院案例、新闻报道和书籍。目的是更全面地了解皇马所面对的现实与挑战，以支撑、解释我的数据分析和结论。

我无意吹捧或诋毁任何个人、团体或时代，但我怀疑书中的某些内容会被人做出上述解读，或者用于上述目的。我尽量不被怀旧情绪影响，我深知采访对象是在回忆过去，他们也许带有自己的目的或存在其他问题，而我会通过与尽量多的消息源交流、借助其他信息和分析采访数据的方式来克服这一缺陷。我尽量不受人们对皇马热情的影响，尽量不受他们的各自偏好与对手球队的影响，也尽量不受足球和整个体育领域的影响，尽量不让最近发生的事件占据太多比重，因为我们的大脑认为这样的事件更具新鲜感。我会依靠公开发表的数据去证实或反驳采访对象提出的各种主张与理论。

之所以写这本书，主要是因为我对知识充满好奇，并希望自己能做出学术贡献。从出版社已经收到、未来将要收到的全部稿酬，我都会捐给慈善机构。我没有接受皇马提供的任何补偿。例如，我没有要求获得或收到比赛球票，我也没有要求获得或收到任何一名球员的照片或签名。在本书正式出版前，出于职业礼貌，我确实让皇马看了一部分内容，也让书中提到的其他球队和联盟组织看到了部分内容，以确定是否存在事实性错误或有问题的表达。不过，皇马并未参与编辑或分析流程，也没有批准或授权本书。书中的任何错误，以及所有的评判、结论和分析，都是我的个人观点。

本书大部分章节都有额外的补充内容。这些与皇马关联不大但与主题有关的补充内容，可以帮助读者更好地了解该章节的主题。补充内容通常与美国体育案例有关，或者与数据分析及学术理论有关，这些内容能更好地解释概念，帮助读者更好地理解书中讨论的内容。

最后，我预感到自己会受到各方面的批评。很多人对皇马、各自最喜欢的球队及竞争对手球队、足球运动乃至体育充满激情。这是一种极其强烈的情感，就连最受人尊重的学者面对这个主题时，有时也会将客观或批判性思维抛在一边。采访他人时，我发现很多人根据个人经历、直觉感受或在媒体上看到、听到什么就形成观点，而不是在事实或数据的基础上形成观点。我不确定他们是否意识到这一点，但他们的部分观点带有既强硬又微妙的偏见，夹杂同情或成见，有时还带有鼓动性。我知道自己也存在这些问题，但我会尽全力去修正。我认为，以一个外来者的身份进行这项研究，对欧洲足球队没有预设的历史渊源、忠诚度或家庭关系，没有长时间在西班牙或欧洲生活（但我在西班牙和欧洲停留过足够多时间，从而理解了重要的细微差别），只有有限的经验偏见，这些背景确实有助于我创造全新且原创的观点及研究成果。

读这本书时，我希望读者能明白，我已经尽全力依靠自身的学术训练，通过学术性框架去阐明一个极有吸引力的主题。读者也许同意或不同意我的观点，也许认为应当提及某些内容或更深入地解释某些内容，我真诚地欢迎你们提出建设性的反馈意见。作为一名学者和富有好奇心的人，我希望自己能不断学习，并得出最合理的结论。

2016 年 6 月 28 日，皇马在意大利米兰击败马德里竞技后，球员与教练共同领取 2016 年欧冠奖杯。这是皇马的第十一座欧冠奖杯。加时赛结束后，比分仍为 1∶1，皇马在点球大战中 5∶3 战胜马德里竞技。卢卡斯·巴斯克斯（Lucas Vázquez）、马塞洛·维埃拉·达·席瓦尔·儒尼奥尔（Marcelo Vieira da Silva Júnior）、加雷斯·贝尔（Gareth Bale）和塞尔吉奥·拉莫斯（Sergio Ramos）各自射进点球。马德里竞技球员射失点球后，克里斯蒂亚诺·罗纳尔多（Cristiano Ronaldo，简称 C 罗）射进了决定胜负的一球。照片中，队长拉莫斯举起奖杯。主教练齐内丁·齐达内（Zinedine Zidane）穿着西装、打着领带。

如果读者对本书有任何想法或评论，可以随时给我在哥伦比亚大学商学院的工作邮箱 sgm2130@columbia.edu 发送邮件。我不能保证回复每一封邮件，但我保证会阅读它们。

目录

推 荐 序　揭示皇马成功的终极奥秘

张斌
央视体育记者

前　　言　探寻皇马成功的秘密

引　　言	**第十冠，再续辉煌**	**001**
第一部分	**世界上最成功的球队**	**013**
第 1 章	**全球价值最高的球队**	**015**
	体育界最高的营收	017
	球衣销量全球第一	020
	创纪录的冠军数	022

第 2 章	皇马的制胜秘诀	029
	俱乐部是要为社区服务的	031
	相信文化是最重要的冠军元素	046

第二部分	银河战舰 1.0	061

第 3 章	起航，冲破平庸	063
	伯纳乌，改变皇马历史的人	067
	第一支银河战舰组建完毕	068
	多项创新，皇马就此蜚声国际	071

第 4 章	暂时搁浅，神奇不再	083
	不再签约世界最好的球员	086
	财务情况每况愈下	088
	赢球不能带来盈利	089

第三部分	银河战舰 2.0	091

第 5 章	弗洛伦蒂诺，逆转局势的新舰长	093
	发现危机决心参选	095
	把巴萨最好的球员抢过来	098
	即使冒巨大风险，也要做担保	103

第 6 章	调转方向，重新启航	107
	让使命与价值观渗透进每一个角落	109

　　　　　招揽"局外人"，打造职业化的管理团队　　　　117
　　　　　通力合作，解决最紧迫的财务难题　　　　　　124

第 7 章　向着顶尖球队迈进　　　　　　　　　　　127
　　　　　齐达内们与帕文们　　　　　　　　　　　　129
　　　　　超级球星也要坐在一样的更衣柜前　　　　　132
　　　　　效力时间最长的人才能当队长　　　　　　　134
　　　　　青训也是重要的一环　　　　　　　　　　　135
　　　　　成为社区成员日常生活的一部分　　　　　　137
　　　　　不只是一家足球俱乐部　　　　　　　　　　147
　　　　　当银河战舰 1.0 遇见银河战舰 2.0　　　　　 160

第 8 章　赛场内面临危机，赛场外取得成功　　　 165
　　　　　群星璀璨，商业模式不断成功　　　　　　　167
　　　　　赛场爆冷，突然崩盘　　　　　　　　　　　170
　　　　　银河战舰再解体　　　　　　　　　　　　　180

第四部分　银河战舰 3.0　　　　　　　　　　　　185

第 9 章　短暂的动荡期　　　　　　　　　　　　　187
　　　　　争议不断的新主席　　　　　　　　　　　　189
　　　　　赢球却遭到漫天嘘声　　　　　　　　　　　190

第 10 章　弗洛伦蒂诺回归，重回正轨　　　　　　193
　　　　　唯一能让皇马重返正轨的人　　　　　　　　195
　　　　　从银河战舰 1.0 时代找灵感　　　　　　　　197
　　　　　一切以符合俱乐部价值观为中心　　　　　　210

每一名球员都是俱乐部的形象大使	218

第 11 章　最好的对手，皇马 vs. 巴萨　　237
谁是最会赚钱的球队　　241
青训球员都去了哪　　246
迥然不同的比赛风格　　247
最想赢的比赛不一样　　250

第五部分　银河战舰 4.0　　255

第 12 章　转型，驶向未来　　257
培养最符合社区期望的教练　　259
让"局内人"管理皇马　　262
皇马大学，投资下一代的管理人员　　263
最好的球员要配备世界顶级的设施　　264
目标是认识 4.5 亿皇马支持者　　268

第 13 章　银河战舰 4.0 的挑战　　277
不再是一家小俱乐部　　280
模仿导致趋同　　281
无法控制的比赛结果　　283
如今比银河战舰 1.0 时代更艰难　　287
黑马无名、巨星变老，该让谁上场　　289
英超联赛虎视眈眈　　291

| 结　语 | 皇马之道的启示 | 299 |

附　录 A	银河战舰 1.0、2.0、3.0 和 4.0 时代的对比	311
附　录 B	棒球中的赛季平均数据 vs. 季后赛据	315
附　录 C	2015 年皇马的组织架构	319
附　录 D	明星、工兵及年轻人的相关分析	321

THE REAL MADRID WAY

引 言

第十冠,再续辉煌

"大卫"vs."歌利亚"

2014年5月24日，夜晚有些寒冷，皇马球员踏上2014年欧冠决赛赛场，抬头看着座无虚席的葡萄牙里斯本卢斯球场（也称光明球场），听着全场6.5万名球迷的山呼海啸。这场全世界最受关注的年度体育赛事即将在200多个国家转播，当时预计全球观众人数将达到4亿。作为对比，2014年超级碗的全球观众人数据当时估算只有1.6亿，其中1.14亿是美国观众。皇马球员身穿传统的白色球衣，胸前位置印有皇马赞助商阿联酋航空（Fly Emirates）的标识。在球衣的左上角，也就是心脏上方，则是俱乐部著名的徽章，上面还有一顶皇冠。球衣右上角是皇马另一家赞助商阿迪达斯的商标。球衣左袖上的徽章展示了皇马赢得欧冠冠军的次数。由于当晚的温度只有15℃，有些球员选择了长袖球衣。

这项赛事之所以被称为欧冠（1992年之前名为欧洲冠军俱乐部杯，简称欧洲俱乐部杯），是因为参赛者都是各自国家足球联赛中排名最靠前的球队。

皇马上一次赢得这项赛事的冠军还要追溯到2002年，那是他们的第九冠。追逐第十冠的历程走了十多年，这时的皇马距离实现目标只剩90分钟。他们的对手是同城的马德里竞技，后者穿的是传统的红白条纹球衣。欧冠历史上也出现过来自同一国家的两支球队打进决赛的情况，但从未出现决赛的两支球队来自同一座城市的情况。皇马会员争相申购欧足联分配给球队的门票，在供不应求的情况下，皇马只能采取抽签方式分配门票。此外，皇马主场伯纳乌球场的81 044张球票也全部售罄，皇马迷（Madridistas，这是皇马球迷的昵称）可以在球场内的大屏幕上观看比赛。

无论是皇马第十次捧杯，还是马德里竞技第一次夺冠，在这场黄金时段的直播开场前，来自马德里的两支球队争夺欧洲最佳球队或者可以说是争夺世界最佳球队的比赛，就已经是一件历史性的大事了。

皇马阵中拥有极为优秀的明星球员，其中包括葡萄牙前锋C罗，他被人们称为当今世界上最伟大的两名足球运动员之一。另一位是阿根廷前锋利昂内尔·梅西（Lionel Messi），他效力于皇马的"死敌"巴塞罗那足球俱乐部（简称巴萨）。C罗因为身穿7号球衣，所以经常被人们称为"CR7"。2013—2014赛季期间，C罗真正确立了皇马现代标杆人物的地位，就像之前的齐达内、劳尔·冈萨雷斯（Raúl González）和路易斯·菲戈（Luís Figo）一样。C罗在2013—2014赛季的西班牙足球甲级联赛（简称西甲）中排名射手榜第一，他在47场比赛中踢进51球——场均进球数超过1个，这是一个令人震惊的数据。尽管经常被人忽视，但在2013—2014赛季，C罗惊人的成绩单里还有9次助攻。除了英俊的面孔，C罗如雕塑一般的躯体，反映出他为了成为世界上最好的球员、为了给队友树立榜样所具有的无与伦比的必胜信念，以及付出的艰苦努力。

C罗和威尔士边锋贝尔及法国前锋卡里姆·本泽马（Karim Benzema）一起组成了令人恐惧的进攻组合。2009年7月，也就是C罗签约皇马的一个月后，本泽马加入皇马，球队为此向法国足球甲级联赛（简称法甲）的里昂队支付了

3 500万欧元的转会费，加上奖金，皇马引进本泽马的费用高达4 100万欧元。2013—2014赛季开始前，为了签约贝尔，皇马向英格兰足球超级联赛（简称英超）的托特纳姆热刺队支付了9 100万欧元的转会费。西班牙媒体给这三名明星球员的组合起了一个绰号——BBC。

赢得2014年欧冠冠军的皇马首发阵容。后排（从左到右）：伊克尔·卡西利亚斯（Iker Casillas）、拉莫斯、拉斐尔·瓦拉内（Raphaël Varane）、萨米·赫迪拉（Sami Khedira）、本泽马、C罗。前排（从左到右）：安赫尔·迪马利亚（Ángel Di María）、贝尔、法比奥·科恩特朗（Fábio Coentrão）、丹尼尔·卡瓦哈尔（Daniel Carvajal）、卢卡·莫德里奇（Luka Modrić）。

尽管外界认为皇马只不过是花钱买明星，但这支银河战舰的门将、西班牙人卡西利亚斯正出身于皇马青年学院。他11岁时加入了当时被人称为拉法布里卡（工厂）的皇马青年学院。1999年，18岁的卡西利亚斯升入一队。作为效力球队时间最长的球员，他在2010—2011赛季理所当然地成为队长。他了解皇马的气质，并且成为皇马气质的典范。事实上，参加这场决赛的25名皇马一队球员中，有7人（28%）是皇马青年学院的毕业生。他们一起向新球员分享属于皇马的精神气质、期望、历史底蕴与精髓。

皇马 2013—2014 赛季的主教练卡洛·安切洛蒂（Carlo Ancelotti）尤其适合管理这些超级巨星，不仅因为他在场上场下都性格温和，而且因为他作为曾经的明星球员和冠军教练赢得了人们的尊重。

在战术层面，安切洛蒂喜欢让球员拉开场上空间，利用开放空间做文章，但马德里竞技的主教练迭戈·西蒙尼（Diego Simeone）已经多次证明自己是战术天才，不会因为重大比赛的压力而自乱阵脚。

媒体用"大卫 vs. 歌利亚"宣传这场比赛。皇马那年的营收达到 5.5 亿欧元，相比之下，马德里竞技的营收为 1.7 亿欧元。皇马球员的平均薪水为 760 万美元，而马德里竞技的球员平均薪水为 260 万美元。皇马的资产负债情况非常优秀，甚至可以说是整个体育行业最优秀的俱乐部之一，而马德里竞技三年前出现了极为严重的负债问题，导致他们延迟缴纳税款。尽管多个研究已经否定了运动场上的胜利与俱乐部盈利能力的关系，但媒体已经开始猜测，胜利也许能提高马德里竞技的品牌价值和盈利能力。然而，媒体似乎忘了，皇马在 2000 年 5 月夺得欧冠冠军后，俱乐部已濒临破产。

THE REAL MADRID WAY
从皇马看俱乐部经营

大多数足球队都在亏损

《金融时报》撰稿人西蒙·库珀（Simon Kuper）[①] 以及经济学教授、如今在密歇根大学担任体育管理学教授的斯蒂芬·希曼斯基

[①] 西蒙·库珀是知名体育经济学家，他的最新著作《巴萨！巴萨！巴萨！》揭秘了巴萨的兴盛和衰败。该书中文简体字版已由湛庐引进，湖南教育出版社于 2024 年 8 月出版。——编者注

（Stefan Szymanski）在合著的《足球经济学》里写到，大多数足球队都在亏损。库珀和希曼斯基表示，投资者如果以为球队赢得奖杯就意味着自动实现收益，那就大错特错了。他们分析了1992—1993赛季到2011—2012赛季的英超，发现即使是成绩最好的球队也鲜少能盈利。他们还对行业整体为何难以盈利进行了详细分析。

此外，库珀和希曼斯基还发现，赛场上的成功与球队能否盈利几乎没有相互关联性。相反，大多数球队根本不在乎盈利，他们以赢球为目的。多数球队支付给球员的薪水，甚至超过了他们拥有或者能够获得的资金总量，所以这些球队会货款，其中大部分背负着高额的负债。

在剑桥大学贾奇商学院一篇未发表的论文中，弗朗西斯科·科提诺（Francisco Cutiño）表明，赢得比赛胜利并不一定能帮助足球队盈利，但其影响以另一种形式出现。如果球队找到了新的营收来源，就可以引进或留住更好的球员，从而帮助球队赢球。他指出："但与优秀的（赛场）表现可以带来优秀财务数据的主流观点相反，有证据表明，更好的营收结构可以对球队的表现带来显著影响……只有财务状况良好的俱乐部才能购买并留住优秀的球员，从而打造出优秀的球队。"

因此，球队应当发展具有可持续性的经济/体育模式以创造利润，去购买或留住更好的球员，这样才能让球队获得更好的比赛成绩。

在《赢家与输家》（Winners and Losers）中，希曼斯基与研究人员蒂姆·凯珀斯（Tim Kuypers）分析了10年的英超（1990—1999），发现了一个与胜利最具相关性的变量：向最好的球员支付最高薪水的球队通常能赢得最多的比赛。可能不需要上很多数据分析课就能得出上述结论。我相信，在一个竞争激烈的行业中，有很多老板怀有好胜心且拥有大量可支配资金，但一支球队需要具备独特的竞争优势，才能让这些最优秀的运动员最大限度地发挥出个人实力，也才能赚取更多资金来支付运动员的薪水。

THE REAL MADRID WAY

用赛场表现为自己定义

皇马在决赛中以 4∶1 战胜马德里竞技，获得了队史第十座欧冠冠军奖杯，也是他们自 2002 年以来第一次夺得欧冠冠军。皇马赢球的方式非常戏剧化，他们在比分落后的情况下，在 93 分钟攻入扳平的一球，将比赛拖入加时阶段。更富皇马传奇色彩的是，球队依靠自身的核心价值观赢得了比赛：他们靠的是永不放弃的精神，即在终场哨声响起前不会停止拼搏。皇马距离输球只剩 150 秒，可他们从未放弃希望，奋力拼搏直到最后一刻。抛开战胜同城竞争对手和夺得第十冠，那一晚对皇马管理层如此特别的地方在于，球员没有辜负整个社区的期望。

2014 年 5 月 25 日，周日上午，皇马带着欧冠奖杯抵达马德里的西贝莱斯广场。经过彻夜庆祝，广场上聚集了上万名皇马球迷。"谢谢你们的等待。"队长卡西利亚斯对支持者说道。他明确表示："是时候去想第十一冠了。"副队长拉莫斯的资历在队内排名第二，他说："这个冠军献给皮蒂娜[①]，她在天堂帮助着我们。哈拉马德里！（Hala Madrid!）""哈拉马德里"的意思很难准确翻译出来，大意是"加油马德里"或者"前进马德里"。

[①] 拉莫斯提到的是深受喜爱的皮蒂娜·桑多瓦尔（Pitina Sandoval），她与弗洛伦蒂诺结婚 41 年，育有 3 个孩子，2012 年 5 月去世。

皇马用成绩，尤其是用在欧冠赛场上的表现为自己定义。任何效力过皇马的球员，任何加入过管理层的人，都清楚地知道球队每个赛季的首要任务。与球迷社区因球队创纪录的胜场数而产生的自豪感相匹配的，正是他们以专属于自己的方式取得成功的激情。在里斯本，球员们感受到了整个社区深沉的期待，人们期望的并不只是取得胜利。成为皇马社区及其价值观的代表，会让皇马球员们产生强烈的责任感和自豪感。**皇马在赛场内外拥有统治力的秘诀，就是其社区成员拥有的激情与价值观。**

THE REAL MADRID WAY

夺冠时刻

晚上7点45分，比赛开始。现场气氛相当劲爆。皇马率先开球，从左向右传球。马德里竞技如预料的一样拉开纵深防守。第9分钟，马德里竞技的主要得分手迭戈·科斯塔（Diego Costa）因伤慢跑下场。由于他不是被担架抬下，所以现场解说推测他不是像半决赛对阵巴萨那样再次撕裂腿筋，但他显然知道自己无法继续比赛。解说不知道科斯塔会不会因伤再次被替换下场，如果他确实有伤，那么让他上场将会导致球队在比赛初期就浪费掉宝贵的3个换人名额中的1个。

皇马继续控球，但马德里竞技的防守组织得非常严密，皇马的进攻没能形成任何实质性的威胁。尽管马德里竞技的防守非常优秀，但他们的进攻毫无威胁。比赛进行到第32分钟，贝尔拦截马德里竞技中场球员漫不经心的传球，让皇马获得了进球的最佳机会。进攻空间被拉开，在距离球门28米的地方，这名威尔士球星利用他世界级的速度向球门冲刺。贝尔躲开了滑铲（如果摔倒，他可能会得到一个点球），也许就是因为躲避防守导致分心，他在 11 米外的抬脚射门擦着球门柱飞出场外。贝尔双手捂脸，他因为错失机会而感到非常遗憾，这凸显了足球比赛中得分机会的稀缺。

仅仅 4 分钟后，马德里竞技就做出了回应。马德里竞技的角球被皇马球员顶了出去，但又被一名马德里竞技球员顶回了禁区。这球看起来似乎没什么威胁，但皇马守门员卡西利亚斯冲出球门线，跑进了无人地带。马德里竞技中后卫高高跃起，压过皇马靠近点球位置的防守球员，将球顶过了远离球门线而失位的守门员。卡西利亚斯已经在孤注一掷地往回跑，他意识到自己对能否抓住球出现了错判。他的一只手碰到了正在冲向球网的足球，他试图把球捞回来，但没能成功。足球越过了球门线，进球了！进球的球员在边跑边庆祝时被队友扑倒，最后被队友们压在下方。尽管整个上半场皇马似乎都掌控着局面，但他们输了比分。更糟糕的是，马德里竞技接下来只需要坐守，堵塞进攻节奏，消除皇马球员的进攻空间并防守就能稳操胜券——这正是他们最擅长的踢法。

临近中场休息时，皇马球员似乎越来越因为马德里竞技的防守策略而感到沮丧，而这种防守策略就是专为拆解皇马标志性优美流畅的进攻体系而设计的。皇马需要休息一下，重整旗鼓。

上半场结束，皇马 0:1 落后马德里竞技。在 15 分钟的中场休息期间，一名电视解说提到了 C 罗和本泽马上半场在马德里竞技的球门区几乎没有触球的问题。贝尔只得到一次真正的机会，而他错失了这次机会。

下半场开始后，皇马的进攻迟迟打不开局面。马德里竞技把更多球员投入防守，这让皇马球员更沮丧，但他们还是把球带到了更深的位置，也得到了更多的射门机会。54 分钟时，C 罗的任意球被马德里竞技的守门员拨到，从球门上方飞出。62 分钟时，C 罗的头球再次偏出。78 分钟时，在让人兴奋的狂奔之后，贝尔的射门进入边网。

比赛进行到 80 分钟后，马德里竞技球员似乎已经筋疲力尽，疲于追赶皇马球员并切断他们的传球。在第 83 分钟时，西蒙尼使用了最后一个换人名额。马德里竞技的球员无法带球过 1/3 的场地，更别提过半场了。压力不断积聚，似乎到了爆发的边缘。

比赛进行到 89 分钟时，西蒙尼请求球迷为他的球队欢呼。90 分钟时，裁判决定补时 5 分钟。伤停补时第 3 分钟，皇马的克罗地亚中场莫德里奇从右边发出角球，足球直奔禁区。拉莫斯摆脱所有人，顶出了一个大师级的头球，将球顶进了球网的远角。球进了！以生动描述而闻名的英国电视解说雷·哈德森（Ray Hudson）大喊："太漂亮了……角球飞入禁区……拉莫斯跳起，就像夏季小溪里跳出的新鲜鲑鱼一样……这是一个优美的头球……充满力量，精确度达到了像素级别！"

足球撞上球网的瞬间，球场中心 VIP 包间里的弗洛伦蒂诺在西班牙国王胡安·卡洛斯（Juan Carlos）面前跳了起来，举起双臂以示庆祝。意识到自己太过兴奋后，弗洛伦蒂诺迅速放下手臂，擦了擦眼镜，整理了一下外套后坐了下来。他是在意坐在身边的马德里竞技主席，并尊重对方。

一名电视解说大喊道："进入加时赛了！"

加时赛分为上下半场，各 15 分钟。加时赛开始前，筋疲力尽又灰心沮丧的马德里竞技球员在球场上摆放的蓝色垫子上做拉伸运动，而皇马球员则聚集在一起互相鼓励。

加时赛的上半场马马虎虎，下半场开始时，皇马和马德里竞技仍然战平。马德里竞技球员的心理似乎已经和他们的身体一样疲惫，他们开始出现判断错误。

进球了！错失了几次机会的贝尔在比赛的第 111 分钟进球了。皇马的迪玛利亚利用华丽的脚步动作从左侧两三名疲惫不已的马德里竞技球员间突围，用脚外侧将球挑向球门。马德里竞技的门将用左脚做出了一次神奇的救球，不过球被碰到后还是朝着球门的远角飞去。贝尔判断出了球的运行轨迹与旋转速度，调整身体后在距离右侧球门柱最上方很近的地方让头与球形成锐角，顶到了这个球。

雷·哈德森从椅子上跳了起来，他大喊："这就像把吹风机扔进浴缸一样电流四溢……头球的时机……他就像一个在黑暗中盗取银器的大盗……银河战舰今夜是一群角斗士……贝尔就是斯巴达克斯！"

为了扳平比分，马德里竞技拿出了比之前正常比赛都要强烈的进攻势头。可这种侵略性却导致他们在面对皇马的反击时变得无比脆弱。第118分钟，皇马再下一城。留着爆炸头的巴西人马塞洛抓住机会，面对冲上来的马德里守门员，他踢出的球贴着地面，正好从对方的左臂下方溜过。想象一下出生在阿根廷的西班牙语解说员安德烈·坎托（Andrés Cantor）的语调，他大喊着人们耳熟能详的"goal"（球——进——了），他可以把"o"这个发音喊出整整 15 秒时间——然后再重复一遍。

让马德里竞技的局面进一步恶化的是，2 分钟后，一名疲劳的马德里竞技球员在禁区内不小心绊倒了 C 罗，让后者获得了点球机会。球又进了！C 罗势大力沉而又精准地用右脚将球踢进了球门的右下角。雷·哈德森如此描述这个瞬间："来自黑暗入侵者绝对精准的一球……这是皇马魅力男孩发出的一道死亡光线……"这是 C 罗在欧冠上的第 17 个进球，创造了当时的纪录。

THE REAL MADRID WAY

第一部分

世界上最成功的球队

THE REAL MADRID WAY

第 1 章

全球价值最高的球队

皇马之道成功的核心在于他们社区的价值观，以及由此形成的社区文化。皇马的管理层相信，文化可以转变为赛场上连续不断的成功，从而创造有盈利能力、可持续发展的企业，人们会认同并靠近这样的企业，并将它的文化视作自身价值观及身份认同中有意义且不可动摇的基石。考察皇马模式前，我们有必要在皇马队史114年的107座正式比赛奖杯之外，去理解这支球队取得的成绩。

　　当我问美国体育迷"世界上价值最高的球队是谁"时，最常见的回答是纽约洋基队或达拉斯牛仔队。当我告诉他们答案是皇马时，大部分人都很惊讶。以美国本土体育为关注中心的体育迷肯定会为以下数据而震惊不已。

体育界最高的营收

　　按照《福布斯》2015年7月发布的"全球50支最具价值的球队"榜单，皇马的价值为34.4亿美元。皇马是全球价值最高的球队，这让很多美国人颇感讶异，可如果认真思考就能明白，足球本就是全世界人气最高的运动。全球有大约35亿名足球迷，而棒球、篮球和橄榄球的球迷人数加在一起，也无法与足球迷的数量相匹敌。2012年德勤"足球财富排行榜"显示，在2010—2011赛季，欧洲职业足球队的总营收为175亿欧元。2011年9月的《经济学人》杂志中一篇有关体育球队人气排行榜的文章写道："与此相比，2011年NFL的营收为90亿美元，美国职业棒球大联盟（MLB）为72亿美元，美国职业篮球联赛（NBA）则是41亿美元。"

不考虑《福布斯》及其他媒体的排名，近期体育产业的交易也许能够表明，皇马称得上全球最有价值的球队。MLB的洛杉矶道奇队的收购价格是20亿美元，这个数字是其2012年营收的8倍多。NBA的洛杉矶快船队的收购价格是20亿美元，是他们2014年营收的15倍（《福布斯》在前一年对快船队的估值是4.3亿美元）。皇马的营收和利润均高于上述两支球队，而且皇马是一个更具差异化的全球品牌，同时在全球人气最高的运动中拥有更庞大的球迷群体。

和美国运动队相比，皇马的潜在买家范围也更广泛[①]。如果按照收购道奇队时估值为营收8倍的逻辑计算，皇马的估值将超过57亿美元。当然，球队的交易价值是一个非常理论化的数字，因为皇马是非营利机构，由俱乐部的约9.2万名会员"拥有"（后文会详细讨论这部分内容）。

[①] 我与一位顶级的体育行业收购并购专家交流过，该专家曾经出售过多支顶尖运动队。他认同皇马从理论上看是最有价值球队的观点，原因在于他们可持续的经济/体育模式、差异化的品牌以及在全球人气最高的运动中所拥有的庞大的球迷群体。和北美球队相比，皇马潜在买家的范围可能更广，也更全球化。皇马的潜在买家不仅包括希望利用球队及其明星球员在海外参加友谊赛以提升自身及公司形象的亿万富翁，也包括主权财富基金，就像卡塔尔投资管理局收购巴黎圣日耳曼用以提升国家形象一样。此外，和北美体育联盟需要其他球队老板批准潜在买家不同（北美的做法可能会对买家的数量及资格做出限制），欧洲足坛不存在此类限制。然而，他提出了一个问题，未来某一时期，潜在估值数额过于庞大，能够出得起钱的潜在买家数量将极其有限，这反过来会限制球队估值。

表1-1出自《福布斯》，其中皇马的估值为当年营收的5倍。2014年，NBA的密尔沃基雄鹿队出售时的价格也是其营收的5倍，但显然雄鹿不能与皇马相提并论。

表1-1 《福布斯》2015年十大最具价值的球队

全球排名	球队	价值（亿美元）	运动项目
1	皇马	34.4	足球
2	达拉斯牛仔	32	橄榄球
2	纽约洋基	32	棒球
4	巴萨	31.6	足球
5	曼联	31	足球
6	洛杉矶湖人	26	篮球
6	新英格兰爱国者	26	橄榄球
8	纽约尼克斯	25	篮球
9	洛杉矶道奇	24	棒球
9	华盛顿橄榄球	24	橄榄球

根据表1-2显示的《福布斯》数据，皇马在2014年取得了全球职业球队最高的营收，即6.75亿美元[①]。大球市里的重点球队，比如MLB的洛杉矶道奇队和NFL的纽约巨人队甚至没有进入前10。NBA的洛杉矶湖人队的营收额为2.93亿美元，不到皇马的一半。截至2014—2015赛季，皇马已经连续11年位列德勤足球财富排行榜首位。

表1-2 《福布斯》2014年营收额最高的10支球队

全球排名	球队	价值（亿美元）	运动项目
1	皇马	6.75	足球
2	巴萨	6.27	足球
3	达拉斯牛仔	6.2	橄榄球
4	拜仁慕尼黑	5.61	足球

---

① 由于各赛季成绩不同，或者因为会计年度不同以及汇率变动，同一支球队不同年份的营收各不相同，也有可能很不稳定。皇马在2013—2014赛季的营收为5.5亿欧元。

续表

全球排名	球队	价值（亿美元）	运动项目
5	曼联	5.51	足球
6	巴黎圣日耳曼	5.18	足球
7	纽约洋基	5.08	棒球
8	新英格兰爱国者	4.94	橄榄球
9	华盛顿红皮	4.39	橄榄球
10	曼城	4.11	足球

球衣销量全球第一

皇马的品牌力量已经不局限于足球领域、马德里乃至西班牙。专家估计皇马在全球约有4.5亿球迷，这比橄榄球全体球迷的人数还要多。也许最能说明品牌力量和球迷身份认同的，是俱乐部的社交媒体粉丝数量。2015年，皇马在全球社交媒体平台上拥有2亿粉丝。如表1-3所示，作为一个真正拥有全球影响力的品牌，皇马2015年在Facebook和Twitter上的粉丝数量约为1亿。与之对照，美国球队中社交媒体粉丝数量最多的是洛杉矶湖人队，约为2 500万，这也反映出了篮球的全球影响力。相比之下，纽约洋基队的社交媒体粉丝数量约为1 000万，甚至没有进入下表的前15名。

表1-3　2015年社交媒体上人气最高的15支球队

全球排名	球队	总粉丝数（百万人）	Facebook粉丝数（百万人）	Twitter粉丝数（百万人）
1	皇马	100	83	17
1	巴萨	100	85	15
3	曼联	71	65	6
4	切尔西	49	43	6
5	阿森纳	40	33	6
6	拜仁慕尼黑	33	31	2
7	利物浦	30	26	4
8	AC米兰	27	24	3
9	洛杉矶湖人	25	21	4

续表

全球排名	球队	总粉丝数（百万人）	Facebook 粉丝数（百万人）	Twitter 粉丝数（百万人）
10	巴黎圣日耳曼	22	20	2
11	曼城	22	19	3
12	尤文图斯	21	19	2
13	芝加哥公牛	20	18	2
14	迈阿密热火	19	16	3
15	加拉塔萨雷	18	12	6

如表 1-4 所示，根据 BBDO 咨询公司的数据，皇马在欧洲足球队中拥有最高的品牌价值。2007 年，皇马的品牌价值为 10.63 亿欧元，这个数字以皇马当时及未来的收入为计算基础、辅以专家观点得出。BBDO 咨询公司表示，他们计算品牌价值时并非只考虑财务表现，还要分析科学行为价值，比如品牌知名度、品牌形象、支持度和忠诚度。他们对球队的收入进行了深度分析，甚至细化到研究赞助商合同、周边产品以及季票销售收入等方面。而行为科学层面的品牌估值则来自对约 400 名国际专家的问卷调查。

表 1-4　2007 年价值最高的 5 支足球队

全球排名	球队	价值（亿欧元）
1	皇马	10.63
2	巴萨	9.48
3	曼联	9.22
4	切尔西	8.28
5	AC 米兰	8.24

表 1-5 是市场营销数据，该数据显示，皇马在 2009—2010 赛季到 2013—2014 赛季之间的球衣年平均销量是足球界最高的。这表明了世界各地的皇马球迷对球队的热情与忠诚度，也足以说明皇马球迷的数量之多。阿迪达斯是皇马球衣的制造商，总部位于迪拜的阿联酋航空公司是球队的赞助商。很多人认为皇马的球衣销售量全靠个别明星球员带动。尽管明星球员的粉丝购买大量

球衣是不可否认的事实,但我在后面会提供一些证据,表明俱乐部的社区价值在球衣销量方面起到的作用,可能比人们想象得更大。

表 1-5 2009—2010 赛季到 2013—2014 赛季足球球衣销量统计

排名	球队	年均销量（万件）
1	皇马	158
2	曼联	149
3	巴萨	118
4	拜仁慕尼黑	94.5
5	切尔西	87.5
6	阿森纳	82.5
7	利物浦	80.5
8	马赛	38.5
9	尤文图斯	37.5
10	巴黎圣日耳曼	33.5
11	费内巴切	32.5
12	国际米兰	30

创纪录的冠军数

在赛场上,自 1955 年集合欧洲各大联赛最优秀的球队组建欧冠以来,皇马已经赢得了 11 次冠军。在争夺冠军方面,与他们最接近的竞争对手是 AC 米兰足球俱乐部(简称 AC 米兰),后者曾 7 次赢得欧冠冠军。另有 3 支球队——巴萨、拜仁慕尼黑足球俱乐部(简称拜仁慕尼黑)和利物浦足球俱乐部(简称利物浦)各赢得过 5 次欧冠冠军(见表 1-6)。

表 1-6 欧冠冠军数量统计（截至 2015 年）

全球排名	球队	欧洲冠军数量（个）	联赛冠军数量（个）
1	皇马	11	32
2	AC 米兰	7	18
3	巴萨	5	24
	拜仁慕尼黑	5	26
	利物浦	5	18

皇马赢得了创纪录的 32 次西甲联赛冠军。排名第二的巴萨赢得过 24 次西甲联赛冠军。外界将皇马与竞争对手巴萨的比赛称为"西班牙国家德比"（El Clásico，译为经典大战）。在两支球队的正面交锋中，皇马以 92 胜领先巴萨的 90 胜。皇马与同城竞争对手马德里竞技的交手通常被称为"马德里德比"[①]（El Derbi Madrileño），皇马以 107 胜领先马德里竞技的 53 胜。

2015 年，欧足联发布了欧冠历史上最成功球队排名（见表 1-7）。这个排名的计分方式为赢球 3 分，平局 1 分，输球 0 分。

表 1-7　欧冠历史最强球队（截至 2015 年）

排名	球队	得分
1	皇马	729
2	拜仁慕尼黑	565
3	巴萨	508
4	曼联	455
5	AC 米兰	404

2010 年，皇马以 42.4% 的得票率被评为"20 世纪国际足联最佳俱乐部"，排在第二的曼彻斯特联足球俱乐部（简称曼联）与之差距明显，仅得到 9.7% 的票数（见表 1-8）。

表 1-8　"20 世纪国际足联最佳俱乐部"评选

排名	球队	得票比例（%）
1	皇马	42.4
2	曼联	9.7
3	拜仁慕尼黑	8.2
4	巴萨	5.6
5	阿贾克斯	5.1

[①] 地理位置接近的两支球队之间的比赛通常被称为"本地德比"，或者简称为"德比"。北美也有"跨城德比"的说法。

从皇马看俱乐部经营

MLB、NBA 与欧洲职业足球联赛的区别

《魔球》深刻影响着我们对体育的看法,但重要的是,我们要明白,《魔球》是一本关于 MLB 球队的书。MLB、NBA 和欧洲足球联赛之间存在一些值得注意的区别,会对球队赛场内外的战略决策起到重要影响。这些区别要求皇马基于足球运动的相互依赖性,在团队合作的问题上提前设计好策略。

选秀、奢侈税及收益分享制度

欧洲职业足球界不存在选秀,也没有工资帽或奢侈税,而是一个开放市场。欧洲职业足球队要么通过自家的青训体系培养球员,要么在转会市场上购买球员,支付球员满意的薪水。2011 年,欧足联设置了财政公平法案。自那时起,参加欧足联旗下赛事的球队需要证明自身收入具有覆盖支出的能力。从 2013 年开始,球队还需要评估自身是否满足收支平衡的要求,这意味着他们的支出必须与收入达到平衡,从而限制球队,避免出现负债过高的情况。球员的薪金不存在工资帽或奢侈税的限制,只对球队的收支平衡做出限制,这种做法让球队有经济动力去扩大球迷群体、培养赞助关系,同时寻找其他能够增加营收的方法,以便签约更好的球员。

与此相对,NBA 和 MLB 每年都会组织选秀来选拔球员。通常,前一个赛季战绩最差的球队拥有优先选择的权利。这种做法是为了实现公平竞争。因此,一支棒球队或篮球队可以选择一名明星球员,而不需要对这名球员竞价。MLB 设有"竞争平衡税"和"奢侈税",用于惩罚支出过高的大市场球队。尽管 MLB 没有固定工资帽,但奢侈

税会让高支出球队付出高额税款，这使得球队必须将支出限制在门槛以下。NBA 采用的是软性工资帽，也就是说，尽管联盟设置了工资帽，但却存在诸多例外，允许球队的薪金总额突破工资帽。除软工资帽外，NBA 也设置了奢侈税体系，当球队的薪金总额超过工资帽后就需缴纳奢侈税。

从历史上看，约有半数 NBA 球队薪金总额突破工资帽。在 NBA 和 MLB，大市场球队，如 MLB 的纽约洋基队或 NBA 的纽约尼克斯队，都可以靠自己的赞助商和出售当地电视转播权获得营收，这足以支付球员薪水，或者在薪金总额突破工资帽后支付奢侈税。此外，身为亿万富翁的球队老板完全可以承担奢侈税支出。有报道称，NBA 布鲁克林篮网队的前老板米哈伊尔·普罗霍罗夫（Mikhail Prokhorov）就在 2014 年支付了 8 000 万美元的奢侈税。小市场球队和其他球队，比如《魔球》里的奥克兰运动家队也许没有财务资源、赞助商或出售电视转播权的收入来让他们的薪金总额超过某个界限，或者自主选择不超过某个界限。然而，运动家队可以从其他支付奢侈税的球队那里获得资金。

此外，为了应对球队之间营收差距越来越大的问题，MLB 在 1996 年率先启动了收益分享等制度，要求每支球队将本地净收益的 31% 上交联盟，再将这部分收益平均分配给每一支球队（NBA 和 NFL 也有收益分享制度）。因此，MLB 的小市场球队不像欧洲足球队那样在经济上有更强动力去增加自身收益，因为他们也要分享收益增加的部分。MLB 小市场球队的营业状态有点类似于计划经济体系，而欧洲足球队则更像处于市场经济体系中。在北美体育领域占据主流的计划经济体系让联盟在很多营销职能中发挥主导作用，特别是在国际营销方面。而运动家队增加球队营收方面存在一定的局限性，比如受限于市场所在地，需要与规模更大、资金更雄厚的球队分享某个市场，他们还是唯一与 NFL 球队共用一个体育场的 MLB 球队。运动家队之所以在数据分析上做出创新，部分原因在于他们面临着众多局限。相反，皇马拥有自己的球场，而且能从自制节目、市场营销和广告方面更直接地获得收益。

"摆烂"

不管 MLB 或 NBA 球队的表现有多糟糕，球队在各自大联盟中的位置以及所能分享的全国电视转播合同的份额均能获得保障。因此，MLB 或 NBA 球队有"摆烂"的理由，或者说，为了获得更好的选秀签位，他们会故意输掉比赛。此外，因为存在获得更高顺位选秀权从而组建优秀球队的利好，加上不会被踢出联盟的优势，所以 MLB 或 NBA 球队承受得起多年糟糕表现之后的"重建"。

欧洲职业足球队因为所处联赛存在升降级制度，所以拥有更多的经济动力去赢得更多的比赛。升降级制度的流程，是球队以一个完整赛季的成绩为标准，在两个级别之间流动（类似于职棒大联盟与 AAA 小联盟，或者 NBA 与发展联盟[①]）。低级别联赛中排名最高的球队将在下赛季升级至高级别联赛，而高级别联赛中排名最低的球队将在下赛季降级至低级别联赛。这就好比，如果费城 76 人队在 NBA 排名最后，他们会降级至发展联盟，而发展联盟里的圣克鲁兹勇士队或利奥·格兰德山谷毒蛇队如果排名靠前，他们就能升级至 NBA。

在欧洲足球界，降级意味着球队不再参与高级联赛的收益分享，这会给球队的财务及价值带来重大影响[②]。因此，即便是排名垫底的

[①] 这两个例子能够解释升降级制度，但具有一定的误导性。需要注意的是，欧洲足球低级别联赛球队不是高级别联赛球队的"种子农场"，其本身具有独立性。具有关联性的球队不能处于同一级别或同一联赛。

[②] 在英超设有收益支付的"降落伞系统"，降级球队要用几年时间来消除降级带来的财务影响。

球队也会尽全力去争取每一场比赛的胜利。有能力支付更高薪水、留住更好球员的球队可能不那么担心降级，但这样的球队有可能错失参加欧冠的资格。

此外，在英超中，各球队在全国电视转播中的收益按球队排名分成，这也激励着球队争取每一场胜利，以使球队至少能保住与前一年相等的电视转播收益份额。顶级球队的主教练因此面临更大压力，他们需要频繁派出更好的球员，这就增加了球员的疲劳程度，同时增大了球员受伤的风险。相比之下，NBA 的某支强队即便让明星球员休战一些比赛，也能战胜一些"摆烂"的球队。在足球界，让最好的球员休息的球队面临着丢分和联赛排名下降的风险，一定程度上会影响球队的财务状况。这个问题不仅影响主教练对球员的使用，同时也会对球队将来承受多少风险造成影响。比如，比利·比恩在 2014 年接受《卫报》（*Guardian*）的肖恩·英格尔（Sean Ingle）的采访时表示，欧洲职业足球队的总经理过于信任数据分析结果可能面临着更大风险，因为和美国职业体育（联赛）不同，欧洲足球（联赛）存在降级制度。比恩表示，"在足球界，你没有太多时间去做出正确的决定。所以归根结底，在做出任何量化决定前，你需要确保已经仔细考察过所有数据，而且对自己的做法充满信心，因为（犯错的）风险非常高"。

THE REAL MADRID WAY

第 2 章

皇马的制胜秘诀

皇马之所以能在赛场内外取得成功，核心就在于他们的社区价值观以及由此形成的文化。简而言之，皇马社区成员共同的气质、期望与价值观，决定了整个俱乐部各方面的运作和它的行为方式及使命。社区的价值观和期望驱动着俱乐部从上到下的决策流程，从赛场上（包括球员选择、球员行为预期、比赛风格和重点事项）到赛场外（包括商业及管理特点、策略、营销、投资、财务报告、人力资源和科技应用）概莫能外。皇马管理团队将时间用在强化、巩固越来越紧密的人际关系上，并且与社区成员保持有效沟通。管理团队也在俱乐部上下、球员间推行社区价值观，目的是帮助社区成员发掘自己对皇马之道的热情。

俱乐部是要为社区服务的

皇马的管理团队相信，社区不是为了服务商业或管理而存在的；相反，俱乐部才是为服务皇马社区而存在的。尽管社区拥有"皇马球迷"这个共同的身份认同，但俱乐部却认为会员及球迷是一个个拥有各种需求、兴趣及责任的个体。

波士顿大学教授苏珊·福尼尔（Susan Fournier）和哈雷戴维森（Harley-Davidson）前高管拉拉·李（Lara Lee）在2009年4月发行的《哈佛商业评论》上合作发表了一篇名为《做好品牌社区》（Getting Brand Communities Right）的文章。两人表示，以社区为基础的品牌不是通过增加销量，而是通过帮助人们满足自身需求来建立社区忠诚度。从本质上说，皇马就是这样做的。皇马始终希望能更好地理解社区成员的价值观、满足他们的需求、改善并激励他们过上更好的生活。皇马了解到，这些需求不只是获得地位，或者通过品牌从属关系获得身份认同。福尼尔和拉拉·李写道："人们出于各种各样的原因参与到社区中，或许是为了获得情感支持与鼓励，或许是为了寻找能为世界做出更多贡献的方法，抑或是为了培养兴趣与技能等"。在这个问题上，皇马大概会有深层理解，他们的会员加入社区，是为了得到赋能、获得激励，或是为了逃离现实，享受并庆祝生活，与他人建立联系、分享信息和社交。皇马希望帮助全世界数亿人提升自尊和自信，帮助人们找到快乐和幸福。皇马社区成员加入社区的原因各不相同，但快乐或者悲伤将所有人团结在一起。对皇马球迷和社区成员而言，社区是"实现目的的手段，而非目的的本身"。

因此，皇马管理团队将社区成员及球迷的价值观与期望放在了俱乐部战略的中心位置。比如，如果社区想要分享内容，皇马会通过官方网站及社交媒体，以最好、最便捷的方式将最优质、最具相关性的独家内容提供给社区成员。科技发展让体验和互动可以在全世界范围内不断拓展。这种方式激发了人们心中的连接感与激情，而俱乐部的传统和习惯则进一步强化了社区成员的身份认同。因此，皇马社区的价值观、期望成为俱乐部制定和调整战略、文化、身份认同的试金石，让皇马在赛场和商业领域取得成功。

通过创造出能让世界各地的球迷强烈感受到的归属感与价值认同，使得这样的归属感和价值认同几乎等同于人们的身份认同,甚至具有更重大的意义,皇马得以将一个充满激情的全球社区团结在一起。当然,我们无法确认皇马迷和俱乐部在身份认同方面得以匹配的边界在哪里。

但毫无疑问,皇马迷与俱乐部有着相同的身份认同,他们的历史、感受与情感交织在一起。与此最接近的企业案例就是哈雷戴维森、法拉利(Ferrari)和铁人(IRONMAN),他们的品牌与用户的身份认同、他们倡导的生活方式与用户的生活方式完全融为一体。拥有哈雷戴维森摩托车,你就能成为HOG(哈雷车主团体)的一员;购买一辆法拉利,你会被称为"法拉利车主";完成全长226千米的"铁人"长跑,你就可以自称铁人[①]。尽管上述3个品牌都不是服装品牌,可无论在线上还是线下专营店,它们在全球范围内均取得了高销量,这一事实展现了品牌的商业力量。无论是HOG成员、法拉利车主,还是铁人或皇马迷,都能从社区中获益,他们可以结交新朋友、找到归属感、分享共同经历、互相认可,同时提升自信心。此外,随着互联网及数字技术的发展,社区互动也更加复杂、活跃。

皇马所做的一切的核心是维系他们与社区的关系。皇马高管团队关心的是如何给社区带来快乐、传播和分享社区的积极价值观,其重要性远远超过90分钟的比赛。此外,他们还努力通过数字技术、社交媒体以及与微软的合作,将触角延伸到实体体育场馆之外。他们通过前往世界各地进行国际比赛和友谊赛,加强与皇马支持者的互动。

综上所述,皇马之道的秘诀,就是基于社区价值观和期望去创造企业价

---

① 美国西北大学凯洛格管理学院营销学教授亚历山大·切尔尼夫(Alexander Chernev)将皇马界定为"个性品牌",和哈雷戴维森、法拉利及铁人一样。根据切尔尼夫的说法,"个性品牌表达了消费者的个人价值观与偏好。个性品牌关注的不是个人地位、财富与实力,而是反映个体的特殊信仰、偏好与价值观。和高级品牌不同,个性品牌的差异化不体现在难以企及的价格上,这就让个性品牌可以被更广泛的人群接触到"。

值。弗洛伦蒂诺及皇马的领导团队创造了一套可以让皇马在赛场内外取得成功的可持续、可循环的模式（这是我的解读和表述，与皇马无关）。"可持续"这个词非常重要，因为皇马由大约9.2万名俱乐部会员所有，而不是归属于可以承受亏损的亿万富翁或大公司。很多运动队，包括一些西班牙足球队，拥有强烈的体育价值观[①]，或者对球队的赛场表现有着高预期；但皇马管理团队的天才之处在于，他们很好地利用价值观取得了赛场内外的成功。

正如图2-1表明的那样，皇马得到了符合社区价值观的顶尖球员，用漂亮、有品位的攻势足球赢得冠军，将人们的想象变为现实，从而激励现有或潜在的全球观众及社区成员。以C罗为例，他是体育界社交媒体粉丝最多的人。2015年，C罗在全部社交媒体上共有1.679亿粉丝。从球衣销量上看，他也是名副其实的高人气运动员。C罗赢得多次冠军，还多次被选为全球最优秀的足球运动员。他才华横溢、懂得时尚，还精通多种语言、了解多元文化。皇马社区期望管理团队签约像C罗一样的球员，以此激励整个社区。

对皇马社区来说，只赢得比赛胜利是不够的。这与"不惜一切代价取胜""为了结果不择手段"的理念形成鲜明对比，也与以数据分析为基础选择球员或经过计算风险而签约一个"现在就能帮助球队取胜"的问题球员的做法不同。

皇马社区的标准不同，他们的要求更高。他们希望场上的球队能够反映出社区的价值观与期望，也就是说，球队需要体现团队哲学、有品位、有自我风格且优雅地赢球。皇马社区希望球队成为"冠军和绅士"。就算球队输球，他们也希望球队至少能拼到最后一刻，带着勇气和尊严输掉比赛。这能让社区感到快乐，而皇马始终希望满足社区的需求。

---

① 比如，毕尔巴鄂竞技足球俱乐部（简称毕尔巴鄂竞技）有一项政策，要求签约球队的球员必须满足"巴斯克人"的标准。

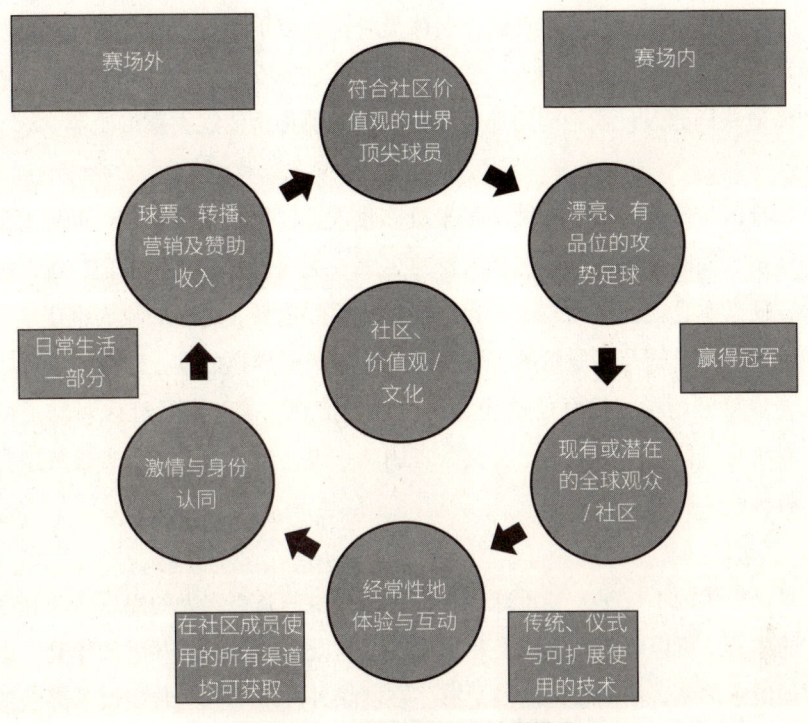

图 2-1　可持续的经济/体育模式

　　弗洛伦蒂诺相信，当皇马将社区成员的理念变为现实时，社区也会以更积极地互动、更多的热情和更忠诚的态度做出回应。由于皇马的社区价值观具有包容性和普适性，社区本身就能在全球范围内发展，从而带来世界各地的赞助商。他们斥巨资与皇马建立联系，触达皇马社区，同时电视转播机构也会以更高的价格购买比赛转播权，为数量庞大且充满激情的全球观众转播比赛。球迷的热情提高了球票收入、转播合同的价值，增加了营销与赞助机会，这些都会为皇马带来更高的营收。

　　自从弗洛伦蒂诺和他的管理团队启用可持续的经济/体育模式后，球迷更加认同俱乐部及其球员，对球队更具激情也更忠诚，球队的营收开始节节攀升。反过来，高营收也让俱乐部可以签约认同皇马社区价值观的顶尖球员①。皇马希望自己的社区看到一名球员时产生以下想法：我想像那个球员一样踢球，我想做像他一样的人；我希望我的儿子或女儿像他一样踢球，或者做一个像他一样的人；我希望用那种风格、带着那种价值观去赢得比赛。

以社区价值观为核心的做法带来更多收入后，皇马不仅能签约世界上最优秀的球员，同时还能让俱乐部拥有修建更大、更现代化球场的资金，提升球场体验，使其本身就能成为与球迷建立情感联系的途径。更多的收入也让皇马拥有最好的训练设施及高质量的青训营，能培养天赋异禀的本土球员，这些小球员从7岁就开始学习皇马的历史、传统、价值观，了解皇马社区对球员的期望。对皇马社区、弗洛伦蒂诺及其管理团队来说，皇马远非某个现役或退役球员、教练或主席能够代表的。

皇马提供的不仅是一场足球比赛，他们提供的是更宏大的娱乐活动和令人难忘的体验，可以吸引社区成员积极参与。这既包括赛前与赛后的体验，也包括参加俱乐部慈善活动带来的满足感。在赛场外，皇马社区希望俱乐部坚持负责、透明、可信赖的原则，保持良好的企业管理。有趣的是，如果皇马社区认为俱乐部没有遵循他们的价值观，俱乐部独特的所有权结构就能让会员通过投票罢免主席以及不购买球票和商品的方式表达他们的不满。

尽管球队经常被人称为皇马，但其官方全称实际是"皇家马德里足球俱乐部"（Real Madrid Club de Fútbol）。皇马之所以被称为俱乐部，因为它确实是家俱乐部。和大多数由亿万富翁及企业所有的职业运动队不同，皇马自1902年成立起，就由被称为"合伙人"（socio）的俱乐部会员所有。如今，皇马拥有91 846名会员，其中66 671人的年龄在14～65岁，19 797人的年龄在14

---

① 在营收与战绩关联性的问题上，弗洛伦蒂诺在他2008年一篇未发表的文章中写道："我们想证明的是，在其他因素相同的情况下，赚钱并投资在球员身上，是俱乐部确保自身'进入赢球—吸引更多球迷—拥有更多电视观众—卖出更多商品—赚取更多收益并继续投资球员，这一积极循环的最好方式。"

岁以下，还有5 378人超过65岁或者拥有会员身份超过50年。皇马的会员中有73 680人为男性，18 166人为女性。成年会员每年需要缴纳123.3欧元的会费，任何会龄超过50年的人都可以免交会费。有意成为新会员的人必须得到两名现有"合伙人"的推荐，才能完成会员申请，只不过从2009年6月起皇马就关闭了新会员申请通道。一些人被评为"名誉会员"，其中包括普拉西多·多明戈（Placido Domingo）、拉法埃尔·纳达尔（Rafeal Nadal）、塞尔吉奥·加西亚（Sergio Garcia）和胡里奥·伊戈莱西亚斯（Julio Iglesias）[1]。

一方面，2011年6月，由于季票需求远超球场容量，皇马确立了只接受现有合伙人的后代成为新合伙人的新政策。如今，如果一个不是现合伙人后代的人有意成为皇马大家庭的"正式"成员，他可以加入皇马官方会员，获得一张官方支持者卡片（皇马球迷执照）以及其他福利。全球大约有61万名持有皇马支持者卡片的人，他们是皇马社区的组成部分，但没有季票和投票权[2]。非合伙人也可以加入本地的官方皇马球迷俱乐部，获得其他福利。

另一方面，合伙人的特权包括有权投票选举主席及董事会成员，有权成为会员大会的候选人，不过合伙人必须成为会员至少一年，且年满18周岁。合伙人也更容易买到球票。前面提到过，伯纳乌球场的容量为81 044人。2014—2015赛季，在皇马合伙人中，季票持有者为61 287人（占球场容量的76%）[3]，剩余座位向普通大众开放。如果未能按时支付费用，或者在皇马的主客场比赛中未能遵守行为准则，合伙人将会面临纪律处罚。

---

[1] 伊戈莱西亚斯曾经是皇马青年学院的守门员，直到20岁时因为车祸而严重受伤。康复期间，他发现了自己的音乐才华。

[2] 即便官方皇马迷支持者没有"投票权"，但皇马管理层也将他们和皇马球迷俱乐部成员看作全球社区及价值观的重要贡献者。

[3] 季票的数量是有限的，而且在2000—2010年没有出现过空缺。那么合伙人怎么成为季票持有者呢？2013年，俱乐部向所有合伙人提供了5 000套季票，同时设置了一系列优先购买条件，比如年资、电子票（合伙人身份）持有年限、过去赛季前往现场观赛次数等。这些季票仅用几周便告售罄，皇马此后再未提供过类似季票。

2015年9月，俱乐部会员代表参加的一次会员大会。他们用举手的方式进行投票，这是西班牙公司常用的表决方法，由一家独立公司负责计票。

可以想象的是，任何需要由约9.2万人投票表决的运营决策都会经历极为冗长的流程。因此，合伙人举行选举，选出一个由大约2 000名会员组成、成员任期为4年的"会员大会"（Socios Compromisarios）。会员大会的主要工作是表决俱乐部的财务问题，比如批准俱乐部当赛季的预算。会员大会还有其他一些权利，比如可以处罚俱乐部主席，以及授权俱乐部借贷。

THE REAL MADRID WAY
从皇马看俱乐部经营

所有权结构的发展与演变

随着时间推移，足球俱乐部的所有权结构在不同地域不断发展，各种所有权结构既有优势，也存在劣势。1990年前，西班牙的足球俱乐部属于共享型机构，由会员所有，为会员的利益而运营。到 20 世纪 80 年代时，糟糕的财务管理，比如在球员身上花了太多钱导致俱乐部负债过多，几乎威胁着每家俱乐部的生存。由于无法确定谁该为一家俱乐部的债务违约问题负责（很多会员认为当地政府会帮助俱乐部摆脱困境），1990 年，西班牙政府制定了《体育法》，规范管理俱乐部的法律结构。该法律规定，所有无法证明自己在 1985—1986 赛季能够财务自足、财务有盈余的俱乐部，均需转变为体育有限公司（SAD），类似于有限责任公司（LLC），从而增加对俱乐部的财务责任的约束。SAD 架构还是没能阻止俱乐部的财务不负责行为和借贷行为，但大多数人意识到，该为这些问题负责的是 SAD。最初，SAD 的所有权非常多元化，但随着时间推移，所有权逐渐集中，所以如今大多数 SAD 由高净值的个人控制。在西班牙的 42 个职业俱乐部中，只有皇马、巴萨、毕尔巴鄂竞技和奥萨苏纳足球俱乐部（简称奥萨苏纳）能够证明自己的财务能力，保持着由会员所有的俱乐部结构。会员所有的俱乐部属于非营利机构，不向会员提供分红。如果俱乐部有盈利，这些盈利会以会员的利益为出发点进行再投资或供内部财务使用，以维持俱乐部运营，让俱乐部继续发展。

　　俱乐部之间所有权结构的差别，为一些俱乐部带来了财务上的优势，也为其他俱乐部带来了挑战。比如，亿万富翁收购切尔西足球俱乐部（简称切尔西）和曼彻斯特城足球俱乐部（简称曼城）后，这些球队一夜之间获得了争冠实力，同时导致优秀球员的竞争异常激烈，显著增加了追逐优秀球员的成本，而这影响了皇马这样的俱乐部。

　　像皇马和巴萨这种由会员所有的俱乐部，没有亿万富翁做老板，没有企业或富有的投资机构承担损失或提供更多的资金。因此，由会员所有的俱乐部在财务方面处于竞争劣势，这就迫使他们寻找可持续的经济/体育模式。一方面，由会员选出主席和董事会的模式让俱乐部更难寻求长期的财务支持，因为出借方不知道未来俱乐部由谁领导，不知道未来的领导者会采取什么策略。俱乐部的选举也与政治选举类似，候选人可能做出短期内有效但长期可能带来灾难的承诺；在任者也有可能采取行动，让财务数据变得更漂亮，但实际上却在隐藏问题，或者为了赢得选举而牺牲未来的财务健康。

另一方面，拥有社区成员使俱乐部有机会与本地居民及球迷建立更密切的关系。这是真正属于他们的球队，他们有话语权和投票权。皇马的结构确保了球迷的高度参与性与互动性，这有可能激发出他们更大的热情和忠诚度。而想让亿万富翁老板把球队运营交给社区，难度可能非常大。会员所有的俱乐部另一个值得注意的优势在于，其所有权具有连贯性。很多运动队在几年时间里被反复转手，不同老板可能有不同的侧重点和价值观。但皇马从一开始就确立了合伙人所有的结构，所以他们能更轻松地从中总结出价值观。当会员选出的主席偏离皇马的价值观时，合伙人可以采取行动，比如投票罢免现任主席。

过多的负债也有可能影响战略决策和所有权结构。曼联就是通过杠杆交易被收购的。为了偿还债务，2012 年曼联在纽约证券交易所公开上市，向投资者出售股份。如今，曼联也需要对可能与球迷社区持有不同价值观、关注重点不同的金融投资者负责。在公开上市、筹集资金偿还债务前，曼联在 2009 年将 C 罗出售给皇马，以获取财务灵活度。相比之下，由于皇马不能出售股份，且力求进行负责任的经济行为，他们需要寻找创新方法为运营活动提供资金，也需要开发具有可持续性的经济 / 体育模式。

亿万富翁老板和投资集团会购买或投资其他城市的体育资产及其他体育项目，以便产生协同效应。比如，曼城和纽约洋基队用大约 1 亿美元的价格买下了 MLS 在纽约的大部分股权。会员所有的非营利性俱乐部想复制上述做法，难度显然更高，这就让他们处于竞争劣势。

NFL 的绿湾包装工队是美国唯一一支由社区所有的非营利性大联盟球队[1]。尽管包装工队所在的球市在 NFL 中最小，但和皇马一样，他们在各自联赛售出的球衣数量却是最多的。此外，尽管包装工队和皇马之间存在区别[2]，但两支球队领先各自联赛的球衣销量也许足以表明，社区所有的球队拥有一些共同特征，这些特征的吸引力甚至能超越本地社区，带来更多的商业成功。

———————————————— THE REAL MADRID WAY

自从弗洛伦蒂诺及其管理团队以社区价值观为基础做出决策后，皇马的营收出现了年均 12% 的增长。如今，营销收入——包括与阿联酋航空、阿迪达斯、奥迪和微软等 25 家全球性公司签订的赞助合同，以及球衣销售占据了皇马营收的大头。而 2000 年时，对营收贡献最大的是会员费、球票收入和转播费（见图 2-2）。

---

[1] 由社区拥有职业大联盟球队的做法曾面临激烈的反对。NFL 在 1960 年通过了一项禁止非营利球队的规定，实际上不仅消除了其他球队模仿包装工队的可能，甚至打消了给予公众股份以换取纳税人体育场补贴这一想法。棒球界对公有制同样存在抗拒心理。麦当劳创始人、圣迭戈教士队的老板雷·克洛克（Ray Kroc）去世后，他的遗孀琼试图把球队当作公共信托资产赠予圣迭戈市，但 MLB 出面阻止了这个操作。美国有些运动队曾短暂地出售过股票，比如克利夫兰印第安人队和波士顿凯尔特人队，但他们出售的都是少量且无投票权的股份。总的来说，球队老板不喜欢公众可以接触自己的财务信息。此外，排除公有制也是阻止球迷和政客声称他们应当拥有本地球队股份的好办法。由社区所有的球队也不可能更换主队城市，而搬迁不仅能让球队老板，也能让实行收益分享制度的联盟获益。

[2] 与皇马会员不同，包装工队的股东并没有购买季票的优先权。不过他们有权投票选出由 45 人组成的董事会，而董事会再选出 7 人执行团队，这是真正的专家团队，与球队总裁一起负责球队运营，而球队总裁不需要是球队股东。

(百万欧元)

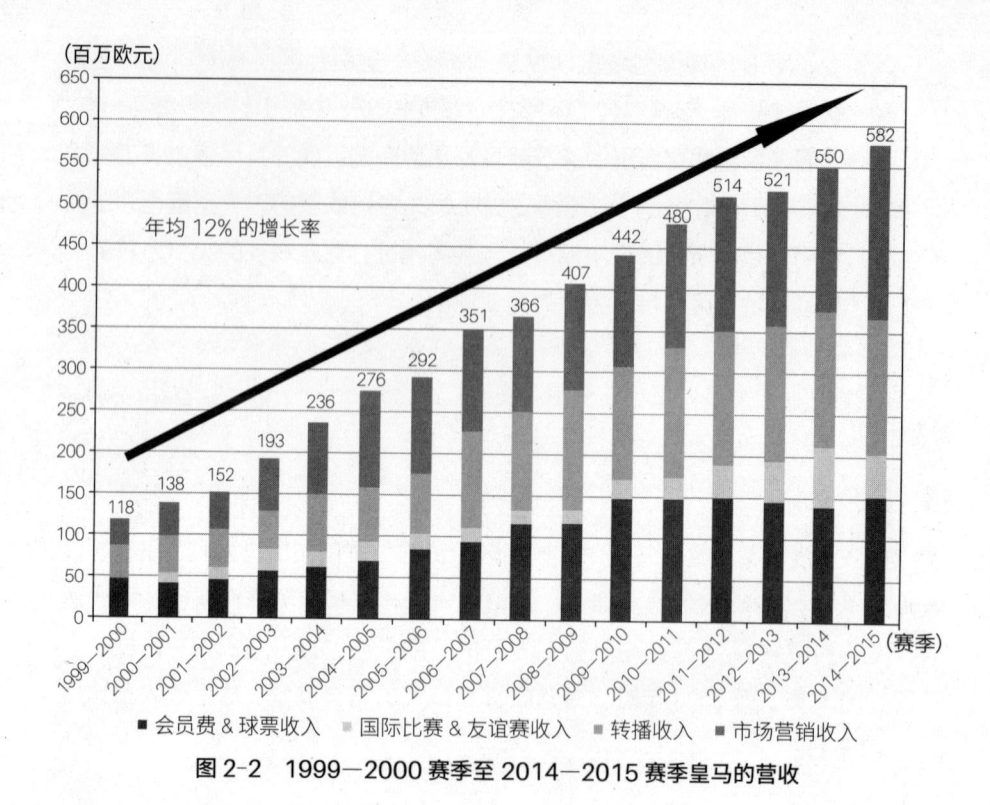

图 2-2 1999—2000 赛季至 2014—2015 赛季皇马的营收

　　这种增长趋势凸显了皇马以社区价值观为中心的运营方法能让更多球迷投入忠诚度与热情的能力：社区成员购买更多商品，全球赞助商为了与社区成员建立联系而支付赞助费用。关于皇马球迷的热情、忠诚度以及整个社区的规模如何呈指数型增长，我们可以举例说明。1997年，皇马与阿迪达斯签下了一份为期10年、总额1亿欧元的合同，其中9 500万欧元在合同期的最后三年支付。那时皇马的球衣年均销量约为15万件，绝大多数在西班牙售出。阿迪达斯与皇马的新合同在2020年到期，这份合同的年收益预计可达7 000万欧元，年均销售服装370万件，其中在西班牙售出130万件，在世界其他地区售出240万件。根据《体育情报报告》（*Sports Intelligence Report*）的数据，其中2007—2012年的球衣年均销量约为140万件。与此相比，有报道称，2015年皇马为阿迪达斯销售的服装数量突破510万件，其中有260万件是球衣。

042　银河战舰皇家马德里　THE REAL MADRID WAY

我们从转播收入的增长可以看出，驱动皇马决策的社区价值观是全球性的。随着社区不断扩大，转播商渴望将比赛传遍这些忠诚、充满激情且规模庞大的社区。随着球迷社区在全球范围内的扩大，国际比赛和友谊赛的收入也在增加，并且皇马也会得到比赛举办地球迷的忠实支持。品牌认知和社区价值也随着国际性的曝光不断提高。

2000年，会员费及球票收入占皇马总营收的32%，转播费占33%，这两个最主要的收入来源占据了总营收的65%。在2000—2001赛季，对公众出售的球票收入为1 400万欧元，约占总收入的10%。球场产生的总收入（包括公众购买的球票、俱乐部会员的季票、VIP座位及包厢门票，举办会议、博物馆及展览的场地费）为4 200万欧元，约占总收入的30%。到2013—2014赛季时，对公众出售球票带来的收入仅占总收入的5%。我们从图2-3中可以看出，在2015年，会员费和球票收入占总收入的26%。收入来源中占比最高的是包含赞助合同的市场营销收入，占比从2000年的26%提高至37%，而会员费、球票收入及转播费的占比降至54%。此外，国际比赛和友谊赛收入的占比为9%（见图2-3）。

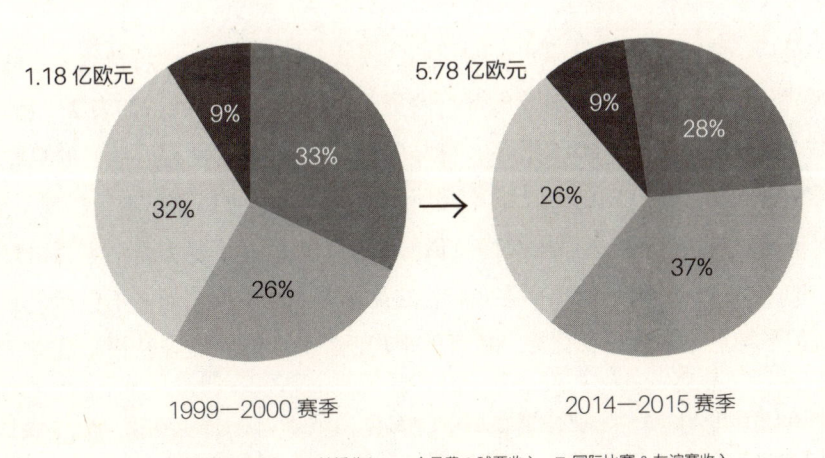

图2-3　1999—2000赛季到2014—2015赛季营收占比分析

从上述趋势中，我们可以发现两个非常重要的快速增长领域：转播收入和市场营销收入。这些领域的增长表明，欧洲职业足球已经成为一项全球化的娱乐产业，而皇马则是这个产业的领头羊。意识到自家比赛和球员能够吸引世界各地的观众后，皇马管理层开始出售转播权和对外授权，并从中进行营销活动来获得赞助。

薪资与周转比（支付给所有雇员的薪资除以全部营收）是证明皇马成功的另一个关键指标。薪资支出占总营收的比例越小，球队就拥有越高的财务灵活性，就可以进行其他投资。欧足联的欧洲俱乐部协会（ECA）[①]建议该比例最高为 70%。经过 2000—2001 赛季到 2002—2003 赛季的过渡期后，皇马的薪资与周转比一直低于 50%，这个数字即便不是最低，也是欧洲职业足球队中最低的之一[②]（见图 2-4）。

皇马因为在其可持续的经济/体育模式中采用了以社区价值观为中心的做法，所以获得了大量收入，尽管其支付给球员的薪资在欧洲足球界排名前列，但他们的薪资与周转比却是欧洲最低的球队之一。

最后，皇马的财务结果也证明他们的模式是可持续的。"可持续"意味着该模式可以自给自足，不需要经常性的资本注入或额外借款。如表 2-1 所示，在截至 2015 年 6 月的 2015 财年，皇马的营收为 5.78 亿欧元。他们的息税折旧摊销前利润（EBITDA）为 2.03 亿欧元，这部分资金可以简单地视作现金流。皇马的净负债为 9 600 万欧元。净负债与 EBITDA 的比率是衡量一家公司财务实力的一个指标，皇马的比率为 0.47，这比标普 500 中大公司（不包括金融机构）的平均负债表现还要优秀，后者的平均比率为 1.36。企业从银行借贷时的

[①] 欧洲俱乐部协会是唯一得到欧足联官方认可的机构，这个机构通过民主代议，推动欧洲足球队的健康发展。

[②] 北美体育联盟的薪资与周转比约为 50%，但各球队的情况也不尽相同。各个联盟与球员工会达成的劳资协议通常会解决这个问题。

贷款合同通常约定，债务与息税折旧摊销前利润的比例不能超过4或5，这属于"对银行的保护条款"。

(薪资与周转比)

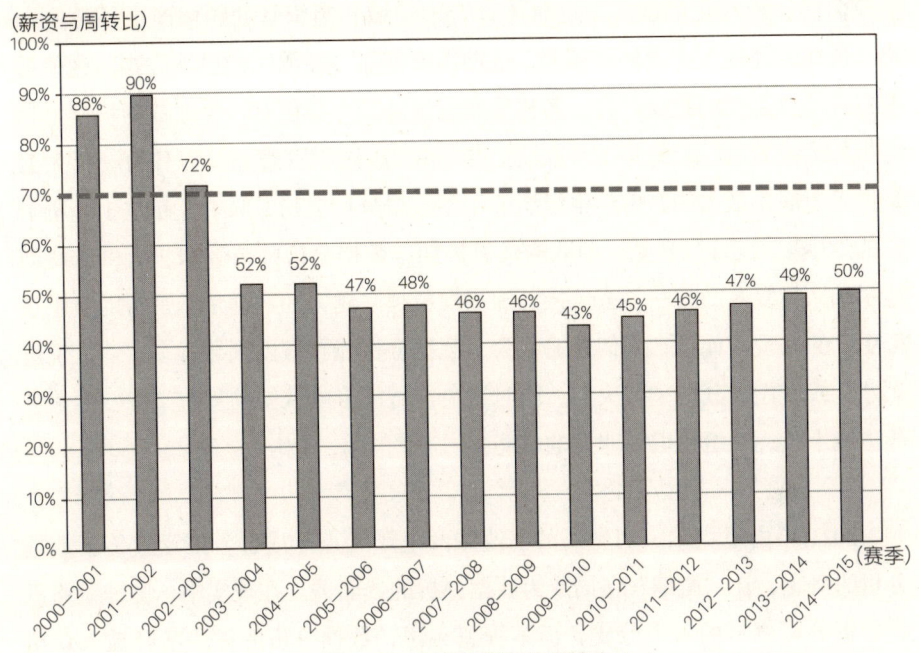

赛季	比例
2000—2001	86%
2001—2002	90%
2002—2003	72%
2003—2004	52%
2004—2005	52%
2005—2006	47%
2006—2007	48%
2007—2008	46%
2008—2009	46%
2009—2010	43%
2010—2011	45%
2011—2012	46%
2012—2013	47%
2013—2014	49%
2014—2015	50%

图 2-4 皇马的薪资与周转比

表 2-1 2015 财年皇马的财务信息

财务指标	财务数据
营收	5.78 亿欧元
EBITDA（不包括资产处置前净收益）	1.35 亿欧元
按会计准则计算的 EBITDA	2.03 亿欧元
薪资与营收比	50%
税前利润或亏损	5 600 万欧元
净负债	9 600 万欧元
净负债/EBITDA	0.5x[1]

注：1. 计算净负债/EBITDA 时使用的是按会计准则计算的 EBITDA 数据。

第 2 章 皇马的制胜秘诀　　045

相信文化是最重要的冠军元素

魔球策略、棒球统计学、大数据，这些新概念不仅为战略思维和决策带来了革命性、现代化的改变，也对体育管理领域和组织管理领域产生了普遍影响。现在的经理人接受的培训是，成功需要依靠"新派"的思维方式，这种思维方式涉及复杂的数据分析。各机构和运动队如今都设有一个由数据科学家和分析师组成的部门。每年3月在波士顿举办的麻省理工学院斯隆体育分析大会是世界上规模最大的、由学生组织的大型数据分析会议，吸引了超过170所学校的学生以及超过80支运动队的代表参加。数据分析师与数据分析供应商创造了越来越复杂的方法，去监控、捕捉规模越来越大的数据量，来帮助组织获得更好的表现。如今，人们普遍认为，数据分析能够帮助领导者去评估、挑选人才，或者做出其他重要决定，同时避免被可能影响认知的复杂又微妙的偏见或本能干扰，让组织取得非凡的成功。

2011年由迈克尔·刘易斯的书改编的电影《点球成金》广泛宣传了数据分析的概念，让"魔球"一词成为数据分析的代名词。在现实中，魔球策略只是数据分析领域的一个分支，但不管怎么说，数据分析的做法已经被大众接受，几乎没有人敢质疑数据分析对取得比赛胜利的重要性。

2015年2月，11届NBA全明星球员查尔斯·巴克利（Charles Barkley）在TNT电视台的节目《NBA内幕》（Inside the NBA）中对公众观点提出质疑。巴克利言辞激烈地批评了数据分析，他说："只有好看的数据，不代表你是一支优秀的球队……数据分析就是垃圾……这些负责数据分析机构的家伙，他们有一个共同点，就是从没打过一场比赛。"以心直口快著称的巴克利还武断地表示，在NBA赢球靠的是有天赋的球员和教练团队。"芝加哥公牛队（他指的是有明星球员迈克尔·乔丹和斯科特·皮蓬（Scottie Pippen）及主教练菲尔·杰克逊（Phil Jackson）的六届NBA总冠军球队芝加哥公牛队）用了什么数据分析方法？圣安东尼奥马刺队[这里指的是5次赢得NBA总冠军的马刺，它拥有明星球员大卫·罗宾逊（David Robinson）和蒂姆·邓肯（Tim Duncan），主教练是格雷格·波波维奇（Gregg Popovich）]做过哪种数据分析？他们有最好的球员，有能让球员变得更好的教练组……在NBA，重要的是天赋。"

金钱、天赋和数据分析，究竟哪个才是最重要的冠军元素？我们能找出很多薪资开支巨大、拥有超级明星球员却没能夺冠的球队，同样，我们也能找到很多主要以数据分析为决策依据，甚至拥有一些超级明星球员、但也未能夺冠的球队。

为什么皇马能成功？充足的资金当然是必需的，才华横溢的球员也是必需的，数据分析当然也毫无疑问，但这些只是皇马之道的构成元素罢了。皇马的管理层相信，**归根结底，能对赛场内外表现产生最大影响的是球队文化**。对他们来说，"文化"意味着每个人以无私的方式为一个共同使命努力，每个人都知道目标是什么，知道如何以合作的方式实现目标。皇马之所以成为组织管理学上令人着迷的案例，就是因为他们在赛场内外的全部战略都坚守了社区成员的价值观与期望。也就是说，社区决定了球队文化。

皇马接纳了数据分析方法。事实上，无论在赛场上还是生意场上，他们都利用了非常复杂的数据收集与分析工具。我们很难想象，究竟还有什么数据没有被追踪。为了与自身文化相符合，皇马在使用数据的问题上还采用了独特的方式。比如，皇马不仅利用数据分析、评估球员，也用数据分析去考察并解释一些问题，包括从赛场表现到与管理层相关的重要问题。与大多数球队的数据分析师及高管将数据分析视作竞争优势不同，皇马希望向其社区公开数据与数据分析内容。虽然向社区公开传播信息可能为其他人提供有竞争力的信息优势，但皇马还是这样做了，因为皇马认为他们的社区渴望了解公开透明的数据与分析内容，成员希望相互分享、学习、协作，这也有助于俱乐部澄清一些事项，还能成为社区茶余饭后的谈资。为社区需求服务是皇马的首要战略。皇马的管理层认为"社区价值是第一位的"，他们相信，文化是胶水，可以将复杂的机构黏合在一起；而当文化源自社区共同的价值观时，它将造就非凡优势、鼓舞社区，让社区成员更忠诚、更具身份认同感、更有激情。

管理咨询公司麦肯锡已经突出强调了文化的重要意义和价值。麦肯锡在调研了数百家北美、欧洲和亚洲的公司后发现，66.7%的商业领袖认为文化是他们竞争优势的主要源泉。此外，麦肯锡发现，拥有高效组织文化的公司，其表现远胜于同行。实际上，那些拥有高绩效文化的公司也交出了更优秀的业绩，他们每年股东带来的收益比没有明确文化的公司高300%。

将文化认定为皇马在赛场内外取得成功的最重要因素，自然也会面临一些挑战。文化很难定义，分析和衡量、比较文化更难，而且媒体报道文化主题的内容也很有难度。参考、对比统计数据进而获得结论则要简单得多。然而，皇马不是唯一一支强调文化的作用并取得成功的运动队。2015年2月22日发行的《华尔街日报》上，布莱恩·科斯塔（Brian Costa）的文章讲述了旧金山巨人队分别在2010年、2012年和2014年赢得MLB世界冠军的故事。同样，2015年7月24日，5次赢得NBA总冠军的圣安东尼奥马刺队主教练波波维奇在接受KNBR体育电台采访时也谈到了如何赢得总冠军的话题：

> 这和好运气有些关系……你不需要是个天才也知道在选秀时选择蒂姆·邓肯……不管是在体育界还是在商界，都有很多成功的团队……不管怎样，重要的是人，是你引入的人……（成功的关键）在于你构建的个性……你信奉的准则……不管顺利还是艰难时始终坚持……我觉得那种同志情谊……那种年复一年维系我们的企业知识……新人加入时，他们会被灌输我们做事的方式……领袖们（提到一些球员）一直保持着前进……（又提到了之前的球员）

马刺队有至少3名球员本可以在其他球队获得更高的收入，但他们愿意在个人收入上做出牺牲，从而帮助球队省下更多资金，以签约具有相似价值的其他优秀球员。这些球员的行为表明优秀组织文化的影响力，并对只能靠开出比竞争对手更高的价码来吸引、留住优秀球员的观念提出了挑战。

聘请数据分析专家，根据数据分析结果选择被低估的球员组建一支理论上具有竞争力的球队，这是一种更直接的方法。也许我们对范特西（fantasy）[①]这种体育数据游戏的痴迷让我们忽视了现实，归根结底，真正的球队必须负担得起那些理论上能带来胜利的球员，而这需要忠诚且愿意支持的球迷和赞助商。而我们容易忽略的是，即便最有天赋的超级明星球员，也是拥有不同人生背景的真实的人，他们处于个人生活及职业生涯的不同阶段，需要彼此依靠。即使在漫长的赛季中感到疲劳或者出现伤病，他们也要在压力巨大的比赛中拿出球迷预期的表现去赢得冠军。能将这些黏合在一起的是什么？皇马相信，答案就是文化。

每一种优秀文化都有专属的真实个性与灵魂，既无法被发明，也无法被人强加。在组织中，文化是一种看不见但却强大的力量，能够影响团队成员的行为。很多时候，创始人、老板或高管会将自己的价值观灌输进组织，并塑造成文化。

即使是那些对文化是长期成功的主要因素的论点表示怀疑的人也承认，由于潮流太过趋向数据分析，现在每个人都可能拥有一模一样的数据分析工具，这可能导致数据分析带来的竞争优势越来越小。2016年2月，MLB的波士顿红袜队的大股东约翰·亨利（John Henry）告诉记者，在经历并审视了几个让人失望的赛季后，他得出的结论之一就是，球队在棒球方面的决策"可能过于依赖数据了"。他认为球队的建队哲学需要做出改变，需要在数据分析和其他领域之间实现平衡，但他没有具体阐述这个话题。怀疑论者相信，是时候去探

[①] 范特西游戏的参赛者可以从真实的专业球队中选拔球员，组成一支虚拟球队参加虚拟赛事。在美国，范特西游戏是一个价值几千万美元的产业。——编者注

索其他前沿领域了，比如文化、球队内部的化学反应、人类判断与行为。有些球队的数据分析专家实际做的工作，就是想办法确定并量化能让团队实现 1+1 > 2 的天赋、特性与协作技能。

文化无法被复制。然而本书却揭示了组织文化的来源，如何使其规范化、如何支持、强化文化并使其与商业策略及身份认同相一致。麦肯锡发现，只有不到 10% 的组织拥有非常清晰且持续适用的文化。至少，本书希望能激发人们的创意，为追求最佳表现的运动队或组织提供灵感。数据分析如今变得更加普遍，已难以为使用者提供竞争优势。而作为竞争优势的下一个前沿领域，文化与价值观因为更复杂、更难复制、更难商业化，所以应当更具有可持续性。

巴克利发表批评言论的第二天，时任 ESPN 晚间节目《奥伯曼秀》（Olbermann）主持、总能引人深思的基思·奥伯曼（Keith Olbermann）表示，"数据分析不仅在 NBA、MLB、NFL 和 NHL 能帮助球队赢得胜利，而且赢的速度极快，导致绝大多数像巴克利这样的"恐龙"甚至没有意识到战争已经结束了，小行星已经让他们的天空变黑，他们对比赛的理解被视为迷信"。

但巴克利挑战当今主流观点的行为值得称赞。人们当然有理由去挑战数据分析是解决一切问题的灵丹妙药这一观点。比如在足球领域，相信魔球理念或基于数据分析驱动的球队，很大程度上依赖表现数据（比如传球成功率及进球效率）锁定有能力且相对便宜的球员，可为什么这样的球队不管是盈利能力还是成功性都不如皇马？2014 年接受《卫报》的肖恩·英格尔采访时，比利·比恩承认，足球适用魔球理念的难度更大，因为足球比赛更流畅，相互依赖性更强，这就让追踪和分析数据变得更加复杂。

在 2010 年买下英超的老牌劲旅、但实际陷入破产状态的利物浦队后，热爱棒球统计学的波士顿红袜队老板们雇用了一名"魔球门徒"，去寻找那些被人低估但可堪一用的球员——最重要的是，他们的能力可以被衡量。利物浦的老板们以为运用魔球策略就能用最少的资金投入获得最大限度的回报，但球队在2011年不仅亏损了上千万美元，而且在英超只排名第八。自那时起，利物浦在赛场内外的表现均不尽如人意。

同时，英超的托特纳姆热刺队也试图采用魔球策略。在2013—2014赛季，热刺利用贝尔转会皇马获得的9 100万英镑签下了7名新球员。一年后，利物浦利用路易斯·苏亚雷斯（Luis Suárez）转会巴萨带来的6 500万英镑签下了8名球员，其中一人是租借自其他球队。这15名新球员都是因为数据分析表明他们具有某个特点而被选中，热刺和利物浦都认为自己签下的新球员组合起来可以弥补明星球员离开带来的损失，可以为球队带来成功。但两支球队在赛场上的表现都让人失望。"优秀"但不够"伟大"的球员似乎无法将自身特点融合进一支球队，其中很多人如今已被球队出售。

对于热刺和利物浦的失败，不论是因为在足球领域适用数据分析本身就存在缺陷，还是因为由不擅长利用统计数据预测未来表现的人完成工作而导致执行糟糕，抑或是因为对新球员没能做出合适的管理，最终的结果都在警告我们，我们需要的也许不只是数据分析，特别是在足球这种需要球员相互依赖的体育运动中。

可以明确的是，不论是否采用了魔球策略，大多数欧洲职业足球队都在亏损，而且亏损数额庞大。球队花费大量资金签约球员，导致财务完全失控，迫使欧足联在2010年开始实行财政公平法案（FFP），以禁止球队反复出现支出高于收入的情况。2015年5月，国际米兰足球俱乐部（简称国际米兰）、罗马足球俱乐部（简称罗马）和摩纳哥足球俱乐部（简称摩纳哥）等10支球队不得不签署"调解协议"，以期在2018—2019赛季实现收支平衡。

2014年，曼城和巴黎圣日耳曼由于违反FFP规定收到了欧足联的巨额罚单。曼苏尔酋长在2008年用2.1亿英镑的价格买下曼城，从那时起，他的累积亏损达到 5.35 亿英镑，这还不包括大约 2 亿英镑的场馆升级费用，这一切损失全由曼苏尔酋长一人承担。与之类似，巴黎圣日耳曼由卡塔尔的主权财富基金卡塔尔投资管理局收购。2011—2012 赛季，球队斥巨资签约球员。尽管两支球队巨额亏损，但球队在赛场上确实取得了成功：曼城过去三年两次赢得英超冠军，而巴黎圣日耳曼连续 5 次夺得法甲冠军。然而，这两支球队都没闯进过欧冠的 4 强。

利物浦尽管在 2012—2013 赛季和 2011—2012 赛季分别亏损 4 980 万英镑和 4 100 万英镑，但欧足联在 2015 年认定其并未违反 FFP 规定，因为球队在 18 个月前签下了一系列丰厚的赞助合同，可以弥补一部分支出。

鲜为人知的是，只有少数足球队能够盈利，比如皇马、巴萨、曼联和拜仁慕尼黑。正如前面讨论的那样，俱乐部会员是皇马、巴萨和拜仁慕尼黑的拥有者，这些球队没有可以负担损失的亿万富翁。而曼联的股份由大众股东持有，他们也希望获得收益。

尽管有钱签约最优秀的球员和胜利之间确实存在相关性，但有钱不能保证成功，尤其是在欧冠。比如曼联在 1968 年赢得队史第一个欧冠冠军后，直到 1999 年才再次赢得欧冠冠军。尽管曼联从 1997 年（德勤在这一年开始进行足球队营收排名）到 2004 年（皇马成为第一名）一直拥有足球界最高的营收，而且始终在全球各领域球队的营收榜上排名前 5，也拥有历史上最伟大主教练之一的亚历克斯·弗格森（Alex Ferguson）爵士，但球队在 21 世纪的第一个 10 年里，只在 2008 年赢得过一次欧冠冠军。

同样是在 2014 年接受《卫报》记者肖恩·英格尔的采访时，比利·比恩表示："我最初进入棒球界时，人们不想听到"球队是做生意的"这种说法，但事实就是如此。生意做得越好，赛场上的球队就会越健康。归根结底，在现在的世界里，这就是获得长期成功的最佳方式。"尽管比恩说的是另一支球队，但皇马却在现实中实现了比恩的描述，即让赛场内外的成功连接了在一起。

我希望在本书中证明，**赛场内外的成功不只与数据分析及天赋乃至金钱有关，那些在构建组织时不将文化因素纳入其中的人，才是真正过时的恐龙。**

THE REAL MADRID WAY

从皇马看俱乐部经营

足球、棒球、篮球在相互依赖性上有何差异

棒球与篮球和足球存在很大区别，因为棒球需要的团队合作较少，人才过多效应不会对棒球队产生影响。将棒球队（或者适用魔球理念的球队）与篮球队或足球队乃至更广泛的组织进行对比时，所总结出的经验教训也存在些许区别。绝大多数组织要求团队成员相互依赖。我们从中得到的重要经验是：与棒球队相比，在足球队中有和组织一样存在的复杂性与相互依赖性，这要求管理层承担更多职责，他们需要打造一种能够助力团队合作的环境或文化。有分析表明，足球中团队合作与进球得分的关联性强于篮球，同时远强于棒球。将这种关联性与足球有限的得分机会结合在一起，便足以证明团队合作对于取得足球场上的胜利具有至关重要的作用，这与大多数商业活动类似。

棒球实际上是一项更看重个人行为的团队体育项目。投出好球或打出本垒打都是个人成就。每个回合都有始有终，重点在于投手和击球手之间的较量。尽管棒球中各个事件的独立性更强，但其中也存在一定的相互依赖性，而且会对球员的数据统计产生巨大影响。一支棒球队有9名球员可以上场。不管对手或队员做什么，每名球员在9局

比赛里总会走上本垒板打 3～5 次球。一支棒球队至少拥有 27 次的得分机会。上场的 9 名球员，每人都至少有 11% 的进攻机会来对比赛产生影响。

与棒球相比，篮球更重视团队协作，场上的队友需要互相传球，协同合作。一支篮球队上场的 5 名球员需要相互依赖，在有效的时间内高效互动。一场 NBA 比赛由 4 个 12 分钟的小节组成，全场比赛总时长为 48 分钟。NBA 设置了 24 秒进攻时间的限制。相反，棒球按三振出局及局数计算，比赛的时长没有定数（见表 2-2）。

表 2-2　棒球、篮球与足球的对比

对比指标	棒球	篮球	足球
比赛时长	9 局	共 4 节，每节 12 分钟	两个半场，每个半场 45 分钟
队友间相互依赖的程度（高、中、低）	低	中	高
场均球队总得分机会	至少 27 次。每支球队每场比赛平均有 38 次走上本垒板的机会	在 24 秒进攻时限制下，每支球队一场比赛平均有 83 次投篮机会	每支球队一般有六七次射进球门区的机会
上场球员数量	9	5	11
替换球员次数	无限制，但被换下的不能重新上场	无限制，被换下的可以重新上场	3 次机会，被换下的不能重新上场
明星球员得分机会	占球队全部进攻机会的约 11%，或者每名球员大约 3 次机会	明星球员平均有 23～30 次出手机会	明星球员一般有 1～3 次射中球门区的机会
防守	投手每球都会参与防守，球员处于传统位置	一对一防守，有协防和换防	强调合作性、有组织的团队防守
主要团队冠军	世界大赛	NBA 总冠军	欧冠
总决赛赛制	七场四胜制	七场四胜制	一场比赛决定结果（淘汰赛阶段采用一个主场与一个客场赛制，进球累积）
赛季期间的其他比赛	无	无	存在多种比赛，既有俱乐部也有国家队比赛

续表

对比指标	棒球	篮球	足球
休赛期国家队比赛频率（高、中、低）	低	中	极高（世界杯、欧冠、资格赛、友谊赛）
从高中/大学选秀	有	有	无
青训/自主培养球员	无	无	有
降级制度	无	无	有

尽管队友间需要相互依靠，但 NBA 的明星球员能显著地影响比赛。如表 2-3 所示，勒布朗·詹姆斯和科比·布莱恩特两位明星球员的出手次数分别占所在球队的 30%～33%。如果算上助攻，两人影响球队出手数量的比例则在 52%～57%。由于进攻时间限制，一支 NBA 球队场均拥有 77～90 次出手机会，所以他们的得分机会很多。詹姆斯和科比在 48 分钟的比赛里一般上场 36～39 分钟（约占 75%），两人都可以随时被替换下场。两人的场均触球次数大约都是 80 次，场均控球时间约为 5 分钟，约占比赛总时长 10%，也相当于两人上场时间的 13%～14%。詹姆斯在 2014—2015 赛季 NBA 总决赛上的表现，堪称明星球员影响比赛的典范。总决赛中，克利夫兰骑士队的进攻效率为每百回合 93.8 分。詹姆斯在场时，他们的进攻效率提高到 97.3 分，而詹姆斯不在场时，这个数字只有 50.9。6 场总决赛詹姆斯一共只休息了 23 分钟；而在他休息的 23 分钟里，克利夫兰骑士队只投进了 6 个球。拥有运动天赋和技术的明星球员也能在防守上影响比赛，他们能"锁死"对手最强的得分球员，而这种球员的持球时间肯定显著长于队友。科比和詹姆斯曾分别 12 次和 6 次入选 NBA 的最佳防守阵容。

篮球队的表现源于个别行为导致的连锁反应，仅靠一名明星球员无法制衡并战胜对方球队。例如，迈克尔·乔丹需要斯科特·皮蓬，甚至需要类似约翰·帕克森（John Paxson）或史蒂夫·科尔（Steve Kerr）这样的外线投手拉开空间，也需要像霍勒斯·格兰特（Horace

Grant)或丹尼斯·罗德曼（Dennis Rodman）这样无私的篮板手。

表 2-3 足球和篮球领域明星球员的对比

对比指标	篮球：科比/詹姆斯	足球：C罗/梅西
触球（时间与比例）	场均约5分钟（约占比赛总时长的10%，约占球员上场时间的13%），38分钟上场时间里场均触球约80次（平均每分钟2次）	场均大约1分钟（少于1%），90分钟比赛时间里触球约20次（平均每分钟0.2次）
得分时对队友的依赖程度（高、中、低）	中	高
出手/射门占球队的比例（次数与比例）	场均23~30次，占球队总出手次数的30%~33%	场均4~6次射门机会，两三次射进球门区，占25%~33%
场均上场时间，占比赛总时长的比例	38~40分钟，80%	90分钟，100%
得分及助攻占球队全部进攻机会的比例	52%~57%	50%~60%
防守影响力（高、中、低）	高	低
参加国家队比赛的概率（高、中、低）	中	高

让我们回到足球领域。与棒球不同，足球和篮球都是高度即兴的团队导向型运动，其团队性甚至高于篮球。比赛双方各有11名球员，以一种流动、快速展开的形式相互协作，类似于今天大多数非体育组织的工作模式。在足球领域，一支球队的得分概率会随着传球成功次数的增加而提高。足球没有进攻时间限制，所以球队可以按照自己的意愿长时间控球，甚至不追求得分机会。但球队也面临着比赛时间有限的压力，足球比赛由两个45分钟的半场组成，全场比赛用时90分钟。和NBA球星一样，C罗和梅西也能显著影响比赛，但他们的进球得分更多依赖能否在正确的时间和地点接到队友的传球。需要注意的是，在2014年欧冠决赛中，C罗在整个上半场几乎没有触球。平均来说，C罗和梅西一场比赛的触球次数约为20次，每次3秒钟，90分钟的比赛里触球时间只有区区1分钟。你没看错！C罗和梅西每场比赛的触球时间只相当于一场比赛时间的1%。两位明星球员都

需要为进球努力拼搏，他们场均会被犯规三四次，这让他们的 20 次触球机会减少到了 16 或 17 次。与大多数体育项目的比分相比，足球进球得分的意义更加重大。足球比赛中，高质量的得分机会非常少见，所以最大限度地把握机会至关重要。在十六七次不被犯规的触球机会中，C 罗和梅西通常场均尝试 4～6 次射门。

在 C 罗和梅西的 4～6 次射门机会中，他们有 40%～50% 的概率射在球门范围内，其中又有 40%～50% 的概率（相当于总射门次数的 25%）能真正进球；与其他明星球员相比，这个概率已经出奇的高了。如果算上助攻，C 罗和梅西创造机会的次数占球队总射门次数的 50%～60%，这与科比和詹姆斯在篮球比赛中的贡献接近。然而在防守方面，C 罗和梅西在限制对方得分球员方面只能起到有限的作用。即便他们的攻守能力并不均衡，但拥有他们的球队在相互依赖性方面也比棒球队高，甚至比篮球队还要高。此外，和詹姆斯、科比这样的篮球巨星不同，C 罗和梅西这样的足球巨星没有同等实力的对手。在大多数与进球相关的统计中，两人都明显领先他人。从 2008 年开始，国际足联每年的金球奖轮流被 C 罗和梅西两人包揽。NBA 不存在两名球员轮流赢得年度最佳球员奖，或者在 7 年时间里年年都在得分数据统计上占据统治地位的情况[1]。排除 C 罗和梅西这两个"异常"情况后，足球就变成了一项内部相互依赖性比篮球更强的运动。

由于足球的相互依赖性要求，C 罗每天都需要和队友演练不同的进球场景。他们知道他有默念"1 秒，2 秒——射门"的习惯。因此他们想办法设计出不同场景和期望的结果，然后自问并互相提问，"我在什么位置？球从哪个方向来？我的队友从哪里出现？他要去什么位

---

[1] 迈克尔·乔丹曾在 1986—1993 年连续 7 年摘得得分王头衔，但这 7 个赛季不存在一个稳定的第二名。

置？他的速度是多少？他喜欢用哪只脚，喜欢什么角度？我有什么机会可以把球传到那个位置？传球最好在空中还是地面？防守在哪里？守门员可能在什么位置？哪里最有可能进球，最有可能的进球方式是什么？"这要求传球者和 C 罗必须知道对方可能以及何时会做什么。双方需要在几秒钟内分析场上局势并采取行动，否则就会错失罕见的机会。

和棒球明星球员至少能获得一些击打机会不同，没有人保证足球明星球员一定能获得射门机会，并且足球中的得分机会也远远少于篮球。此外，篮球运动员很有可能在己方篮下接到队员发出的底线球，在不传球给队友的情况下运球过全场并投篮得分，而足球场上想以类似方式射门得分的难度极大。

THE REAL MADRID WAY
皇马之道

皇马的经营之道

核心：可持续的经济/体育模式

1. 坚守社区成员的价值观与期望，坚信能对赛场内外表现产生最大影响的是文化，致力于从社区价值观与期望中创造企业价值。
2. 引进符合社区价值观的最优秀球员，包括菲戈、齐达内、贝克汉姆、罗纳尔多、C罗等；培养青训球员，让他们与世界上最优秀的球员搭档。
3. 打造能够反映社区价值观和期望，体现团队哲学、有品位、有自我风格的球队，致力于用漂亮、有品位的攻势足球赢得冠军。
4. 在全球范围内发展社区，吸引世界各地的赞助商和电视转播机构，提高球票收入、转播合同的价值，增加营销与赞助机会，从而带来更高的营收。
5. 保持较低的薪资与周转比，拥有更高的财务灵活性，将高营收用于修建更大、更现代化的球场和训练基地。
6. 坚持负责、透明、可信赖的原则，保持良好的企业管理，其中包括完善的合伙人和会员机制。
7. 利用科技手段，通过官方网站及社交媒体账号，以最好、最便捷的方式将最优质、最具相关性的独家内容提供给社区成员，激发人们心中的连接感与热情，强化身份认同。

THE REAL MADRID WAY

第二部分

银河战舰 1.0

THE REAL MADRID WAY

第 3 章

起航，冲破平庸

第 3 章

皇马成立于1902年，俱乐部的起源可以追溯到一些学者和学生将足球引入马德里的时期，这其中包括几位剑桥大学和牛津大学的毕业生。

创始人选择白色作为球衣的颜色，灵感源于大获成功的英国业余俱乐部——科林斯足球俱乐部（Corinthian FC）。因为球衣颜色，皇马经常被人称作"白衣军团"（Los Blancos）或"美凌格"（Los Merengues，一种用打发蛋白做成的甜点）。

最初，俱乐部徽章的设计很简单，只是俱乐部名称3个首字母MCF装饰性地交叉在一起，配上深蓝色的底色。1908年，徽章第一次出现变化，字母采用了更具流线型的设计，被包裹在圆环中。

Real这个词在西班牙语里的意思是"皇家"。1920年，西班牙国王阿方索十三世（Alfonso XIII）将"皇家"头衔授予俱乐部，又在俱乐部徽章中加入一顶王冠；大约10年后，俱乐部又在徽章中加入了一条紫色带子[1]。随着时间推移，皇马徽章因为多种原因被修改各种颜色，而金色成为其中最显眼的颜色，紫色带子的颜色也变得越来越蓝。

虽然如今的皇马与"冠军"一词密切关联，而且被国际足联评为"20世纪最佳俱乐部"，但在皇马成立初期，他们并不是一支具有统治力的球队。皇马在1931—1932赛季才第一次赢得西甲联赛冠军，那时距离俱乐部成立已经过去了近30年[2]。

俱乐部在1932—1933赛季再次赢得西甲冠军，可随着1936年西班牙内战爆发，西班牙停止举办职业足球比赛。内战结束后，皇马处于极为糟糕的境地，与此同时，其他俱乐部，比如毕尔巴鄂竞技、马德里竞技和巴萨，都在赛场上取得了非常出色的成绩。西班牙内战爆发前5年，皇马两次赢得西甲联赛冠军，还两次赢得西班牙国王杯，不管是马德里竞技还是巴萨在那段时间里均无建树。内战结束后的几年里，巴萨赢得5次西甲联赛冠军和4座大元帅杯（后来改为西班牙国王杯），而且在国际赛场也取得了不错的成绩，两次赢得拉丁杯，三次赢得伊娃杯。在同一时间段，马德里竞技与空军队合并，使用新的名称马德里空军竞技队，并且赢得4次西甲联赛冠军，他们在1939—1940赛季赢得了队史的第一个联赛冠军，但没有赢得过大元帅杯。同样在同一时间段，皇马只赢得了两次大元帅杯（1945—1946赛季和1946—1947赛季）。1947年新球场启用时，皇马差点降级。1953年，伯纳乌签下阿尔弗莱德·迪·斯蒂法诺（Alfredo Di Stéfano）和弗朗西斯科·亨托（Francisco Gento），皇马历史立刻出现巨变。1943年，时年48岁的皇马前球员及队长圣地亚哥·伯纳乌

---

[1] 西班牙第二共和国在1931年禁止任何与君主制有关的标志，所以皇马徽章上的王冠被移除，同时加入紫带，象征与古老的卡斯提尔旗帜与徽章相关联。1941年，皇马徽章重新加入王冠。尽管在后来的年月里紫带的颜色变得越来越蓝，但紫色仍被视为俱乐部的专属颜色。
[2] 西甲联赛的第一个正式赛季为1928—1929赛季，皇马在1931—1932赛季（也就是西甲联赛的第四个正式赛季）赢得第一个联赛冠军。

（Santiago Bernabéu）被选为皇马主席，随后一直担任这个职位，直到 1978 年去世。

伯纳乌，改变皇马历史的人

伯纳乌一家在他年纪很小的时候就搬到了马德里。他热爱足球，经常去看皇马的比赛[1]。伯纳乌与大多数西班牙儿童一样，也踢足球，但他很小就展现出了卓越的能力、职业精神和好胜心。1909 年，年仅 14 岁的他就被邀请进入皇马的青年队。17 岁便升入成年队，司职前锋。伯纳乌长年担任球队队长，直到 1927 年退役。退役后，他与俱乐部一直合作到 1935 年，先是担任董事，后来成为经理助理，最终成为皇马一线队的主教练。

尽管伯纳乌极富个人魅力，但在他成为球队主席后，皇马并未立刻取得赛场上和生意场上的成功。与之对应的是，巴萨分别在 1945 年、1948 年和 1949 年三次赢得西甲联赛冠军。上任之初，伯纳乌便开始推动组织改革，这个过程花费了数年时间，最终取得成果。他重构了俱乐部的各个层级，他构建的架构成为日后职业足球队的常见运营架构，他让俱乐部的每个部门和层级拥有独立的技术团队，招募在各自领域有野心、有远见的人才。

1947 年，伯纳乌想为皇马引入最优秀的球员。为了支付这些球员的薪水，他做了一些在当时颇具创新性的事。他冒着巨大的财务风险，修建了当时最大的球场以增加球票收入，他预测最强的球星不仅能带来胜利，也能吸引大批球迷前来观赛。为了给日后以他名字命名的球场[2]筹集资金，伯纳乌向俱乐部会

---

[1] 当时皇马没有自己的球场，所以董事会在马德里中部的奥唐纳街租用了场地。
[2] 这座球场最初名为新查马丁球场，8 年后改用球队主席伯纳乌的名字命名。当时的伯纳乌球场分为两个无遮挡的看台层，容纳观众数刚刚超过 7.5 万人。1954 年，球场容量被扩充到 12.5 万人，其中一个场边扩为三层看台。

员及球迷出售债券。那时,很多人认为,对于"这么小的一家俱乐部来说,这个球场太大了",但伯纳乌赌赢了。随着球票收入增加,皇马有能力聘请更好的球员。1953—1954赛季,皇马力压上赛季冠军巴萨赢得西甲联赛冠军。在成为皇马主席后,伯纳乌花费10年时间才再一次率领俱乐部赢得西甲联赛冠军,这也是俱乐部历史上的第三个西甲联赛冠军。

位于马德里的新查马丁球场,1947年启用,1955年改名为伯纳乌球场。

第一支银河战舰组建完毕

不满足于已有成就的伯纳乌在1953年又做了一件当时前所未闻的事。他启动了一项雄心勃勃的计划——签约来自海外的世界顶级球员,打造出世界上第一支真正的国际型球队,其中名气最大的当数阿根廷前锋迪·斯蒂法诺。伯纳乌在1953年和1954年分别签下迪·斯蒂法诺和他的阿根廷队友埃克托·里亚尔(Héctor Rial),又在1956年签下法国中场雷蒙德·科帕(Raymond Kopa),1957年签下乌拉圭防守球员何塞·桑塔玛利亚(José Santamaría)和阿根廷守门员罗赫里奥·多明戈斯(Rogelio Domínguez),1958年签下匈牙利前锋弗伦茨·普斯卡什（Ferenc Puskás），1959年签下巴西球员卡纳里奥（Canário）及迪迪（Didi）。球队剩余阵容由能力出众的西班牙球员组成，其中包括路易斯·德尔索尔（Luis del Sol）和"帕科"弗朗西斯科·亨托。需要注意的是，和现在相比，当年球员的转会费、薪资和奖金很少。事实上，如果按照今天的标准，迪·斯蒂法诺根本算不上有钱人。

迪·斯蒂法诺和里亚尔的加入，不仅带给皇马出众的球技，还带来了"拉美风格"的球风。在1960年的欧洲俱乐部杯决赛中，皇马的11名首发球员中有4人来自拉丁美洲：2人来自阿根廷，1人来自巴西，还有1人来自乌拉圭（皇马队中还有2名拉美球员，他们能作为球队的稳定替补）。

19世纪中后期，随着英国水手、商人和军人将足球引入世界各地，这项运动的人气迅速提升。在阿根廷的街头巷尾[1]、乌拉圭的移民社区、巴西的贫民区和海滩上，一支球队的赢球哲学与胜利同等重要[2]。贫穷激发了创造力和想象力，让人们做出各种发明创造。比如，他们把报纸黏在一起、卷起袜子做成足球。此外，他们通过探戈、桑巴和萨尔萨的自然律动表现出的对音乐和舞蹈的热爱及艺术表现力，似乎也转移到了足球场上。拉丁美洲球队采用的是开放、自由流动的攻势足球踢法。球员更像是艺术家，从很多层面来看，他们是在借助表演技巧和自身天赋自由地创作。与此相比，当时的欧洲球队靠的是纪律与秩序，他们封锁对手的移动空间，鼓励直传，强调冷静与谨慎的球风。他们关注的只是胜利，某些时候，他们的目标是不输球。

---

[1] 在布宜诺斯艾利斯郊外的巴拉卡斯地区，在英国水手将足球引入阿根廷的港口附近，迪·斯蒂法诺从他口中的"街头学院"学会了踢足球。他和天主教教皇方济各上过同一所学校。
[2] 巴西足球传奇、1982年世界杯巴西队长苏格拉底（Sócrates）这样解释什么是"优美比赛"："优美第一，胜利第二。重要的是快乐。赢球并不是最重要的。足球是门艺术，应当展现出创造力。如果文森特·凡·高和埃德加·德加生前知道自己日后会得到怎样的认可，他们就不会创作出同样的作品。你必须享受创作艺术的过程，而不是去想'我能赢吗'。"

迪·斯蒂法诺用他优美的球风、高超的足球智商和领导力将球员整合为一体，教会他们重视团队合作。他的自我提升意愿和职业自豪感为球队设定了标准，并最终成为皇马的重要价值观。迪·斯蒂法诺与才华横溢的队友一起发明了现代职业团队足球，他本人也成为现代足球神奇魔力的象征[1]。世界顶尖球员追随迪·斯蒂法诺的领导，不仅因为他是无可争议的领袖，还因为这些能力极强的球员意识到，当11人获得颜料（足球）后，他们可以走上画布（球场），画出一幅充满想象力和美感，而且能够表达自我的90分钟画卷。任何没能在90分钟内全力以赴的比赛，没能用充满个性风格的、美丽、让人兴奋的攻势足球进行的比赛，不管是大比分取胜还是失利，都会被看作"未完成的画卷"，或者被视为不尊重艺术和观众。

这些球员发明或者完善了如今足球界使用的一些重要动作，比如任意球的"落叶球"（dry-leaf）踢法，这是一种会大幅下落的弧线球，就像被一阵风吹起的树叶，当风突然消失时，树叶会出人意料地下落，球也会在接近球门的地方突然下落；还有快速而精准的足弓传球。在距离收藏着众多伟大艺术品的西班牙普拉多博物馆仅4.8千米的卡斯蒂利亚大道上，伯纳乌将世界上最伟大的足球运动员推上舞台，让他们踢出欧洲人从未见过的迷人足球风格。他们的足球艺术天分与马德里完美契合，作为建立在欧洲海拔最高的西班牙中心地带广阔高原上的首都，马德里拥有悠久的历史与文化底蕴，懂得欣赏这样的美感与艺术性。

西班牙还拥有与拉丁美洲使用同一种语言的天然优势，而且大部分拉丁美洲国家拥有悠久的历史，所以拉美球员能够轻松地与西班牙球员沟通。迪·斯蒂法诺和其他人在赛场内外还带有一种荣誉感、谦逊和优雅，赢得了马德里本地居民的尊重和认同。皇马社区热爱且充满激情地支持着俱乐部，部分原因就

---

[1] "优美比赛"的准确起源存在争议。人们将最初来源确定为巴西人迪迪，他于1959—1960赛季效力皇马。

是他们希望自己能像那些球员一样踢球。有趣的是，皇马的足球美学和表达自由的价值观在马德里以外的世界各地赢得了很多人的共鸣，从而使皇马成为超越马德里乃至西班牙的存在。球队会前往世界各地，由于队中有来自世界各国受其国民追捧的顶尖球员，且行程被电视转播，使越来越多的人开始关注并积极支持皇马。

多项创新，皇马就此蜚声国际

伯纳乌组建高水平国际球队的能力相当惊人，因为他是在弗朗西斯科·佛朗哥相对封闭且存在限制因素的独裁统治下，而且是在西班牙极度贫困的年代打造出了这支国际军团[1]。

也许是在独裁统治时期通过球风传达出的自由理念，为球队附加了一些魅力。尽管佛朗哥本人不是狂热的足球迷，但在他的统治遭到政治孤立，尤其是在 20 世纪 50 年代期间，他显然把皇马的全球球迷基础和名声当作宣传西班牙的品牌和代表。

伯纳乌意识到，想要拥有最好的球队，他也需要在基础设施和球员培养上

---

[1] 佛朗哥领导的民族主义者赢得了西班牙内战，在接下来的 36 年里，即从 1936 年到他去世的 1975 年，他一直是西班牙的统治者。民间一直传说皇马之所以成功，是因为得到了佛朗哥政权的优待。在我分析皇马的国内冠军数量时，我很难看到传说中的优待对球队成绩的影响。考察佛朗哥统治的第一个十年，即 1939—1940 赛季（内战结束后西甲联赛重启）到 1949—1950 赛季，皇马甚至连一次西甲联赛冠军都没赢过。在那 10 年，巴萨、马德里竞技和瓦伦西亚足球俱乐部分别赢得过 3 次西甲联赛冠军。在接下来 1950—1951 赛季至 1959—1960 赛季的 10 年里，皇马 4 次赢得西甲联赛冠军。巴萨也赢得了 4 次西甲联赛冠军。从 1939 年到 1960 年，皇马赢过 2 次大元帅杯。最大的区别在于皇马在欧洲俱乐部杯上展示出统治力，但他们在那里的对手是非西班牙球队。不管怎么说，早在 20 世纪 60 年代，也就是佛朗哥仍然统治西班牙的年代，皇马的财务就很困难，且呈现恶化趋势。

做出投资。在他的指挥下，俱乐部在马德里郊区开始修建训练设施"体育城"（Ciudad Deportiva）[1]，球员因此可以在不破坏比赛场地的情况下进行训练。此外，建造体育城也可以让二队和青年队与一队在同一地点进行训练。他们可以分享资源，最重要的是，明星球员可以激励本土新人。体育城在当时属于创新概念，巴萨直到1970年才设立青训营。

20世纪50年代中期，伯纳乌协助创办了欧洲俱乐部杯（也就是后来的欧冠）以此展示球队实力，在西班牙以外的地区打造皇马品牌。伯纳乌想让球队参加能与其他国家的最优秀球队交手的联赛，他与法国的《队报》（*L'Equipe*）联手，举办了第一届欧洲俱乐部杯。伯纳乌的创意获得越来越多的支持，在1955年4月《队报》召集的有19支欧洲球队参加的会议上，各方同意设立欧洲俱乐部杯。第一届欧洲俱乐部杯在那年秋天举办，皇马赢得了从1955—1960年的前五届冠军。

1952年，意识到仪式与传统重要性的伯纳乌亲自主导创作了俱乐部队歌《前进马德里！》（*Hala Madrid!*）[2]。到1960年时，受电视台转播欧洲俱乐部杯决赛的影响，皇马已经成为世界上最知名的足球俱乐部。伯纳乌带着满是明星球员的球队前往世界各地参加友谊赛，一边赚取更多收入，一边在全球范围内打造俱乐部品牌。

---

[1] 作者指的是位于卡斯蒂利亚大道上占地1 200万平方千米的旧场地，而新建体育城设置在机场附近，占地1.2平方千米，这片区域被称为皇马体育城。皇马体育城中设有俱乐部青年学院、一队和篮球队的训练场，一队和青年学院也住在那里。迪·斯蒂法诺等人将体育场的足球学校部分称为"工厂"。——译者注

[2] 皇马队歌的创作始于从阿兰胡埃斯到马德里的火车之旅，由路易斯·西斯内罗斯·加利亚内（Luis Cisneros Galiane）在绿蛙餐厅创作而成。何塞·德阿吉拉尔（José de Aguilar）的表演让首批听众听到了这首队歌。马里内·加西亚（Marine Garcia）、阿莫拉·法里纳（Amora Farina）和安东尼奥·维勒纳·桑切斯（Antonio Villena Sanchez）也参与了这首歌的创作。录制完成后，伯纳乌表示："这会成为皇马的象征之一！"

圣地亚哥·伯纳乌（右1）通过签约阿尔弗雷多·迪·斯蒂法诺（左2）改变了皇马的历史，后者也被视为足球历史上最优秀的球员之一。

在这段时间里，球迷看着足球历史在自己眼前展开，但他们并不知道，他们也在见证体育管理的历史。伯纳乌的策略看起来很简单：签下世界各地最好的球员，比如迪·斯蒂法诺、科帕、桑塔玛利亚和普斯卡什，组建第一支银河战舰，将球迷的想象变为现实，来吸引更多球迷。人们不仅想看到这些球员，还想看他们踢出优美、高雅的攻势足球。同样重要的是，伯纳乌确立了能够支付得起球员薪资的策略，让皇马拥有高额的球票收入，还有不少国际友谊赛收入。他协助创建了欧洲俱乐部杯，以此展示自己的俱乐部并构建国际品牌。他在基础设施建设和球员培养方面大量投资。他创建并培养了能够激发忠诚与激情的球队传统与仪式。他在赛场上、组织层面及商业层面上的策略都极具创新性，在当时都属于未经验证的做法。**我将这一时期称为"银河战舰 1.0"时代。我从更全面的角度将这个时代看作一个"经济/体育模式"，而不只是把球员称作"银河战舰"。**之所以称之为 1.0 版本，是因为从很多层面看，弗洛伦蒂诺和他管理团队都从这个时代获取了许多灵感，并做出了进一步的创新，从而构建了 2000 年的 2.0 版、2009 年的 3.0 版和 2015—2016 赛季的 4.0 版银河战舰。

第 3 章 起航，冲破平庸　　073

夺冠时刻

1960年5月18日，皇马球员穿过格拉斯哥汉普顿公园球场的通道，走上了闪耀着灯光、回荡着127 621名观众呐喊声与助威声的球场；这场决赛的到场人数创造了欧洲俱乐部杯历史观看人数记录，至今未被打破。在人数创纪录的观众中坐着亚历克斯·弗格森，当时18岁的他是女王公园队的前锋。传奇解说肯尼斯·沃斯滕霍姆（Kenneth Wolstenholme）为BBC电视台解说了这场比赛。当晚的温度在5°C上下，所以全体球员选择了全白色的长袖球衣。这套球衣上只有设计简单的皇马徽章，绣在了胸前的心脏位置（没有赞助商标），号码印在背后，上方没有球员名字。

作为连续四届冠军，皇马在半决赛中战胜巴萨晋级决赛，他们的对手是法兰克福足球俱乐部，后者的首发球员全是德国人①。相比之下，皇马由世界各地的顶尖球员组成（11人首发中有5人来自西班牙以外的地区，其中4人来自拉丁美洲，1人来自东欧）。银河战舰的首发阵容包括被认为是足球史上最伟大球员之一的迪·斯蒂法诺，球王贝利曾称赞他是"这个项目历史上最全面的球员"。迪·斯蒂法诺的绰号是金箭头（Saeta Rubia），他曾在1957年和1959年赢得过欧洲金球奖。他与普斯卡什组成了令人生畏的组合，后者赢得过1952年奥运会金牌，1954年带领匈牙利队打入世界杯决赛并赢得最佳球员奖，他在1958年加入皇马。被称为"帕科"的亨托、绰号"城墙"的桑塔玛利亚和1960—1961赛季

---

① 这场比赛能否进行，最初存在疑问，因为在1954年普斯卡什声称联邦德国队使用禁药后，德国足协禁止德国俱乐部参加任何有他参加的比赛。普斯卡什不得不手写一封道歉信，比赛才得以进行。

没有缺席过任何一场比赛的德尔索尔，是迪·斯蒂法诺和普斯卡什的坚实后盾。身高 1.91 米的多明戈斯则是极具威慑力的守门员。皇马的主教练是米格尔·穆尼奥斯（Miguel Muñoz）①，他是皇马的退役球员，也是第一个在欧洲俱乐部杯中进球得分的皇马球员，他在 1955 年 9 月皇马客场 2∶0 战胜塞尔维特足球俱乐部的比赛中打入首球。

在这样的背景下，1960 年欧洲俱乐部杯决赛开始了。第 18 分钟，法兰克福率先进球。随后，超级巨星迪·斯蒂法诺在 27 分钟攻进皇马的第一球，扳平比分，3 分钟后，他再次进球，帮助皇马实现反超。不知疲倦的迪·斯蒂法诺在场上似乎无处不在，他既有速度又有控球技术。普斯卡什同样不可阻挡，他从一个令人意想不到的角度射进个人的第一个进球。亨托在禁区被绊倒后，普斯卡什利用点球完成个人第二个进球，随后又在禁区外用左脚大力射门，打入个人的第三个进球，为皇马赢得 5 球的领先优势。之后他又打进一粒头球，这是他个人第 4 个也是皇马第 6 个进球。随后法兰克福扳回一球。但仅仅过了 3 分钟，迪·斯蒂法诺就做出回应，他完成了帽子戏法，打入皇马的第 7 个进球，为这一球助攻的是普斯卡什。76 分钟时，法兰克福抓住皇马一个漫不经心的回传失误，踢进了本场比赛的最后一个进球。迪·斯蒂法诺完成帽子戏法，普斯卡什一人独中四元，两人在这个值得铭记的夜晚，帮助皇马 7∶3 大胜法兰克福②。

这场比赛被公认为是历史上最佳比赛之一，既开拓了人们的视野，也使人们意识到足球可能会发展成怎样的形态。流畅、优美、好看的比赛

---

① 米格尔·穆尼奥斯在 1956 年和 1957 年连续两年担任队长，在随后一年接近 36 岁时退役。他曾经作为皇马预备队教练短暂锻炼过一段时间，1959 年被任命为一队主教练。
② 历史上只有三名球员在欧洲俱乐部杯或欧冠决赛中完成帽子戏法，其中两人就是普斯卡什和迪·斯蒂法诺（普斯卡什是唯一一个独中四元的人），另一人是 1969 年代表 AC 米兰参加欧洲俱乐部杯决赛的皮埃里诺·普拉蒂（Pierino Prati）。普斯卡什在 1962 年欧洲俱乐部杯决赛中再次完成这一壮举。

激动人心，令身处汉普顿公园球场的观众惊叹不已。《每日邮报》(Daily Mail) 在赛后报道中写道："可惜的是，成千上万现场观众回去后只能去看苏格兰足球，他们肯定觉得自己昨天是在做梦。"在现场观看了这场比赛、当时年仅 16 岁的苏格兰足球名宿吉米·约翰斯通（Jimmy Johnstone）表示："那依旧是对我职业生涯影响最大的一场比赛，就像在天堂上演的一场幻想。我从来没见过这样的足球，而且再也没见过这样的足球。一直到死我都能说出皇马锋线球员的名字。"

皇马连续 5 次赢得欧洲俱乐部杯冠军。穆尼奥斯因此成为第一个同时以球员和教练身份赢得欧洲俱乐部杯的人，迪·斯蒂法诺和普斯卡什则是最先在决赛中完成帽子戏法的球员，而迪·斯蒂法诺成为唯一一名在连续 5 届欧洲俱乐部杯决赛中进球的球员。此外，代表皇马参加了上述全部 5 届欧洲俱乐部杯决赛的亨托又参加了 3 次欧洲俱乐部杯决赛，并在 1966 年再次赢得冠军。25 名皇马球员中，3 人毕业于皇马青年学院。

THE REAL MADRID WAY
从皇马看俱乐部经营

关于银河战舰 1.0 的记忆

虽然皇马在 1955—1960 年连续 5 次赢得欧洲俱乐部杯，但我们不能只沉浸在对他们赛场表现的怀旧情感中。银河战舰 1.0 成为传奇自有其充分理由，多年来，他们的传奇经历在皇马社区和全球球迷之间口口相传，人们对这支球队拥有共同记忆。然而，回溯过去，并探究当时发生了什么也非常重要。尽管那支皇马拥有世界上最好的球员，踢出的比赛很好看，但他们并没有赢得每一场比赛，没能赢得每一届西甲联赛冠军,而且球队在教练问题上可谓一团乱麻。

1959—1960 赛季,皇马在格拉斯哥汉普顿公园球场进行的决赛中以 7∶3 的比分战胜法兰克福,连续 5 次赢得欧洲俱乐部杯冠军,这场比赛也被视为欧洲俱乐部历史上的最佳决赛。后排(从左到右):多明戈斯,马基托斯(Marquitos),桑塔玛利亚,恩里克·佩雷兹·帕钦(Enrique Pérez Pachín),比达尔(Vidal),萨拉加(Zárraga)。前排:卡纳里奥,德尔索尔,迪·斯蒂法诺,普斯卡什,亨托。

频繁更换的教练

1943 年,伯纳乌开始担任皇马主席。直到 1960 年聘请米格尔·穆尼奥斯担任主教练前,伯纳乌在 16 年时间里一共更换过 14 任主教练(见表 3-1)。其中只有何塞·比利亚隆加(José Villalonga)执教时间超过 3 年。1955—1960 年,皇马在五夺欧洲俱乐部杯冠军的同时,却 6 次更换主教练。其中比利亚隆加和路易斯·卡尔尼利亚(Luis Carniglia)都是在率队赢得欧洲俱乐部杯后立刻遭到解雇。

表 3-1　1955—1960 年皇马主教练的变化

主教练	任职时期	任职期间所获冠军
何塞·比利亚隆加	1954 年 12 月—1957 年 6 月	2 次西甲联赛冠军，2 次欧洲俱乐部杯冠军
路易斯·卡尔尼利亚	1957 年 6 月—1959 年 12 月	1 次西甲联赛冠军，1 次欧洲俱乐部杯冠军
米格尔·穆尼奥斯	1959 年 2 月—1959 年 4 月	
路易斯·卡尔尼利亚	1959 年 4 月—1959 年 7 月	1 次欧洲俱乐部杯冠军
马努埃尔·弗莱塔斯 (Manuel Fleitas)	1959 年 7 月—1960 年 4 月	
米格尔·穆尼奥斯	1960 年 4 月—1974 年 1 月	9 次西甲联赛冠军，2 次西班牙国王杯冠军，2 次欧洲俱乐部杯冠军，1 次洲际杯冠军

在 1956—1957 赛季欧洲俱乐部杯首轮比赛中，皇马在主场 4∶2 战胜了维也纳快速队。两周后再次客场挑战维也纳快速队，皇马半场就 0∶3 落后，总比分 4∶5 落后，首次卫冕之旅面临着早早被淘汰的可能。根据迪·斯蒂法诺采访时的回忆，伯纳乌很不高兴。中场休息时，伯纳乌在更衣室明确表达了自己的不满，他甚至把主教练何塞·比利亚隆加赶到角落，独自发表了鼓舞士气的演说，提醒球员"我们不是来这里度假的"，他们的球衣上绣着"皇马的盾牌"。下半场比赛开始后，迪·斯蒂法诺在 60 分钟时射门得分，帮助皇马保住了继续征战欧洲俱乐部杯的希望。

几周后，皇马赢得了附加赛的胜利，并最终卫冕成功。但迪·斯蒂法诺之所以能打进那粒关键进球，是因为他无视了主教练比利亚隆加要求他保持在球场高位的指示。迪·斯蒂法诺表示，"比利亚隆加告诉我维持进攻位置，但球员们知道那样做没用"。比利亚隆加 1957 年被伯纳乌解雇，那时距离他带领皇马赢得第二个欧洲俱乐部杯冠军和第五个西甲联赛冠军仅仅过去几周。

伯纳乌在 1958 年夏天签下了普斯卡什。当体重超重、身材走形的普斯卡什来到球队报道时，接替比利亚隆加的卡尔尼利亚自然非常不满。由于在匈牙利事件期间拒绝返回祖国，普斯卡什已经快两年没参加过职业比赛了。据说，卡尔尼利亚对伯纳乌抱怨，"我不知道该怎么用这家伙，他超重了"。伯纳乌反讥道，"那是你的工作，你在这儿的任务就是让他更优秀"。身体恢复后的普斯卡什成为皇马队史上最伟大的球员之一。但卡尔尼利亚还是在1959年欧洲俱乐部杯决赛前的最后一刻将他排除出首发阵容，因为两人性格合不来。尽管卡尔尼利亚的球队赢下了决赛，而且他此前已经率队夺过一次欧洲俱乐部杯冠军，但他仍然很快就被伯纳乌解雇。

西甲联赛成绩不佳

即便拥有世界上最好的球员，皇马也没能统治每一场比赛[①]。1955—1960年，皇马赢得了两次西甲联赛冠军，与巴萨在同时期赢得冠军的次数相同。事实上，皇马在西甲联赛中数据统计最好、得分最高的一个赛季根本没有出现在1955—1960年，而是发生在1960—1961赛季（见表3-2）。1960—1961赛季的皇马统治了西甲联赛，他们赢得了30场比赛中的24场，领先第二名12分，净胜球数达到64个，第二名只有22个。可1960—1961赛季的皇马在欧洲俱乐部杯首轮比赛中总分2∶3输给了巴萨。迪·斯蒂法诺和普斯卡什作为1960—1961赛季西甲联赛总进球数最多的球员，在与巴萨的系列赛中并没有进球。因为前一个赛季夺得西甲联赛冠军而获得欧洲俱乐部杯参加资格的巴萨在1960—1961赛季的西甲联赛中仅排名第四，比皇马少了20分。

---

① 在20世纪30年代至50年代，西甲联赛对外籍球员设置了严格限制。大多数情况下，俱乐部只允许拥有3名外籍球员，这意味着每场比赛上场的11人里至少需要有8名西班牙球员。不过到了20世纪50年代，外籍球员通过归化规避了这些规定。

表 3-2　1955—1956 赛季至 1960—1961 赛季西甲联赛成绩

赛季	冠军	冠军总分	第二名	第二名总分	欧洲俱乐部杯成绩	时任皇马主教练
1955—1956	毕尔巴鄂竞技	48	巴萨	47	皇马冠军	比利亚隆加
1956—1957	皇马	44	塞维利亚	39	皇马冠军	比利亚隆加
1957—1958	皇马	45	马德里竞技	42	皇马冠军	卡尔尼利亚
1958—1959	巴萨	51	皇马	47	皇马冠军	卡尔尼利亚
1959—1960	巴萨[1]	46	皇马	46	皇马冠军	穆尼奥斯
1960—1961	皇马	52	马德里竞技	40	巴萨亚军，本菲卡冠军	穆尼奥斯

注：1. 巴萨靠净胜球数占优（58∶56）成为西甲冠军。

能与 1960—1961 赛季的统治性相提并论的是 2011—2012 赛季的皇马。有些报纸为 2011—2012 赛季赋予"纪录之年"的称号，因为皇马在那个赛季打破了数个保持多年的纪录，其中包括单赛季总分 100 分，创纪录的 121 个进球、净胜球数 89 个，还有创纪录的 32 场胜利（占赛季总比赛数的 88%，高于 1960—1961 赛季的 80%）。然而，皇马却倒在欧冠的半决赛中，他们在与拜仁慕尼黑战成平局后输掉了点球大战。

在 1955—1960 年的 5 个 30 轮制赛季里，皇马的平均净胜球数为 48 个，进球数是失球数的 1.6 倍。从 2011 年开始，皇马在 38 轮制赛季的平均净胜球数为 74 球，即进球数是失球数的 1.95 倍，比银河战舰 1.0 高出了 21%。尽管数据有用也很有趣，但我确信皇马社区更看重的是赢得冠军的结果和方式。

西甲联赛的胜利与欧冠的胜利不存在相关性

皇马因为多次问鼎欧冠而广受追捧，但为了从更宏观的角度了解他们的赛场表现，我也分析了他们在西甲联赛的成绩，试图了解两者之间是否存在相关性。只有在 1957 年和 1958 年，皇马既赢得了西甲联赛冠军，也赢得了欧冠冠军。实际上，截至2016年，皇马最近4次赢得欧冠冠军时，在西甲联赛均未夺冠，甚至在1999—2000赛季仅排名第五。而皇马同时赢得欧冠冠军和西班牙国王杯还是2014年（见表3-3）。

表3-3 皇马赢得欧冠冠军时的西甲联赛成绩

年份	欧冠成绩	西甲联赛排名	西班牙国王杯成绩
1956	冠军	3	4强
1957	冠军	1	8强
1958	冠军	1	亚军
1959	冠军	2	4强
1960	冠军	2	亚军
1966	冠军	2	8强
1998	冠军	4	16强
2000	冠军	5	8强
2002	冠军	3	亚军
2014	冠军	3	冠军
2016	冠军	2	16强

在皇马以5分甚至更大优势赢得西甲联赛冠军的赛季里，除1957年外，球队甚至连欧冠决赛都没有打进。此外，只在1975年和1986年，皇马同时赢得了西甲联赛和西班牙国王杯的冠军（见表3-4）。

表3-4 皇马以5分或更大优势赢得西甲联赛冠军时的欧冠成绩

年份	西甲联赛排名（领先第二名分数）	欧冠成绩	西班牙国王杯成绩
1957	1（+5）	冠军	8强
1961	1（+12）	16强	亚军
1963	1（+12）	16强	4强
1967	1（+5）	8强	8强
1969	1（+9）	16强	16强
1975	1（+12）	8强	冠军
1978	1（+6）	未获资格	16强
1986	1（+11）	4强	冠军

续表

年份	西甲联赛排名（领先第二名分数）	欧冠成绩	西班牙国王杯成绩
1988	1（+11）	4强	4强
1990	1（+9）	16强	亚军
2001	1（+7）	4强	64强
2008	1（+8）	16强	16强
2012	1（+9）	8强	4强

没能赢得西班牙国王杯

皇马在1955—1960年没有赢得过西班牙国王杯。巴萨、马德里竞技和毕尔巴鄂竞技分别赢过两次西班牙国王杯。在1960年6月进行的大元帅杯（西班牙国王杯在佛朗哥统治时期的称呼）决赛中，1个月前刚刚赢得欧洲俱乐部杯的皇马在伯纳乌球场1∶3输给了马德里竞技，而迪·斯蒂法诺、普斯卡什、亨托和桑塔玛利亚均首发出场。

THE REAL MADRID WAY

第 4 章

暂时搁浅,神奇不再

伯纳乌证明可持续的经济/体育模式有效后，其他俱乐部便迅速抄袭了他的模式。比如巴萨就在 1954 年 3 月 28 日开始修建名为诺坎普的新球场，这个新球场比皇马的球场要大得多。1957 年，巴萨球场的容量为 106 146 人，皇马球场的容量为 75 145 人。

因此，尽管皇马连续赢得前 5 届欧洲俱乐部杯冠军，但其他球队终究还是追赶上来。在 20 世纪 60 年代，皇马全部由西班牙球员组成，且首发 11 人中有 3 人毕业于皇马青年学院，但球队仅赢得一次欧洲俱乐部杯。在那之后，直到 20 世纪 90 年代末皇马才再次赢得欧冠冠军。观察进入金球奖[①]前三的皇马

[①] 国际足联金球奖是由国际足联和《法国足球》(*France Football*) 杂志自 2010 年开始每年颁发的一个奖项。这个奖项由国际媒体代表和国家队主教练及队长投票产生。2010 年前，足球界的个人最高荣誉分别是金球奖和国际足联世界足球先生。金球奖开始也被称为欧洲足球先生，从 1956 年开始由《法国足球》颁发。2005—2009 年，金球奖得主与国际足联世界足球先生得主恰好是同一人，2010 年，两个奖项合并。

与巴萨球员的数量,这一变动趋势就非常明显了。如表 4-1 所示,在 1956—1960 年,皇马球员曾 8 次位列金球奖前三:迪·斯蒂法诺分别在 1956、1957 和 1959 年进入前三;科帕在 1956—1959 年连续入选;普斯卡什在 1960 年进入前三。而巴萨只有路易斯·苏亚雷斯在 1960 年入选前三。但进入金球奖排名前三的皇马球员中,没有一个西班牙人。在 1961—1978 年的 17 年里,皇马只有西班牙球员阿曼西奥·阿马罗(Amancio Amaro)一人在 1964 年进入过前三,巴萨则有 4 人分别在 1973—1975 年和 1978 年入选。

表 4-1　皇马与巴萨球员在金球奖评选中入选前三的情况(1956—1978)

年份	皇马球员(名次)	国籍	巴萨球员(名次)	国籍
1956	阿尔弗雷多·迪·斯蒂法诺(2) 雷蒙·科帕(3)	阿根廷 法国	/	/
1957	阿尔弗雷德·迪·斯蒂法诺(1) 雷蒙·科帕(3)	阿根廷 法国	/	/
1958	雷蒙·科帕(1)	法国	/	/
1959	阿尔弗雷多·迪·斯蒂法诺(1) 雷蒙·科帕(3)	阿根廷 法国	/	/
1960	弗伦茨·普斯卡什(2)	匈牙利	路易斯·苏亚雷斯(1)	西班牙
1961—1963	/	/	/	/
1964	阿曼西奥·阿马罗(3)	西班牙	/	/
1965—1973	/	/	/	/
1973	/	/	约翰·克鲁伊夫(Johan Cruyff)(1)	荷兰
1974	/	/	约翰·克鲁伊夫(1)	荷兰
1975	/	/	约翰·克鲁伊夫(3)	荷兰
1976—1977	/	/	/	/
1978	/	/	汉斯·克兰克尔(Hans Krankl)(2)	奥地利

不再签约世界最好的球员

20 世纪 60 年代后的几十年里,伯纳乌的策略开始发生偏移。由于其他俱乐部的效仿、薪资上涨①、球员年龄增大、球场容量变小（新的安全规定迫使皇马调整球场设计，减少球场容量）导致营收减少②，以及缺乏更多创新导致缺少新的收入，皇马在财务上开始变得困难，这也对球队的比赛策略产生了影响。受财务限制，皇马不再签约世界上最优秀的球员，因为这样的球员要求最高的薪资，球队转而选择签约自己能负担得起的最好的西班牙球员。当皇马在 1966 年欧洲俱乐部杯决赛上战胜贝尔格莱德游击队时，球队的每一名首发球员都是西班牙人。时任主帅米格尔·穆尼奥斯让年轻的西班牙球员，包括何塞·马丁内斯（José Martínez）、马努埃尔·贝拉斯盖斯（Manuel Velázquez）、马努埃尔·桑奇斯·马丁内斯（Manuel Sanchís Martínez）③和拉蒙·格罗索（Ramón Grosso），与已经成名、绰号"巫师"的西班牙伟大球员阿曼希奥·阿马罗并肩作战。这个队伍后来被称为"耶耶之队"（Yé-yé）④。20 世纪 60 年代，皇马赢得了 8 次西甲联赛冠军和 1 次欧洲俱乐部杯。到了 20 世纪 70 年代，皇马虽然赢得了 5 次西甲联赛冠军，但由于未能引进世界最好的球员，且其他俱

---

① 由于欧洲法院在 1995 年的判决中支持比利时球员让－马克·波斯曼（Jean-Marc Bosman），球员的薪资开始上涨。波斯曼判决前，欧洲有些地区（不包括西班牙）的职业俱乐部可以阻止球员加入其他国家的俱乐部，即便这名球员的合同已经到期。波斯曼判决后，一名球员合同结束后，即便老东家收不到转会费，球员也可以加入新俱乐部。如果旧合同将在 6 个月或更短时间内到期，球员无须支付转会费就可以与其他俱乐部预签新合同。波斯曼判决同样禁止欧盟国家的联赛及欧足联对外国球员设置配额制度。波斯曼判决后，球员收入开始上涨，因为越来越多能够承受个人损失的亿万富翁开始将私人财产投入足球俱乐部。
② 20 世纪 90 年代，欧足联要求球场必须改为全座席（不能有站立的观众），这导致皇马的球场容量降为 5 万个座席。皇马因此启动了大规模的重建计划，其中包括将第三层看台延伸至整个球场，打造了公共设施，同时在球场的四个角上新建了四个塔形看台。这项工程开工于 1992 年，两年后完工。
③ 马努埃尔·桑奇斯·马丁内斯（1996 年）和他的儿子马努埃尔·桑奇斯·洪蒂约罗（Manuel Sanchís Hontiyuelo，1998 年和 2000 年）均为皇马赢得过欧洲俱乐部杯。
④ "耶耶之队"这个名字源于披头士的歌曲《她爱你》（She loves You）里"耶耶耶"的合唱，球队里的四名球员为《马卡报》拍照时打扮成了披头士的样子。当披头士热潮在 20 世纪 60 年代席卷世界时，"耶耶"在西班牙也是用来称呼年轻人的方式。

乐部通过抄袭皇马的策略逐渐追赶上来，皇马在那个年代再未赢得过欧洲俱乐部杯①。

财务情况每况愈下

到1978年去世前，伯纳乌担任皇马主席已达35年之久，在这期间，皇马赢得了6次欧洲俱乐部杯和16次西甲联赛冠军。在他担任主席的最后几年里，皇马没能继续创新，也没能对现有模式做出调整，导致俱乐部的财务情况变得越来越糟糕。在这一时期，阿贾克斯足球俱乐部（简称阿贾克斯）、拜仁慕尼黑、本菲卡足球俱乐部（简称本菲卡）、国际米兰和利物浦开始在欧冠相继取得成功，并借鉴了银河战舰1.0版的成功做法。例如，国际米兰在1965年连续两年赢得了欧洲俱乐部杯，这支意大利球队的首发阵容中有两名西班牙球员和一名巴西球员。国际米兰球员在1965年的金球奖评选中排名第二和第三，另外还有两人进入了前15。和国际米兰不同，皇马没有1名球员排名进入前10，只有38岁的普斯卡什一人进入前15。

到20世纪80年代初期，皇马已经不具备夺取西甲联赛冠军的实力，甚至不再具备签约最优秀西班牙球员的资源，这自然影响了球队的策略。俱乐部的新方案是从内部的青年学院培养并提拔球员。绰号"皇马五鹰"（La Quinta del Buitre）的新一代本土球员在西甲联赛为俱乐部带来了成功，这个绰号源于5人中最具魅力、最著名的球员埃米利奥·布特拉格诺（Emilio Butragueño），他的绰号是"秃鹫"（El Buitre）。其他4人分别是马努埃尔·桑奇斯·马丁内斯、马丁·巴斯克斯（Martín Vázquez）、米歇尔（Míchel）和米格尔·帕德萨（Miguel Pardeza），这5名球员均毕业于皇马的青年学院。在"皇马五鹰"带

---

① 1961—1980年这20年经常被称为"马德里时代"。皇马统治了西甲联赛，20年共赢得14次西甲冠军，其中包括1961—1965年惊人的五连冠。在这个时期，只有马德里竞技能给皇马带来真正的威胁，他们赢得了4次西甲联赛冠军。

领下，皇马在 20 世纪 80 年代中后期成为西班牙乃至欧洲最优秀的球队之一，他们连续赢得 5 个西甲联赛的冠军，但却没能赢得欧洲俱乐部杯。布特拉格诺在 1986 年和 1987 年的金球奖评选中进入前 3，而上一次皇马球员取得这一成就还是在 1964 年。到了 20 世纪 90 年代初，"皇马五鹰"有人离队或退役，皇马也没有球员能够再挤进金球奖票选前 3。

赢球不能带来盈利

1985—1995 年，拉蒙·门多萨（Ramón Mendoza）担任俱乐部主席，他在承认俱乐部存在未披露的大笔负债后辞职，门多萨执掌皇马期间担任董事会成员的洛伦佐·桑斯（Lorenzo Sanz）接任。桑斯希望通过签约明星球员的方式扭转俱乐部的困难局面，他引入了巴西左后卫罗伯托·卡洛斯（Roberto Carlos）、克罗地亚前锋达沃·苏克（Davor Šuker）以及黑山前锋普雷德拉格·米贾托维奇（Predrag Mijatović）等人，与本土明星前锋劳尔成为队友。皇马一改无人进入金球奖票选前 3 的状态，卡洛斯和苏克分别在 1997 年和 1998 年排名第二和第三。俱乐部借贷了更多资金，用来签约新球员，但他们没能制定有效的经济模式或财务策略去清偿债务。人们通常以为只要俱乐部赢球就能赚钱，但这种假设是错的。俱乐部在赛场上取得了胜利，可这并不能在赛场外带来收益。从财务上看，俱乐部在麻烦中越陷越深。

从 1997 年到 2000 年，皇马的净负债增长至 1.62 亿欧元，而球队的常规收入只有 1.18 亿欧元。尽管皇马在 1998 年 5 月赢得了队史上第七座欧冠冠军奖杯，打破了 32 年的冠军荒，随后又在 2000 年 5 月赢得第八座欧冠冠军奖杯，但球队濒临破产。

银河战舰 1.0 的成功秘诀

1. 修建当时最大的球场新查马丁球场（后更名为伯纳乌球场），增加球票收入，来获取引进球员的资金。
2. 引进世界上最优秀的球员，包括迪·斯蒂法诺、普斯卡什等，让球队踢优美、高雅的攻势足球，赢得皇马社区和世界各地球迷的追捧。
3. 让最优秀的员工关注实用领域，投资训练设施"皇马体育城"，大力发展青训体系。
4. 协助创办欧洲俱乐部杯（现欧冠），创造与其他国家最优秀球队交手的机会，为俱乐部提供展示自己的舞台，构建国际品牌。
5. 利用优秀球员和冠军的影响力和号召力，获得更高额的球票收入和转播费，同时在世界各地参加友谊赛，一边赚取更多收入，一边在全球范围内打造俱乐部品牌。

THE
REAL MADRID
WAY

第三部分

银河战舰 2.0

THE
REAL MADRID
WAY

第 5 章

弗洛伦蒂诺，
逆转局势的新舰长

发现危机决心参选

2000年6月的一个深夜,弗洛伦蒂诺坐在马德里家中的书房里。弗洛伦蒂诺1947年出生,他的父亲是个五金店老板,他完全靠自己白手起家才获得如今的地位。《福布斯》估算他的个人净资产超过20亿美元。他总是穿着保守的西装,戴着眼镜和领带。他极具纪律性,一丝不苟且奋发图强,也是个友好、谈笑风生且谦逊的人。他不愿意接受电视采访,更喜欢待在小团体中,尤其喜欢和相识多年的朋友在一起。通常,他的桌子上会整齐地摆放一摞摞来自他的公司 ACS 集团的报纸,作为首席执行官,他下班回家后还会阅读并分析各种公司的报告与通信信息。

然而,今天晚上,他的办公桌上却是一份打开的皇马年度报告。弗洛伦蒂诺从14岁起就是皇马的俱乐部会员,而且自孩童时代他就去现场观看过大多数主场比赛。他的生活与皇马交织在一起,这是他唯一的激情,甚至可以说是痴迷。只要有时间，他就会观看并谈论皇马的比赛，且一直支持着皇马。

作为俱乐部会员，弗洛伦蒂诺可以接触到含有财务报表及来年财务预算的年度报告。尽管只在西班牙最顶尖的大学学习过土木工程学，但他却成长为能力极其出众且经验丰富的管理人员。他能看懂皇马复杂的财务报表及其注释。体育会计领域存在很多复杂的问题，包括购买、出售球员和资产带来的收益与损失，以及赞助合同、肖像权、转会费及转播权或其他合约带来的固定收益，同时还要在账面确认债务，甚至薪资与奖金支付及账面确认的时间，这些都可能在财务报表上有完全不同的呈现。弗洛伦蒂诺仔细研究了财务报表上的数据，他认为这些数字不对劲。

与官方报告相反，弗洛伦蒂诺认为俱乐部出现了大量亏损，而且负债严重。在1999—2000赛季，官方年度报告显示俱乐部的营收为1.64亿欧元，税前利润为240万欧元。弗洛伦蒂诺认为，俱乐部的营收会计方式不合理，他们直接计入了转播权和广告销售期权的权利金。如果正确记录期权合同与预期收益，财务报表就会出现明显区别。

弗洛伦蒂诺认为，实际的常规收入约为1.18亿欧元，这比官方报告少了惊人的4 600万欧元；而且他认为税前利润不是官方报告中略微盈利的情况，实际是亏损2 300万欧元，这与官方的报告相差2 500万欧元。皇马的净负债在过去3年出现翻倍，2000年6月达到1.62亿欧元。考虑到亏损，弗洛伦蒂诺知道负债只会越来越多，他能想到未来会是怎样的惨状。

这让弗洛伦蒂诺非常不安。前面讨论过，西班牙的《体育法》要求无法通过经审计的年度财务报表证明自身具有财务自足能力的俱乐部都会被转为SAD，以此提高俱乐部的财务责任。之所以制定这部法律，就是因为有太多俱乐部陷入了事实性破产的状态。在皇马这个案例中，如果无法扭亏为盈，俱乐部会不可避免地通过用股权偿还债务的方式转变为SAD，俱乐部也因此会由主要债权人控制，其中一些债权人还是规模庞大的电视转播商。在这种情况下，通常会出现一个主要债权人。

作为土生土长的马德里人，从 1961 年起就是皇马"合伙人"的弗洛伦蒂诺难以想象这样的画面出现。对弗洛伦蒂诺和大多数合伙人而言，皇马属于俱乐部会员所有，会员才是唯一能够决定俱乐部未来的群体。他们无法想象由企业、电视转播商或亿万富翁拥有俱乐部的场景。

当时，时任主席桑斯因为三年内两夺欧冠冠军而多了一分底气，他自信地提前召开了俱乐部主席选举大会。弗洛伦蒂诺害怕太多会员无视俱乐部糟糕的财务状况，也害怕人们错误地将奖杯等同于利润，不相信赢得欧冠冠军的球队财务状况很糟糕。大多数专家认为，一个已经用最高荣誉证明了自己能带来冠军奖杯的主席可以轻松击败任何挑战者。大多数专家也不在意俱乐部会员对财务状况提出的担忧，只有极少数专家认为社区会员可能不满意这种获胜方式。

弗洛伦蒂诺摘下眼镜，将眼镜放在皇马的财务报告上。上床睡觉时，他担心球队能否长期稳定，并开始考虑竞选主席。

1995 年，因为担心俱乐部管理不善和越来越多的债务堆积，弗洛伦蒂诺曾经竞选过主席。他知道自己有经验，也有能力带领俱乐部实现逆转。事实上，在 1983 年，他就和一个工程师组成的团队在西班牙的加泰罗尼亚地区收购了一家陷入财务危机的中等规模建筑公司，并将其扭转为价值数十亿美元的 ACS 集团。但在 1995 年，在约有 8 万人参加的选举中，弗洛伦蒂诺仅得 699 票。他的合伙人及 ACS 集团的投资人担心，管理足球俱乐部会分散本已负担极重的弗洛伦蒂诺过多精力，他的败选着实让他们松了一口气。从 1995 年开始，皇马的财务状况越发糟糕，而弗洛伦蒂诺随着 ACS 集团的不断扩大，工作职责也在不断增加。

把巴萨最好的球员抢过来

第二天早上睡醒时，除了俱乐部的负债，弗洛伦蒂诺尤其关注另一件事：1999—2000 赛季，在西甲联赛的 18 场主场比赛里，伯纳乌球场的球票有 17 场没能售罄。继两年前赢得欧冠冠军后，皇马刚刚再次赢得这个奖杯，但主场比赛的球票却总是卖不光。这让弗洛伦蒂诺意识到，除了糟糕的财务情况，俱乐部还存在其他深层次问题。

他认为，调查俱乐部会员的态度与期望也许能为了解俱乐部情况提供一些线索。除此之外，他还询问会员们最希望看到哪名球员为皇马效力。会员们强调了以下几个关键因素：透明性、责任感、求胜意志、体育精神、对卓越的追求、团队合作、优美的进攻风格，以及在经济问题上负责。他们希望球队真正继承 20 世纪 50 年代的遗产，在全球范围内获得尊重，而不只是赢得奖杯。从球队设施到管理团队再到球员，他们希望一切都是世界级的。

此外，不论赢球与否仍然担心债务问题和俱乐部长期稳定的社区会员，其数量超过弗洛伦蒂诺最初的预期。他们最想要的球员是葡萄牙边锋路易斯·菲戈，而他恰好效力于皇马的"死对头"巴萨。菲戈速度很快，球风优雅，而且技术极好。他能用精准的弧线传球为队友创造得分机会，总能依靠盘带能力和假动作击败防守球员。而皇马已经拥有自家青训体系培养出的超级得分手劳尔，如果他能和菲戈成为搭档，将让皇马社区非常兴奋，因为皇马社区珍爱优美的攻势足球，抢走巴萨最好的球员也让这个想法变得更美妙。

在西班牙，每名球员均拥有"买断条款"，这个条款规定了球队出售球员的官方价格。只要支付了这笔钱，球员所属球队（即出售球员的球队）便无力阻止球员离开。买断条款被有意设置得极高。在 2000 年时，巴萨绝不可能将菲戈出售给皇马，但弗洛伦蒂诺知道菲戈与巴萨的续约谈判争端不断，他也知道菲戈与巴萨签订上一份合同时将买断条款定为 100 亿西班牙比塞塔（约6 000万欧元），要是皇马支付这笔钱，将创造当时球员转会费的世界纪录，但如果弗洛伦蒂诺当选主席后能够执行一些计划，这笔费用完全可控。

根据希德·罗威（Sid Lowe）所著的《世纪恩怨》(Fear and Loathing In La Liga) 一书以及其他报道，弗洛伦蒂诺保证向菲戈提供4亿比塞塔（约240万欧元），只是为了和他签订一份协议，让菲戈在弗洛伦蒂诺当选皇马主席这个极不可能发生的情况发生时负有与皇马签约的法律义务。如果菲戈拒绝履行这份协议，他必须赔偿弗洛伦蒂诺50亿比塞塔（约3 000万欧元）。如果弗洛伦蒂诺输掉主席选举，菲戈就会留在巴萨。在菲戈和他的经纪人看来，这是一笔意外之财，也许还能在与巴萨的谈判中给对方施压。无论如何，当弗洛伦蒂诺和菲戈之间的协议曝光后，整个足球界都极为震惊。

2000年7月6日，菲戈签订协议的消息泄露，当时正值在任主席桑斯的女儿与皇马右后卫米切尔·萨尔加多（Míchel Salgado）的婚礼。菲戈试图平息事态，他在一次采访中这样说道："我想安慰巴萨球迷……我想（向他们）保证，菲戈新赛季开始时绝对会出现在（巴萨球场）……"他补充道："我没有和皇马的主席候选人签订预约合同。"媒体暗示，菲戈有意破坏弗洛伦蒂诺竞选成功的机会，这样他既能留住4亿比塞塔，又能留在巴萨。桑斯开玩笑说："也许弗洛伦蒂诺接下来会宣布他已经签下了克劳迪娅·希弗（Claudia Schiffer）[①]。"

然而，如果弗洛伦蒂诺成功当选主席，那么菲戈和他的经纪人就失策了，因为那份协议无懈可击，菲戈必须加盟皇马。巴萨拯救菲戈的唯一办法，就是报销菲戈因为惩罚条款损失的50亿比塞塔，只有这样他们才能续约自家球员，不被皇马抢先一步。

[①] 克劳迪娅·希弗是德国超模，在欧洲时尚界有"真人芭比娃娃"的称号。——译者注

为了说服皇马合伙人菲戈协议真实有效，弗洛伦蒂诺承诺，如果成功当选主席且菲戈没有加入皇马，他会自掏腰包为所有会员支付当赛季的会费。弗洛伦蒂诺拿什么支付这笔费用？他用的是按照法律规定菲戈需要支付的 50 亿比塞塔。也就是说，巴萨实际上需要付给菲戈更多的钱，才能抵消后者支付给弗洛伦蒂诺的钱，而弗洛伦蒂诺可以用这笔钱让皇马球迷免费观看皇马比赛。

人们不知道的是，如果真的赢得主席选举，弗洛伦蒂诺在菲戈的问题上面临着巨大的个人财务风险。弗洛伦蒂诺无法确定皇马是否有钱签下菲戈。根据西班牙《体育法》的规定，会员所有制俱乐部的当选主席和董事会成员需要个人承担俱乐部总支出的 15%，并百分百承担全部损失。

增加这项规定是为了增加会员制俱乐部的财务责任。很多人错误地以为这是皇马的俱乐部规定，实际上这是西班牙《体育法》的规定。西班牙《体育法》生效时，各支球队的预算很少。比如，在 1990 年法律实施时，皇马的预算约为 3 000 万欧元，相应的 15% 约为 450 万欧元。

相比之下，2000 年时为了参加选举，弗洛伦蒂诺个人需要投入 1 800 万欧元，相当于皇马 1999—2000 赛季支出预算的 15%。弗洛伦蒂诺获得了一家银行出具的保证函。

按照西班牙《体育法》的规定，在主席和董事会管理俱乐部的赛季里，如果俱乐部报告了累积税前利润，且该盈余高于主席及董事会成员在任期开始时承诺负担的球队支出金额，那么现任主席及董事会成员就无须提供银行担保。尽管皇马在 1999—2000 赛季出现的低额税前利润只是通过将常规收入与出售期权混淆这一令人无法接受的会计方法得出的结果，但和弗洛伦蒂诺不同，桑斯不需要提供担保。

2000 年，"买断"菲戈的总费用为 6 000 万欧元。如果皇马没有现金，弗洛伦蒂诺就需要筹集资金，或者为这个数额的贷款进行担保，并且他还需要承担 1 800 万欧元的支出预算。可如果弗洛伦蒂诺个人不承担财务风险，菲戈协议就会无效。

2000 年 7 月 18 日，弗洛伦蒂诺凭借微弱优势成为皇马新任主席。他赌赢了。7 月 24 日，27 岁的菲戈结束与妻女在意大利撒丁岛的度假之旅，乘坐私人飞机前往马德里，在伯纳乌球场的奖杯陈列室中从迪·斯蒂法诺手中接过了 10 号球衣。仍因为事件反转而略感震惊的菲戈，刚刚以 6 000 万欧元的转会费成为世界上身价最高的足球运动员。弗洛伦蒂诺在新闻发布会上表示，"在我看来，菲戈是世界上最好的球员。皇马是世界上最好的俱乐部，世界上最好的球员为世界上最好的俱乐部效力是正常的"。

菲戈与迪·斯蒂法诺站在一起颇具讽刺意味，因为迪·斯蒂法诺最初决定前往西班牙参加职业比赛时，他的目标并不是皇马，而是皇马"死敌"巴萨，但结果却是迪·斯蒂法诺与皇马签约。在他参加的首场西班牙国家德比中，皇马以 5 : 0 取胜，迪·斯蒂法诺独进 4 球。从某种程度上说，迪·斯蒂法诺和菲戈的转会，对两支球队以及体育史产生了相同的影响，就像贝比·鲁斯（Babe Ruth）从波士顿红袜队被交易到纽约洋基队一样。

大多数人因为菲戈的到来而兴奋不已，却没有注意到在菲戈加盟前几天，弗洛伦蒂诺宣布皇马同意将法国前锋尼古拉·阿内尔卡（Nicolas Anelka）以 2 200 万英镑的价格出售给巴黎圣日耳曼队。阿内尔卡在 1999 年夏天以 2 230 万英镑转会皇马，最初他的状态不错，但他很快就失去了球迷、队友和主教练的信任，甚至一度因为拒绝训练而被禁赛 45 天。但才华横溢的阿内尔卡重返赛场后，仍然在与拜仁慕尼黑的欧冠半决赛中打入关键进球，并且在决赛中首发出场，但他确实与皇马的社区价值观与期望格格不入，这意味着他无法融入弗洛伦蒂诺为俱乐部设定的新方向。因此，阿内尔卡的离开不仅有利于财务，同时也符合俱乐部的文化。

THE REAL MADRID WAY

从皇马看俱乐部经营

2000 年主席选举揭示了皇马社区的哪些特点

令人震惊的是，1995—2000 年，即便皇马在赛场上取得了无与伦比的胜利，两夺欧冠冠军，但在这段时间里，合伙人的数量还是悄然从 66 744 人降至 61 450 人。表 5-1 是 1995 年、1998 年、2000 年和 2015 年的皇马合伙人情况统计。

表 5-1　皇马合伙人情况统计

时间	合伙人（会员）	季票持有者数量	会员费（欧元 / 人）	季票价格（欧元）
1995	66 744	30 210	117	81～652
1998	66 483	46 460	133	90～787
2000	61 450	50 554	136	117～914
2015	91 846	61 287	149	370～2 384

这意味着除了糟糕的财务状况，俱乐部还存在一些深层次的问题，皇马社区的使命与共同目标，变成了简单的不惜一切代价取胜。但皇马的支持者想要更多，他们想用最好的球员、团队哲学、漂亮与时尚的球风赢球，他们想要有品位地赢球。此外，社区成员觉得管理层在责任感、透明度和信任度问题上并没有以最高标准要求自己[①]。他们担心管理团队在财务问题上不负责任，会为球队的长期生存带来风险。总之，合伙人希望回归伯纳乌和迪·斯蒂法诺时代的可持续经济 / 体育模式中，或者如我所说，回到银河战舰的 1.0 时期。

相比"只要胜利"，皇马社区更关心的是球队为什么存在、球队

---

① 抛开其他问题，桑斯担任主席期间，皇马签下了他的两个儿子，一人进入足球队，一人进入篮球队。这两人都算不上明星。不管两人的能力是否配得上一队标准，但社区成员认为，有人靠人情而非能力就能进入这个会员所有的俱乐部。

如何赢球以及靠谁赢球。而前两个问题是关键，也是激发皇马社区激情与忠诚的部分。这是一个非常吸引人的理念，因为很多体育机构似乎在合理化自身行为，比如，他们以为球迷的需求就是赢得冠军，他们以"试图满足球迷需求"为前提签约在赛场内外存在问题的球员。我们在皇马主席选举中学到的深刻教训，恰恰与"球迷最看重胜利"这种传统观点存在鲜明对比。

最后，2000年选举时，欧洲与西班牙的大背景也值得一提。1999年，欧盟货币欧元正式诞生；2002年，欧元开始流通。欧盟的创建为西班牙增加了财富，使其更先进，人们需要改进过去做事的老方法，使其适应时代。作为一个在西班牙国内外均取得成功且受人尊重的生意人，吸收了创新、责任感、透明度等理念，精通公司治理、领导精英和跨国业务的弗洛伦蒂诺，反映的是20世纪90年代末到21世纪初整个西班牙社会都在经历并感受着的新机制的作用与影响。

THE REAL MADRID WAY

即使冒巨大风险，也要做担保

弗洛伦蒂诺赢得俱乐部主席选举后，厘清皇马混乱的财务现状是一个不小的挑战。弗洛伦蒂诺聘请了会计及咨询公司德勤审查俱乐部的资产报表，以彻查俱乐部的真实情况。独立审计结果显示，财务情况就像弗洛伦蒂诺担心的那样糟糕。

从表5-2中可以看出，2000—2001财年皇马的营收为1.18亿欧元，球队亏损2 300万欧元，净负债1.62亿欧元。2000年8月，德勤审计组在信中对皇马能否继续运营表示担忧："提供给我们的 2000—2001 年的预算中，支出远高于收入……这让我们严重怀疑皇马能否继续运营……才能以常规的商业形式履行其义务。"

表 5-2　2000—2001 财年末皇马的财务信息

财务指标	财务数据
营收	1.18 亿欧元[1]
EBITDA（不包括资产处置前净收益）	1 000 万欧元
薪资与营收比	66%
税前利润或亏损	2 300 万欧元
净负债	1.62 亿欧元
结果	审计意见：不可持续模式

注：1. 1.18 亿欧元这个营收数据与财务报告中的 1.38 亿欧元对不上。2 000 万欧元的差额是出售未来赛季转播权期权的价格。

时间紧迫，对弗洛伦蒂诺来说，最重要的任务就是增强流动性，尽快偿还债务。他迅速想好了一些稳定局面的方法，同时组建了一支管理团队去制定并执行相关策略。

弗洛伦蒂诺担任主席的第一年，皇马的总营收在每年发布的德勤足球财富排行榜中排名第五（见表 5-3）。排名第一的曼联总营收约为 2.172 亿欧元，比排名第五的皇马多约 7 900 万欧元，这一对比令人震惊。

表 5-3　德勤足球财富排行榜（2000—2001 财年）

排名	球队	营收（亿欧元）	国家
1	曼联	2.172	英格兰
2	尤文图斯	1.735	意大利
3	拜仁慕尼黑	1.732	德国
4	AC 米兰	1.646	意大利
5	皇马	1.382	西班牙

如前所述，根据西班牙法律规定，如果竞选主席，弗洛伦蒂诺需要承担预算的15%，即1 800万欧元作为担保。皇马没有钱，还存在大笔负债，并且时刻需要流动资本。为了说服银行额外向皇马借出7 800万欧元，弗洛伦蒂诺不得不以个人名义提供担保。弗洛伦蒂诺上任之初，皇马签下了7名新球员，其中包括菲戈、弗拉维奥·孔塞桑（Flavio Conceição）、克劳德·马克莱莱（Claude Makélélé）和圣地亚哥·索拉里（Santiago Solari），总共花费1.51亿欧元。为了借钱签约马克莱莱和孔塞桑，弗洛伦蒂诺个人又向银行做了3 900万欧元的担保。皇马出售了一些球员，包括雷东多（Redondo）和阿内尔卡，收回了6 700万欧元，否则俱乐部还需要借贷更多资金。

最后，2000—2001赛季，皇马的支出比前一年的预算还要高，按照法律规定，弗洛伦蒂诺个人必须再为额外的1 200万欧元提供担保。所以，在2000年成为俱乐部主席后，弗洛伦蒂诺个人总共为1.47亿欧元，即约1.55亿美元的资金提供了担保。按照法律规定，他只需要为1.47亿欧元中的3 000万欧元承担个人担保责任。但如果没有弗洛伦蒂诺对额外的1.17亿欧元提供个人担保，皇马就不会拥有启动2.0版银河战舰所需的资金。弗洛伦蒂诺承担了极其巨大的财务风险，公平地说，他所展示的激情，既是一种拯救俱乐部的执念，又是他对自身策略的信念。

THE
REAL MADRID
WAY

第 6 章

调转方向，重新启航

让使命与价值观渗透进每一个角落

2000 年，在赢得俱乐部主席选举后不久，弗洛伦蒂诺走进家庭办公室，坐在办公桌边开始重新阅读针对俱乐部社区会员的非正式调研的结果。从回答到问题，他草草写下了一些文字，比如：

- 你希望什么样的价值观成为俱乐部的基石？
- 你对比赛和球队有着怎样的态度和信念？
- 你想追求什么样的目标？
- 你对管理层和球队有什么期望？
- 你希望得到怎样的对待和沟通？
- 你希望获得沟通的频率是多少？
- 前往现场观看比赛时，你希望获得怎样的氛围和体验？
- 哪名球员（过往及现役）能够代表你的理念？

- 你最希望哪名球员加入皇马？

他开始动手撰写皇马的使命与价值观。他标注了重点语句，并用一些简短的词汇表达某些理念。确定俱乐部使命的目的是为管理层及俱乐部员工提供工作重点。通常，使命确定了公司的业务、目标以及实现目标的方式。价值宣言的作用是描述理想的文化氛围，为组织的行为提供指南，或设置一系列行为预期。在很多组织中，通常由高级管理人员撰写使命与价值宣言，他们只会偶尔听取员工或顾问的意见。但在皇马，弗洛伦蒂诺完全以社区成员的观点为基础撰写使命与价值观，这是极不寻常的做法。他认为，既然是俱乐部会员拥有球队，那么他们理应为管理层的战略思维提供指导，为管理层确定工作重点与共同目标，协助确立业务标准，指导员工的决策，同时建立行为框架。他坚信，如果俱乐部严格遵循使命与价值观，俱乐部会员就会变得更热忱、更忠诚，因为俱乐部能够反映他们重视的价值观。

弗洛伦蒂诺懂得使命与价值观在大型跨国企业中的价值。他领导的 ACS 集团以提升卓越为目标，重视和奖励自主性、责任感与主动性。弗洛伦蒂诺通过并购组建了 ACS 集团，他发现最有效的方法就是让每家子公司拥有专属的品牌/身份认同与决策权，但所有子公司都需要遵循一套成文的战略使命与价值观。

在弗洛伦蒂诺接任皇马主席职位时，俱乐部还没有成文的使命与价值观。虽然拥有使命与价值观在业绩优异的商业机构中司空见惯，但在体育界，这属于极不寻常的做法。体育界的传统观点认为，任何球队唯一的使命与价值主张，简单明了，就是取得胜利[1]。但弗洛伦蒂诺想要确定的是，俱乐部为什么存在，社区成员希望以何种方式在赛场内外获得胜利。

---

[1] 而绝大多数球迷认为，有些老板持有的俱乐部的使命是保持收支平衡或赚钱。

皇马主席弗洛伦蒂诺站在 2014 年皇马的第十座欧冠冠军奖杯以及其他九座欧冠冠军奖杯前。

皇马的员工及社区成员似乎隐约知道这些问题的答案，但他们始终没有将其落实到文字上。弗洛伦蒂诺希望明确表达出这些理念，以使社区中的每个人都能知道，并让俱乐部以此为准则，尤其是在俱乐部的未来发展中能以此为目标。得到董事会批准后，弗洛伦蒂诺将这些内容加入他担任主席期间发布的第一份皇马年度报告中：

- 使命
  - 成为一个开放、文化多元的俱乐部，因赛场上的成功及传播的价值观而在世界范围内获得人们的欣赏与尊重。这些价值观体现在球队在赛场内外追求卓越，努力实现成员以及追随者的期望。
- 价值观
  - 求胜意志。皇马的核心目标，是竭尽所能赢得每一次比赛的胜利，同时展现出热情、努力拼搏的信念，以及对支持者永恒的忠诚。

- **运动家精神。** 在赛场上，皇马是备受敬重、信奉公平的对手，俱乐部会心怀善意与尊重，去面对所有对手及其支持者。比赛场外，皇马的终极愿望是以兄弟情谊及团结精神，维护与其他俱乐部的关系，与他们合作，并且持续与西班牙及国际体育主管机构合作。
- **追求卓越。** 皇马致力于拥有最优秀的西班牙球员及外国球员，为他们注入俱乐部的价值观，以有质量、有纪律、为共同目标努力的运动表现回馈球迷的支持。在管理层行为方面，俱乐部坚守良善治理原则，时刻追求卓越。
- **团队哲学。** 所有皇马人，不论运动员还是其他专业人员，作为团队的一分子，有义务为团队整体付出最大努力，而不将个人或职业理想摆在第一位。
- **培训。** 皇马持续将大量精力投入到发现并灌输新的体育价值观上。包括为各个项目的青年队投入必要的关注与资源，不只在体育方面培养年轻运动员，也要对他们进行社会、道德及公民教育。
- **社会责任。** 皇马意识到自身行为具有高度的社会影响力，正因如此，皇马愿意调动所有资源，去遵循优质公司治理的最高标准，提倡最优秀的体育价值观，强化与会员、前运动员、球迷俱乐部及支持者的关系，发展、落实能满足西班牙国内外需要的、促进团结一致的项目。
- **经济责任。** 皇马知道自身管理着具有特殊价值和重要性的有形及无形资产，正因如此，皇马承诺以负责任、高效、诚实的方式管理这些资产，并造福其成员。

每一名员工及运动员都需坚持上述使命与价值观，赞助商也需绝对支持。从营销部门到球员培养部门，从教练到赛场上的球员，上述使命与价值观要渗透到俱乐部的每一个角落。对皇马的会员和球迷来说，赢球不是一切：他们希望秉承自身价值观去赢球。

THE REAL MADRID WAY
从皇马看俱乐部经营

为什么你的组织有目的、有意义？

价值观是公司文化的核心。价值观为实现愿景所需的行为及思维方式确立了一系列准则，价值观是决策的过滤器。拥有成文的使命和价值观的公司，对自身前进方向有更明确的认知，能取得更优秀的业绩。曾在麦肯锡做过咨询师的斯坦福大学商学院教授吉姆·科林斯（Jim Collins）和同为斯坦福大学商学院教授杰里·波拉斯（Jerry Porras）在《基业长青》（*Built to Last*）一书中表示，由目标和价值观驱动的组织比市场整体表现好 15 倍，比没有目标与价值观的组织好 6 倍。哈佛商学院教授约翰·科特（John Kotter）与詹姆斯·赫斯克特（James Heskett）对 20 个行业的公司进行了研究，他们发现，拥有以共同价值观为基础的企业文化的公司，业绩表现比那些没有使命宣言的公司优异得多，这些公司的营收增长速度比类似行业的其他公司快 4 倍以上。

自 Vault.com 启动调查以来，麦肯锡在 14 年时间里一直被票选为最有声望的管理咨询公司。与体育组织类似，麦肯锡也需要吸引、留住、管理所能找到、负担得起的最优秀人才，还要像运动队一样让最有才华的人才通力合作，来交出比竞争对手更优异的表现。麦肯锡清楚地设置了一系列价值观，包括对客户服务的承诺，待人处事和坚守职业标准的方式，并将这些价值观明确告知员工。麦肯锡相信，其价值观对公司的长期策略和日常客户服务都会产生影响。公司每年会抽出一天时间，集体反思自身价值观对工作和员工生活的意义。

传统观点认为，体育团队的使命简单且显而易见，那就是"赢得冠军"。然而，"目标"和"附带价值观的使命"之间存在区别。使命可以用来传达组织目标，精心设计的使命宣言可以起到以下作用：（1）作为过滤器，明确事务重要与否；（2）明确表述组织服务的对象和服务方法；（3）将目标方向传达给整个组织。使命与目标不同，前者是一项事业，而后者是达成的效果；使命是需要完成的事业，而目标是完成这一事业时所要完成的事情。前麦肯锡咨询师、《准备表现》(Primed to Perform) 一书的作者尼尔·多西（Neel Doshi）与林赛·麦格雷戈（Lindsay McGregor）通过研究证明，"最优秀的文化建立在简单的事实之上：工作原因会影响工作表现"。有了共同的使命与价值观，一个组织可以让各部门更高效地合作，解决实现目标过程中遇到的动态挑战。我不认为每个组织都有书面的使命宣言，但我相信使命宣言能让组织变得更有拓展性，也能让组织在股东面前更具透明性。最重要的是，我相信，使命宣言可以在组织陷入困难时成为可依赖的对象，用来告诉人们他们是谁、为什么存在、目标是什么、代表什么，以及自己为什么有意义。

与弗洛伦蒂诺类似，2000—2014 年，担任微软 CEO 的史蒂夫·鲍尔默（Steve Ballmer）在买下洛杉矶快船队后立刻进行的操作之一，就是制定一份使命宣言。鲍尔默与时任主教练道格·里弗斯（Doc Rivers）一起确定了"快船信条"（Clipper Credo），该文件描述了团队合作与正直品性。

"那上面没写我们一定要取得胜利，"鲍尔默解释道，"上面写的是：快船将坚持以正确的方式行事，时刻付出 100% 的努力，以最高程度的信念与诚信，尊重球迷、社区、队友和对手。我们硬核又强硬。"与弗洛伦蒂诺类似，鲍尔默在洛杉矶调查了 1 000 人对"快船信条"的看法。在 2014 年一次有关快船的采访中，鲍尔默表示："调研结果很好，受众觉得很真实，这很重要。我们必须经历这个过程。我们既要关注赛场，也要兼顾场外。我们要走进社区。"考虑到鲍尔默和弗洛伦蒂诺都是极为成功且受人尊重的商界高管，且都以局外人身份进入体育管理界，我认为他们在确定接管各自球队后，就把设计使命宣言确定为优先事项。

2015 年，NBA 球衣销量最高的球队是芝加哥公牛队。自 1998 年迈克尔·乔丹带队夺冠后，公牛队至今再未赢得总冠军。NBA 球员个人球衣销量榜上排名第五的是德里克·罗斯（Derrick Rose），当时他是公牛队的当家球星。克利夫兰骑士、洛杉矶快船和俄克拉荷马雷霆都有超过一名球员进入个人球衣销量榜前十五，但公牛队在球衣销量榜上击败了他们。公牛队也拥有使命宣言：

> 芝加哥公牛是一家体育娱乐公司，致力于赢得 NBA 总冠军，培养新的篮球迷，并提供优秀的娱乐、价值与服务。我们力图以强调以下核心价值观的方式实现使命：彼此相互尊重，在进行的一切活动中追求卓越、创新、正直与高质量。

季后赛期间，公牛队也启动了全新的"# 看见红色"（#SeeRed）活动（公牛队的主色是红色与黑色），希望让球迷有成为球队一分子的感觉，让他们融入球队，而不是只把他们当作观众。公牛队的官方 App 中也包含许多对球迷友好的功能，比如球队出场阵容信息及实时的球队新闻。这些做法都是为了增加与球迷的联系，最终提高公牛队的品牌价值。通过社交媒体上的内容以及"# 看见红色"活动，公牛队希望让社区获得参与感并支持球队的目标，他们的做法展现了实现使命宣言的决心。

如前所述，绿湾包装工队是 NFL 球衣销量最高的球队。队中的明星球员阿隆·罗杰斯（Aaron Rogers）在个人球衣销量榜上排名第五。包装工队同样拥有使命宣言：

> 绿湾包装工队的使命是，成为职业橄榄球赛场的王者。在赛场上，包装工队将一直致力于为球迷奉献最高水平的赛

第 6 章 调转方向，重新启航

场表现。在运营活动方面，包装工队也将持续追求卓越，并维护好与 NFL 的关系。负责赛场和运营方面的工作人员将始终以最高水平的行为和道德标准要求自己，肩负自己代表包装工队及其传统的责任。总之，包装工队将专注于提升竞争力，以受尊重的方式成为美国威斯康星州的代表。

没人能准确说出包装工队与公牛队究竟为什么能成为各自联盟球衣销量最高的球队。包装工队是一支小市场球队，上一次赢得超级碗是在 2010 年。虽然芝加哥是美国第三大城市，但公牛队已经 20 多年没有获得 NBA 冠军。我个人认为，包装工队的社区所有权结构、使命、传统、习惯与价值观对球迷有吸引力，激发了球迷强烈的热情与忠诚，进而带来了球衣销售方面的成功。而芝加哥公牛队似乎打算将使命与价值主张当作差别化因素，借助科技手段和社交媒体，用积极、高频率的互动来实现差异化。

在研究中，我发现了一个有趣的信息，教练也有使命宣言。对教练而言，关键之处在于，他们要先认同这个宣言，然后说服球员，即便球员不相信上述宣言对他们个人有所助益。能否率队取胜正是评价大多数教练、决定是否聘用、解雇他们的标准。但如果教练的使命不只是获得胜利，那还会是什么？2006 年成为绿湾包装工队主教练时，迈克·麦卡锡（Mike McCarthy）发表了以下使命宣言：

> 绿湾包装工队新方向的基石，将由 3 个核心部分组成，即招募"包装工人"，打造"稳定的结构"，以及关注"个性与化学反应"。我将用"领导力"打造出积极向上的环境，并将目标锁定在建立一支冠军球队上。我们将保持沟通，确保每个人都参与其中。我们将以充沛的精力和饱满的热情开启这段旅程，跨越前进道路上遇到的障碍。作为职业体育的前沿组织，我们将依靠自身资源与传统实现愿景，追求卓越。

麦卡锡因践行上述宣言、坚持自己的愿景而闻名。他得到了包装工队的支持，球队努力招募和签约"包装工人"，并向他们灌输球队的历史、传统、声望以及谦逊和以球队为先的思想，让他们更好地成为包装工队的一分子。

最后，我想从体育层面为使命和价值观存在的意义做一个类比。每一支职业运动队的教练团队都会投入大量时间与精力准备下一场比赛，他们的目标是赢得比赛胜利。但球队首先需要制订取胜的计划，所以教练会为球员提供书面的战术手册，让他们研究、记忆并执行，并希望球员们能够作为一个整体。没有使命宣言就像不带着胜利目标参加比赛一样，就像拿着木棍在泥地里画几个战术，或者想靠回忆上一场比赛的打法赢球，同时还指望球员能像一个团队执行战术一样。一个组织就像一支球队，就像一家足球俱乐部。使命宣言是"团体性的战术手册"，所有团队成员能从中清晰地了解个人角色与团队目标。没有使命宣言，团队就无法最大限度地发挥实力。

THE REAL MADRID WAY

招揽"局外人"，打造职业化的管理团队

2000年7月，弗洛伦蒂诺的首要任务，就是让皇马的管理团队职业化。俱乐部主席和董事会每4年选举一次，他们的任务原本是为俱乐部确定目标并监控管理团队的运营工作。弗洛伦蒂诺当选前，皇马对管理层的职责没有明确定义，董事会也倾向于插手俱乐部的日常运营。员工的薪资体系仿照球员的薪资体系，包括基础工资和基于团队表现的奖金，但员工的个人角色、职责和表现并不在考量范围内。弗洛伦蒂诺重构了4个主要部门，分别负责球场管理、营销/品牌管理、企业管理及体育相关事务，对应不同的战略重点。他招募了

4名核心管理人员,又任命了1名新的董事会成员:

- 豪尔赫·瓦尔达诺(Jorge Valdano)担任体育主管,负责从青年学院到一队的足球队与篮球队。
- 何塞·安赫尔·桑切斯(José Ángel Sánchez)担任营销主管,负责品牌开发等商业活动。
- 马努埃尔·雷东多(Manuel Redondo)担任总裁,负责管理会员、票务和基础设施部门。
- 卡洛斯·马丁内斯·德阿尔伯诺兹担任总监,负责全部企业事务(包括财务、人力资源、法务、采购、信息系统/科技)和俱乐部的内部管理,负责俱乐部在治理、管理模式上向传统公司转型。
- 佩德罗·洛佩兹·希梅内斯(Pedro López Jiménez),担任董事会成员。

2002年5月,皇马管理团队在格拉斯哥庆祝第九个欧冠冠军派对上的合影。从左至右:桑切斯、德阿尔伯诺兹、弗洛伦蒂诺、雷东多、瓦尔达诺。

阿根廷人瓦尔达诺曾是知名足球运动员，也是赢得 1986 年世界杯的阿根廷国家队的成员。他在那届世界杯上攻入 4 球，并在与联邦德国队的决赛中打入第二个进球。他在 1984—1987 年曾效力于皇马，并在 1990—1992 年和 1994—1996 年分别执教皇马的青年队和一队。

瓦尔达诺颇受球员和教练的敬重。他知道身为皇马球员和教练意味着什么，也了解皇马的青年学院。虽然瓦尔达诺效力皇马的经历让很多人将他看作局内人，可从某种角度来看，他算不上局内人。弗洛伦蒂诺尊重瓦尔达诺对足球的了解，但他最欣赏的是瓦尔达诺的智慧，以及他能从多个角度看待足球，而不仅仅关注比赛的意愿和能力。瓦尔达诺的绰号是"哲学家"（El Filósofo），这个称号源自他在很多事情上的独到见解。比如，他在 20 世纪 80 年代末效力皇马时曾在西班牙报纸上撰文，批评罗纳德·里根的拉美政策。他还因引用莎士比亚及阿根廷作家豪尔赫·路易斯·博尔赫斯的话而广受知晓。最重要的是，弗洛伦蒂诺看重瓦尔达诺激励他人、解决纠纷和培养人才的领导能力。

瓦尔达诺与弗洛伦蒂诺拥有共同的想法。两人都把足球看作人生的隐喻，他们都认为足球可以帮助我们理解人生的本质。他们懂得隐喻的力量：人们可以通过隐喻将自己与超越自身的事物联系在一起，而足球本身就是一个充满了夸张与肆意的世界。足球能够制造人们都能感同身受的强有力的想象与联想。瓦尔达诺与弗洛伦蒂诺认为，皇马要实现转变，核心就是让俱乐部的比赛能够反映出社区的价值观与期望，也就是追求卓越、赢得冠军，优雅、时尚、有品位地赢得胜利，踢出漂亮、让人兴奋的攻势足球，要有浪漫精神，要尊重对手，以及永不放弃等。

桑切斯从小就是皇马球迷，也是俱乐部合伙人。他曾在跨国电子游戏开发公司世嘉工作。弗洛伦蒂诺与桑切斯有一个共同朋友，那人知道弗洛伦蒂诺正在为营销部门寻找主管，并认为时年 33 岁的桑切斯是个不错的人选，于是做了引荐。弗洛伦蒂诺欣赏桑切斯富有感染力的激情与好奇心，以及他对西班牙传统体制的反抗：桑切斯虽是哲学专业出身，却闯进了商业世界，这在西班牙是非常少见的情况。弗洛伦蒂诺相信科技可以成为强化、构建俱乐部与社区激情的关键因素，他将桑切斯在数字技术领域的从业经历视作宝贵的财富。

桑切斯、瓦尔达诺与弗洛伦蒂诺都对足球抱有浪漫的想象，但他们都明白，只有扎根现实，他们的理念才有可能落实。现实是，足球正在成为国际贸易的组成部分。这让他们思考：一支球队需要做什么，才能成为强大的世界级团队？他们意识到，即便在这个全球化发展的时代，他们也只能依靠自身特有的身份认同和价值观去征服市场。他们也知道，皇马的价值观不仅美好，而且具有普适性，能吸引的范围远不只马德里和西班牙国内。电视转播与科技发展带来的便利性让足球运动实现了全球化。桑切斯将设计出创新方法，把皇马真实、具有普适性的价值观推广到全世界，进而获得营收。像迪士尼这样开发内容、致力于取悦公众的传媒企业，给他带来了灵感。

雷东多被任命为总裁，负责管理会员、票务及基础设施部门。他有两个主要任务：一是重新设计与会员、球迷俱乐部、季票、VIP 区和会场组织有关的事务；二是改造伯纳乌球场的基础设施，启动新皇马体育城的基础设施建设。

皇马高管希望球员能够代表社区的价值观和身份，并按照行为准则行事，他们认为这是皇马取得成功的关键因素。但就像伯纳乌打造的银河战舰 1.0 版一样，这是一个从未实现的愿景。没人敢保证这种做法究竟能带来多少营销收入。

皇马没有资金和时间去投资一个未经检验的理论，并静待其能否获得预期结果。球队负债严重，而且处于亏损状态。弗洛伦蒂诺个人在俱乐部的财务层面所做的冒险正面临巨大考验。球员的薪资需要预先支付，而预算中计划用于营销的资金得在日后想办法。这就轮到德阿尔伯诺兹来帮助弗洛伦蒂诺推销未来、筹集营销资金了。这有点像两人担任工程和建筑企业高管时出售基础设施项目筹集资金一样，只不过这次需要预支球票和商品销售收入，而不是靠高速公路及桥梁收费来获得未来收入。

德阿尔伯诺兹也是工程师出身，曾与弗洛伦蒂诺一同担任董事会成员，他曾管理西班牙领先的钢铁公司并使其成功并入阿塞洛公司，也曾带领拥有9个船坞的西班牙最大的造船厂扭亏为盈，这两段经历令他名声大噪。德阿尔伯诺兹也拥有在西班牙以外地区从商的经历，这在皇马拓展全球市场时会非常有用。弗洛伦蒂诺认为，头脑冷静、客观公正、经过劝说才接受这项工作的德阿尔伯诺兹，不会陷入职业体育和明星球员带来的狂热与兴奋之中。弗洛伦蒂诺也相信，德阿尔伯诺兹能胜任这项工作。

弗洛伦蒂诺不仅是个成功、可靠的商人，也与其他企业和银行家建立了良好关系。他推销个人理念、劝说他人相信自己的能力非常高超，被他说服的不止手下的高管，也包括员工和其他股东。然而，当时没人能够估算出在未来10～15年，皇马的新战略究竟能从市场营销、产品授权及赞助协议中获得多少营收，因为这个战略没有先例。德阿尔伯诺兹成功设立了一个独立的合法组织"联合社团"（Sociedad Mixta），用于管理皇马未来在市场营销、授权许可与赞助合作、球员肖像权以及线上业务方面的收入。他还开发出能够对未来11年做出预测的可靠的财务模型。该组织由皇马营销部门负责管理，还用于负责处理所有与现有及潜在客户、合作者有关的事务。

弗洛伦蒂诺和他的团队与各种各样的公司进行了一次又一次会谈，反复对自己的概念、财务模型及潜在责任做出解释。他们的想法是让这些公司以自己获得的潜在收益为基础，先预付给皇马一定比例的未来营收。这种做法面临的挑战在于，由于不存在历史业绩记录，投资者必须极为信任皇马。德阿尔伯诺兹是一个拥有处理复杂金融问题能力、负责任且成功的高管，这为高管团队实现该计划增加了可信度。一旦在预期收益和责任承担上达成一致，各方需要协商出一个反映现在价值的贴现率，也就是能够反映估值风险的未来预期现金流，但这个问题也不存在可供参照的先例。最终，2000年10月，马德里储蓄银行拿出7813万欧元购入20%的份额。2001年2月，西班牙最大的付费电视集团Sogecable签下了一份价值3907万欧元的合同，购入10%的份额。合同双方都面临风险，皇马不想让自己的卖价过低，投资人不想付过多的钱，不过双方设置了不同价格及日期的看跌看涨安排以减少风险。到2001年10月时，皇马已经出售了未来11年权益的30%，总价1.1172亿欧元，这让俱乐部拥有了一些财务运作的流动性。最后，这次风险投资为双方均带来了财务成功。皇马获得了急需的财务稳定性，投资公司到2014年时获得了11%的年化收益率。

为了提高皇马的运营水平，解决责任、透明度和信任问题，管理团队使用了一个当时在体育管理领域从未使用过的有效工具，而类似通用电气这样的大型公司已经开始使用这个工具。德阿尔伯诺兹使用的是哈佛商学院教授罗伯特·卡普兰（Robert Kaplan）的平衡计分卡（Balanced Scorecard）。

德阿尔伯诺兹刚加入皇马时，他发现皇马在不同功能领域的支出和营收统计上不存在持续一致的追踪与校正标准。德阿尔伯诺兹改变了这个状态，让每个部门必须做出预算，不管是否存在营收和支出，都要进行把控。德阿尔伯诺兹和弗洛伦蒂诺已经习惯用数据、标准与分析去衡量业绩，并以此确定管理者的职责，德阿尔伯诺兹曾经成功地在他管理的其他公司里推行过平衡计分卡工具。这个工具可以让皇马的管理人员将商业行为与俱乐部愿景及战略相统一，改善多部门内部及与外部的沟通，并以战略目标为标准监控俱乐部的业绩表现。弗洛伦蒂诺和由"局外人"组成的团队设置了内部控制与审计流程，以此来提高透明度和责任性。他们安装了绩效管理软件与数据分析工具，以便在正确的时间获得正确的员工绩效表现信息。自动化与数据分析增加了结构性与纪律性，将无法比较的企业数据转变为可用的信息与知识，并有助于传递业绩信息。此外，他们还增加了财务监管委员会，审查并分析财务数据，以保证皇马获得所需的公开、公平、有竞争力的投标（任何存在利益冲突的公司都会失去投标资格）。最后，他们对极大地提高了对俱乐部会员透明度和财务数据的报告力度。放在今天，上述做法可能是很基本的操作，可在新管理团队接手时，皇马几乎不存在什么体系、流程与管控。不止皇马，当时绝大多数欧洲足球队都是这样。与伯纳乌类似，弗洛伦蒂诺希望立刻把重点集中在组织变动上，因为这能为日后的改革奠定基础。

除了改善业绩评价标准外，德阿尔博诺兹还彻底改造了薪资体系。非体育员工的奖金不再与足球队的成绩挂钩。决定员工薪资标准的是，他们是否实现了平衡计分卡中与部门及俱乐部商业计划相一致的财务及非财务目标。每个人都要认同俱乐部的使命与价值观，而对他们工作表现的审核及薪资标准的制定一定程度上取决于此。

2000年，皇马拥有120名终身员工，在包括青年队在内的各级别球队中有280名球员，足球和篮球场地有150名兼职员工，另有30名其他工作人员，员工总数约为580人。这个数字在2014年增长到了703人（详见附录C的皇马组织架构图）。

最后，弗洛伦蒂诺提名商业搭档、同为土木工程师的希梅内斯进入董事会。希梅内斯有一种天赋——他能直截了当地对你说出实话。他从20世纪70年代就认识弗洛伦蒂诺了。

2000年7月，弗洛伦蒂诺提名迪·斯蒂法诺担任名誉主席。弗洛伦蒂诺认为，迪·斯蒂法诺是皇马队史上最重要的球员，也是历史上最优秀的足球运动员。他希望迪·斯蒂法诺得到应有的认可，让他通过定期观看比赛、参加俱乐部活动，与银河战舰1.0的历史和传统建立联系。2014年7月，88岁的迪·斯蒂法诺去世。

2015年12月，弗洛伦蒂诺提名亨托担任名誉主席。亨托于1953—1971年效力皇马，他前所未见地赢得了6个欧冠冠军和12次西甲联赛冠军。

通力合作，解决最紧迫的财务难题

1947年，通过修建西班牙最大的球场，伯纳乌启动了他的可持续经济/体育模式，这一战略完全靠俱乐部会员提供资金。球场修建于马德里郊区的空地与牧场上。1963年，伯纳乌在距离球场不远但处于更远郊的地方开发了一座占地12万平方米的训练基地——皇马体育城。

1996年，时任皇马主席桑斯将旧体育城中的1.5万平方米出售给马德里自治区，又将另外1.5万平方米出售给马德里市政厅，两次交易分别获得1 350万欧元的收入。交易完成后，当地委员会和市政厅控制了近25%的皇马体育城资产。这笔交易将让马德里政府在未来解决城市规划难题的谈判中处于强有力的地位。

最终，马德里市围绕着皇马球场与皇马体育城不断发展。到2000年时，旧体育城不仅过时、无法满足皇马的需求，而且按照城市主管部门的说法，旧体育城也成为马德里的城市规划与社会经济发展的棘手难题。马德里的规模在不断扩大，而旧体育城位于城市有意在未来几年开发的金融区旁边。从该地移除旧体育城，成为改善马德里北部地区整体布局，使其现代化的一次历史性机会。

弗洛伦蒂诺本能地相信，旧体育城现在是抢手的不动产，这个资产可以转换为现金，为俱乐部提供财务流动性、并减少债务，不仅能为伯纳乌球场急需的升级提供资金（社区对此需求迫切），还能为修建全新且更大的世界级训练设施提供资金，弗洛伦蒂诺认为这是吸引、留住、培训最好的球员从而获得胜利的必要方式。弗洛伦蒂诺对建筑、区划及开发的认识以及在这些行业中的人脉，为皇马的运作提供了极大便利。

2000年时，旧体育城区域属于非商用区。此外，当时马德里还不允许修建摩天大楼。重新规划土地用途和修建摩天大楼将大幅增加这片土地的价值，受益的不只是皇马，也包括马德里自治区和马德里市政厅。2000 年，皇马表示，如果土地能重新规划为商业用地，同时允许修建摩天大楼，他们就会将旧体育城中更多的土地出让给当地政府。由此一来，政府便有了更大的经济动力去做出改变。

2001 年，皇马与马德里自治区及马德里市政厅签订了转让土地计划的协议。尽管人们普遍认为这是一笔直接交易，即皇马将土地出售给马德里市议会，但事实并非如此。在公共项目招标过程中，皇马和政府都将各自份额出售给 4 家公司：雷普索尔、马德里共同汽车、萨维地产以及 OHL 建筑公司。这些公司在这一地区建造了 4 座摩天大楼，用作各自总部。马德里自治区和马德里市政厅卖掉了他们的土地份额，1996 年时土地的价值 2 700 万欧元，仅仅过了几年，这片土地就涨到了 2.11 亿欧元。拥有旧体育城地区最多土地的皇马，净收益达到 4.74 亿欧元，这笔钱不仅让俱乐部得以扩建并现代化伯纳乌球场（自 2000 年起总花费 2.4 亿欧元），同时还有钱购买修建新体育城的土地，并为后续的建设及开发提供了资金（自 2000 年起总花费 1.86 亿欧元）。4.74 亿欧元中的 90% 投入到了修建新设施、翻修旧设施上，最初 6 年就花掉了近一半。皇马对伯纳乌球场进行了仔细的维修。比如，皇马使用日光灯，确保球场的每一部分都能均等地获得光线照射。

利用出售不动产剩下的 4 800 万欧元，新的管理团队重新获得了过去为筹集资金而出售给不同运营者和被许可人的特许使用权。弗洛伦蒂诺接管皇马前，大多数有价值的资产，比如 VIP 包厢，都为了筹集资金而被出售。VIP 包厢的出售合同为 10 年期。新的管理团队用 1 600 万欧元买回了包厢，又花了 2 000 万欧元重新装修。此外，他们还增加了新的包厢。

目前，伯纳乌球场共有 243 个 VIP 包厢，其中共设有 2 980 个座位，另有遍布球场不同层级看台的 1 776 个 VIP 座位。2014—2015 赛季，皇马出售了

17.5万余张VIP球票，与之相比，前一年的这个数字是1.4万张。以价值观为基础重新调动起社区的参与感后，那个赛季，皇马的包厢总收入达到3 500万欧元。管理团队购回了电子显示屏展示权（摆设在赛场周边，以便电视转播），当时这项权益的年均收益为300万欧元，而在重燃皇马社区的热情后，他们又将电子显示屏展示权以每年900万欧元的价格出售。

管理团队同样寻求球场收益最大化，而不是只在比赛日利用球场获取收益。因此，他们将球场本身打造为旅游景点，大部分时间保持开放。他们设立了皇马博物馆，开发了球场游览项目，用来展示皇马作为世界上获得荣誉最多的球队之一的队史及成就。目前，每年到访伯纳乌球场的游客数量超过100万，伯纳乌球场已成为马德里市的主要景点之一。他们也开发了皇马官方商店，由于商店就设立在伯纳乌球场的独特位置，这里年均也能接待超过200万的游客。皇马首创的另一个领域就是餐厅。2000年时，球场里没有可以看到赛场情况的餐厅。如今，球场里有4家餐厅，分别是57号港口、角落牛排、皇马咖啡厅和禅宗市场：一家为国际融合风，一家是烤肉餐厅，一家为皇马主题，还有一家是亚洲主题餐厅。这四家餐厅有两个目标：一是一周7天均能利用球场基础设施带来红利，二是在比赛日将餐厅打造为VIP区域，并按VIP座位出售。

通过联合社团、战略出售、改建皇马体育城以及重获特许权，皇马团队解决了最紧迫的财务难题。在执行过程中，管理团队的信任、合作文化，以及他们的经验与信誉，均起到了至关重要的作用。

THE
REAL MADRID
WAY

第 7 章

向着顶尖球队迈进

齐达内们与帕文们

2000年，在弗洛伦蒂诺当选俱乐部主席并签下皇马社区最渴望的球员菲戈后，皇马开始从世界各地引入符合俱乐部价值观与期望的顶尖球员。这是可持续经济/体育模式的组成部分，这一战略的灵感源自20世纪50年代伯纳乌的1.0版银河战舰，也是皇马社区渴望的发展方向。在财务方面稳定局面后，皇马在坚守使命和价值观的基础上，每年夏天都会签下至少一名特别的球员。

2001年，俱乐部签下了法国队的明星中场齐达内，他们为此向尤文图斯足球俱乐部（简称尤文图斯）支付了创纪录的1 500亿意大利里拉（约7 500万欧元）转会费。签约绰号"齐祖"（Zizou）的齐达内，是符合皇马多元文化理念、满足皇马会员和球迷期望的典型操作。

齐达内是当之无愧的世界级球员，才华出众。他球风优雅、传球视野开

第 7 章 向着顶尖球队迈进

阔、控球能力强、技术水平高，被认为是历史上最伟大的足球运动员之一。加入皇马前，齐达内获得过1998年的金球奖及1998年和2000年的国际足联世界足球先生；1999年，他还入选了20世纪世界足坛百大球员。当技术团队推荐齐达内时，营销团队也发现他在俱乐部调研的5个地区中是最受皇马球迷尊重的球员。

齐达内本人也具有多元文化特点。他出生于法国南部，父母1953年在阿尔及利亚战争爆发前从阿尔及利亚北部的柏柏尔人区移民到了法国。他的父亲在一家百货商店做仓库管理员和夜班看门人，经常晚上工作，他的母亲则是家庭主妇。齐达内一家住在因高犯罪率和失业率而在马赛臭名昭著的街区。尽管齐达内本人并未追求，但他却成为法国在种族、社会经济、宗教方面不断发展的一个符号和象征。所以，他能完美地融入皇马的使命。

1998年，齐达内在法国本土带领法国队赢得队史首个世界杯冠军，一跃成为世界级巨星。在巴黎的法兰西体育场进行的决赛中，法国3∶0击败了被广为看好的上届冠军巴西队，齐达内在上半场攻进两个头球。在巴黎香榭丽舍大道举行胜利游行时，被视为国家英雄的齐达内的画像被挂在凯旋门上，旁边还配上了"谢谢你，齐祖"的文字。

弗洛伦蒂诺曾承诺，他要打造出一支球队，其中要有齐达内、菲戈这样世界最好的球员，也要有出自皇马青年学院的才俊，比如劳尔、卡西利亚斯和弗朗西斯科·帕文（Francisco Pavón）。在媒体用"银河战舰"描述皇马球员前，他们使用的是"齐达内们与帕文们"（Zidanes and Pavones）这种称呼。

出生于马德里的帕文在皇马的青训体系中不断进阶，他先是在1998年进入皇马青年队，2000年在皇马二队站稳脚跟。2001年10月，21岁、司职中后卫的帕文完成了自己的西甲联赛首秀。尽管帕文是非常优秀的球员，但他从未达到传奇球星的境界，所以人们对"齐达内们与帕文们"绰号不再热衷。然而，皇马的理念就是让出身青训体系的优秀球员与外来球星成为搭档，这也是皇马高管团队长久以来关注的焦点。皇马青训体系培养出的杰出球员代表就是劳尔。

劳尔出身马德里工薪阶层，其实他最初进入的是马德里竞技的青年学院，直到马德里竞技主席认为他的球队不需要青年队后，劳尔才转至皇马青年学院并在这里毕业。1994—1995赛季，他作为皇马C队成员开始了职业生涯，仅仅7场比赛就打进了13球，随后迅速升入一队，取代了同样出身于皇马青年学院的球队传奇埃米利奥·布特拉格诺。年仅17岁零124天的劳尔，成为历史上代表皇马一队出战的最年轻球员。值得注意的是，劳尔的速度不是特别快，身体也不是特别强壮，踢出去的球也不势大力沉，但他拥有想要进球得分和赢得胜利的强大意志力，而且总能在正确时间出现在正确位置。劳尔在2001年的金球奖票选中排名第二，在同年的世界足球先生评选中排名第三。到职业生涯结束时，劳尔为皇马打进了323球，打破了迪·斯蒂法诺多年以来保持的俱乐部纪录。球迷们非常喜欢他，退役后他经常被人称作皇马队史上第二伟大的球员，仅次于迪·斯蒂法诺。对皇马球迷来说，劳尔就是皇马传统价值观的代表。劳尔在17年的职业生涯中从未吃过一张红牌，这也成为他的价值观、球风及领导能力的一种证明。

尽管媒体在皇马完成了几次更高调的签约后不再使用"齐达内们与帕文们"，转而使用"银河战舰"这个说法，但弗洛伦蒂诺和他的高管团队从未偏离让皇马青年学院出身的优秀球员与世界上最强球员搭档的理念。他们认为，吸收来自青年学院的球员对球队及社区的文化与身份认同都有好处。基于自己在ACS集团工作的经历，弗洛伦蒂诺意识到，在他为公司从外部聘请到最优秀的人才后，他需要再为这些人搭配职业生涯大部分时间都在ACS集团中度过的"文化携带者"，以帮助新加入的成员理解、吸收公司文化，学习最佳的工作方法。

媒体猜测，皇马使用青训球员纯粹出于财务考量，因为俱乐部没有钱支付更多的转会费。最初，特别是在扭转财务困境的阶段，省钱确实是考量因素，而且经济责任也被写进了使命和价值观中。然而皇马在出售不动产并获得收益后最先采取的行动之一，就是投资、升级青年学院。弗洛伦蒂诺认为，就像世界一流的公司在培训、基础设施上投资，让员工能够团结、学习与提高一样，皇马也应该在球员培训和场地设施方面加大投资，成为世界级的领先者。出于文化考量，皇马的青年学院及其球员日后会备受关注，本书后面会有更详细的讨论。

尽管在球员签约和选拔方面吸引了媒体的大量关注，但弗洛伦蒂诺和他的管理团队专注于确保社区的价值观和期望能在组织中广泛传播，在赛场上得到体现。他们认为，为了实现目标所采取的战略也需要适配俱乐部可持续的经济/体育模式，而这个模式中就包含拥有世界上最优秀球员这一因素。

超级球星也要坐在一样的更衣柜前

皇马的使命和价值观中体现的俱乐部哲学，强调整体利益大于个人利益。自伯纳乌时代开始，平等对待所有人便一直是皇马的指导原则。对这个原则有着深刻理解的弗洛伦蒂诺和他的管理团队做出了一个艰难且有可能不受欢迎的决定，但他们相信自己的行动是为了维护整个社区的利益。

皇马用尽一切办法，尽可能平等、始终如一地对待球员，必须让团队的每一个成员感觉到自己很重要，特别是在有超级巨星参与的情况下；而传达这一感觉的最佳方法，就是用完全相同的态度对待所有人。比如，在皇马更衣室里，所有球员的更衣柜一模一样，而且严格按照号码排序。如果所有球员同时坐在各自更衣柜前的木椅上，他们就会肩并肩坐在一起。

与此相反，在美国，球队一般会为明星球员配备更大、定制的更衣柜和带有软垫的椅子，或者让他们在更衣室里选择自己喜欢的地方。与更衣室情况类似的是，没有皇马球员在旅行时会受到特别优待，而美国球队一般会为明星球员提供更大的酒店房间及其他便利设施。另外，任何皇马球员的亲属都不能获得特别的座位安排。想要特别座位或包厢座位的球员必须自掏腰包支付差价。而在美国，明星球员的亲属通常可以获得 VIP 座位。而且，皇马球员的合同都是标准化合同，每份合同的条款一模一样，包括球员行为准则[①]。不同球员之间唯一的真正区别，就是合同上的金额不同。皇马管理层发现，与不同球员谈判时坚持这个原则可以消除任何不公平的待遇，缩短谈判时间和与双方对峙的时间，因为"事实就是如此"。

当然，每个球员都知道，自己的收入会因为市场需求、个人技术能力及表现而各不相同，但皇马认为，除此之外，对待球员的态度应当保持一致。皇马管理层认为，区别对待球员可能对团队合作及团队精神产生负面影响，让球队分心，影响球队未来。随着时间推移，管理层必须投入更多精力，确保不会逐渐区别对待球员，并使这种做法合理化。但皇马的战略也可能导致才华横溢的球员因为领导层不愿在社区目标及核心价值观上妥协而离开俱乐部。而将个人或职业理想摆在首位，却违背了球队哲学的球员，可能在合同要求得不到满足的情况下选择离开。管理层可能因为放走一些球员而遭到媒体和球迷的批评，即便管理层实际是以社区价值观及期望为准则在行动。签不签约某名球员，或是放走某名球员，甚至是确定每名球员的薪资，这些决定一半是艺术，一半是科学，需要综合考量财务情况、文化因素、经济责任与赢球所需的人才数量，并在这些因素之间取得平衡，所有决定都需要相对公平，并与俱乐部的核心价值观保持一致。

---

① 皇马制定的行为准则要求球员在选择赞助商、广告商以及自身进行社会行动时需要遵守并达到俱乐部的要求，提供恰当的形象。在俱乐部出席的任何公开活动中，球员在传播符合体育及机构价值观的皇马形象的同时，也需要尊重与赞助商的协议。他们必须尊重自己所代表的机构，其中一个关键部分就是穿着与行为得体、恰当。

平等观念不只会影响赛场上的人，还会对整个组织产生影响。比如，皇马对待市场部门助理的态度和对待球员一样，希望可以一视同仁。业务部门的员工和球员一样，都能接触到最高管理层。从董事会会议室到更衣室，每个人都能感受到自己被重视，每个人都朝着同一个目标前进。

最后，德阿尔博诺兹和管理团队还在另一个问题上选择了迥异于传统的做法。在绝大多数球队中，球员通常可以得到个人肖像权的全部收益。但皇马不同，球员可以从俱乐部对社区活动、身份认同与品牌的投入上获得个人收益。皇马管理层认为，俱乐部也将会在有益于球员的投资活动中取得收益。为了实现这个目的，俱乐部为球员制定的标准化合同中有一项条款，约定俱乐部可以获得球员肖像权收入的50%。俱乐部要求所有球员，不论人气如何，都要分享这部分收益。不难想象，这个要求最初让顶级球员极为震惊，但俱乐部丝毫不做退让。但因为这项规定让俱乐部本身也能获得收益，所以如今皇马会协助推销每一名球员的肖像权。如果一名皇马球员收到了一笔1 000万美元的赞助费，俱乐部就能得到500万美元。管理团队向球员证明，作为皇马的一分子，球员通常能收到更丰厚的赞助合同，且赞助合同的数量也会更多。数据显示，由于皇马强大的吸引力，首发球员的赞助收入比过去高出两三倍；那些不能稳定首发的球员，在某些情况下，皇马的品牌效应能让他们的赞助收入提高5倍多。有些赞助合同甚至规定，如果球员不再效力皇马，球员收到的赞助费将会减少。这让球员们意识到，俱乐部的这项条款能为自己增加价值。此外，依靠在市场营销方面的控制，皇马可以更好地监管赞助的质量与连续性，还能保证营销义务不会干扰球员的训练、比赛，让球队专注于赢得比赛胜利。

效力时间最长的人才能当队长

皇马设有一名队长和一名副队长，按照资历而不是通过选举任命。队长和副队长分别是在皇马效力的时间第一长和第二长的球员。而美国的大部分球队通过球员投票选出队长，这有时会变成人气比拼，也有些球队是由教练指派队长。皇马的做法也与一些西甲球队不同，比如巴萨就是由一队球员选出队长。

皇马认为，有资历且拥有较多比赛经验的队长能够获得球员和管理层的信任。这一做法还保证了队长在队时间足够长，足以了解球队的历史、传统、习惯及价值观，可以在赛场内外成为队友榜样。我质疑这种方法是否会导致平庸的球员（以皇马的标准）成为队长，而他并不具备领导超级巨星的能力。皇马的回答是，从根本上说，如果一名球员效力俱乐部的时间长到可以担任队长，那他一定拥有极为出众的天赋，如果他能在这么长的时间里应对激烈的竞争、外界的密切关注及巨大压力，那他肯定能赢得尊重与欣赏。

青训也是重要的一环

皇马青年学院接纳、培养有发展潜力的小球员，他们 7 岁起就开始在青年学院学习。从 U10 队到仅次于一队的二队皇马卡斯蒂利亚队，皇马的青训序列共有 14 支球队。2014 年，其中的 7 支球队赢得了对应联赛的冠军，另有 3 支球队是对应联赛的亚军。年纪最小的球队是"少年队"（Prebenjamín），由 10 岁以下的孩子组成，对这些孩子来说，青年学院的主要作用是在学业方面为他们提供教育，在运动能力和技术能力方面帮助他们提高。在青年学院，球员们不只学习足球技术，还学习生活技能和价值观。如果想升入更高级别的球队，球员们要面临激烈竞争，他们平均会在青年学院生活 3 年。

目前约有 300 名球员在皇马青年学院注册，其中包括齐达内的 4 个儿子。每人在学院寄宿、上学的费用约为每年 3.5 万~4 万欧元，不包括足球训练与设施运营的费用。理想状况下，球员经过培养成为一队首发，可为俱乐部节省数百万欧元的转会费。即便培养成熟的球员无法进入一队，皇马也可以将他出售至其他球队，以此收回投资成本。然而，设立青年学院的主要目的不是出于经济考量，而是将其视作俱乐部实现社区成员价值观与期望的关键组成部分。

表 7-1 显示，从 2000 年开始，皇马一队的 22～25 名球员中大约有 5～8 人是皇马青年学院培养出的球员。在伯纳乌 1955—1960 年的银河战舰 1.0 时代，一队中青年学院毕业生的比例约为 10%～15%。皇马高管相信，出于文化原因，这个比例在今天需要变得更高。

表 7-1　皇马一队中出自青年学院的球员数量及比例（2001—2015 年）[1]

年份	出自青年学院的球员数量	球员总人数（个）	青年学院球员占比（%）
2000—2001	5	25	20
2001—2002	6	22	27
2002—2003	8	22	36
2003—2004	12	25	48
2004—2005	8	22	36
2005—2006	8	23	35
2006—2007	8	24	33
2007—2008	7	25	28
2008—2009	7	25	28
2009—2010	4	22	18
2010—2011	6	24	25
2011—2012	5	23	22
2012—2013	5	22	23
2013—2014	9	23	39
2014—2015	7	23	30
2015—2016	7	21	33

注：1. 一队注册球员人数最多为 25 人。然而，西班牙足球协会允许在青年学院注册的球员随一队参加西甲联赛和西班牙国王杯比赛，只要年龄在 23 岁以下即可。同样规则也适用于欧冠，只要那些球员至少在过去两年里是皇马青年学院球队的成员。表 7-1 仅显示了在一队注册的球员，既有出自青年学院的人数，也有总数。总数因此总是等于或低于 25。不过在表 7-1 显示的每个赛季里，偶尔会出现许多来自青年学院的球员进入一队参加三大赛事的情况。

一队中青年学院的毕业生从小受到皇马的使命与价值观的熏陶，他们也让俱乐部的价值观得到强化。他们与重要的明星球员一起，达到了最好的效果。比如，本土球星劳尔与转会费创纪录的菲戈一起，在赛场内外形成了牢不可破的默契,他们能够体现俱乐部的价值观,并让这些价值观永久存在下去。

就像经验丰富的队长们了解皇马的行为方式并以身作则一样,青年学院的球员也能够团结俱乐部、以身作则,弘扬皇马的价值观,并为实现俱乐部目标与使命营造良好的氛围。俱乐部会员和支持者非常愿意看到出身青年学院的球员进入一队,特别是成为首发。这会让他们产生一种自豪感,可以激发球迷的热情。这正是20世纪80年代传奇的皇马五鹰的独特魅力之一,也是皇马社区喜爱劳尔的原因之一。

本土培养的球员有助于激发人们的热情。弗洛伦蒂诺说:"我们签下的世界级球员提高了皇马在足球界的名望,我们让他们与出自皇马的本土球员搭档,这可以形成爆炸性的组合。"吸纳青年学院球员的做法正体现了俱乐部的价值观。弗洛伦蒂诺在一次采访中解释道:"皇马一直致力于传递自身的价值观。这包括将必要的注意力和资源投入到青年学院中,不仅要培养年轻球员的运动能力,还要对他们进行社交、道德及公民教育的培训。"

成为社区成员日常生活的一部分

从很多角度出发,皇马的使命就是在世界各地传播、推广皇马的价值观和品牌。皇马的管理团队相信,品牌价值的驱动因素包括:

- 社区 / 球迷的规模和特点;
- 社区 / 球迷与品牌互动的频率;
- 将社区 / 球迷与品牌身份认同连接起来的桥梁。

皇马的价值观能被来自不同地区、不同年龄和收入水平的球迷接受,因此能在世界范围内持续传播。这其中的关键在于,皇马不仅要向狂热球迷和忠实球迷传递信息,也要尽可能地向普通球迷和一般观众传递正面信息。在超级巨星退役或转会到其他球队前，皇马在将其个人粉丝的狂热激情转移到球队方面做得非常成功。皇马的目标是成为社区成员日常生活的一部分，所以他们会持续通过内容传播、运营活动以及宣传俱乐部传统的方式和社区进行互动，这对实现目标非常重要。

"我们"赢得胜利

金球奖是授予世界最佳足球运动员的个人奖项。对皇马社区而言，这个奖项的意义不止如此。在 C 罗赢得 2014 年金球奖后回到主场参加的第一场比赛中，我亲身体验到了这种感觉。在马德里上课的那周，我恰好去伯纳乌球场观看了那场比赛。当我到达自己的座位时，等待着我和每一名现场观众的是座位上的一张金色锡箔纸。当 C 罗入场并将金色奖杯举过头顶时，观众席上的每个人都将金色锡箔纸高高举起，仿佛他们和 C 罗一样举起了奖杯。在座的所有社区成员都团结在一起，共同参与、体验，一同产生归属感。而不举起锡箔纸的路人粉也会觉得自己格格不入，每个人都乐在其中。在双方球员尚未握手前观众就组成了金色的马赛克，现场氛围让人激动。当 C 罗举起奖杯，现场观众举起金色锡箔纸时，全场开始合唱"第十冠"之歌。

全场合唱也是足坛的仪式与传统之一[①]。弗洛伦蒂诺找人创作了这首特别的歌曲来庆祝皇马的第十冠[②]，就像伯纳乌在 20 世纪 50 年代委托他人创作队歌《加油马德里》一样。录制这首歌曲时，皇马全队参与合唱，而球员录制歌曲的音乐视频火爆全网。这首歌专门设计的简单易记，好让球迷能迅速学会，并唱出来支持球队。

[①] 赛前和中场休息时，伯纳乌球场会播放队歌《加油马德里》。2002 年，在俱乐部成立 100 周年时，同样是皇马球迷的普拉西多·多明戈创作并表演了新的队歌《百年赞美诗》(Hymn for the Centenary)。

[②] 这首歌由音乐人 RedOne 作曲、马努埃尔·哈博伊斯（Manuel Jabois）作词，歌名是《加油马德里，仅此而已》(Hala Madrid y Nada Más)。弗洛伦蒂诺表示，"这首歌将成为皇马历史的一部分"。

与此类似，在皇马赢得西班牙国王杯冠军时，球迷也能感受到自己是其中的一分子。2014年4月，我碰巧在电视上观看了皇马2∶1击败巴萨的西班牙国王杯决赛。皇马那个赛季的得分王C罗因为膝盖与大腿伤病缺席了这场决赛。制胜球出现在比赛还剩5分钟时，贝尔在己方半场左翼接球，他将球踢向对方半场，同时自己离开界内几米，以不可思议的速度快速突破巴萨的中后卫，随后一路带球狂奔，最后左脚射门得分。在这场压力巨大的比赛中，在如此紧张的局面下，这个让人记忆犹新的进球完美结合了力量、决心、速度、技巧和进球能力。比赛结束后，电视转播镜头对准了西贝莱斯广场，也就是皇马庆祝活动的重点地区。决赛刚刚结束，就有上千名球迷聚集在马德里中心区的西贝莱斯喷泉周围，该喷泉是马德里的地标，喷泉上的罗马女神坐在由两头狮子拉动的战车上。皇马的支持者们大喊，"冠军！冠军"！广场上到处都是戴着皇马围巾、身穿皇马球衣的人，人们唱起"就像那样，就像那样，就像那样，马德里赢了""没错，没错，没错，国王杯到手了"的歌词共同庆祝胜利。

我的一个皇马迷朋友在马德里时间凌晨四五点打电话给我，当时球队出现在一个写有"国王杯冠军"字样的白色敞篷大巴上。我能听到他一边嘶吼"我们赢了"，一边随着音乐和现场的人鼓掌、跳舞、唱歌。他的身份认同就是球队的身份认同。对他来说，俱乐部取得胜利相当于他自己也取得胜利。

弗洛伦蒂诺明白，仪式与传统活动具有团结他人的力量与战略潜力，他充分利用此类活动，比如，在比赛日穿着球队传统颜色的服装，唱歌、游行、高呼球队口号，以及在西贝莱斯喷泉庆祝胜利。尽管很多人认为是弗洛伦蒂诺打造了品牌或者做出了决策，但实际上社区成员才是皇马品牌的共同创造者，他们在自己的社交媒体上不断宣传着皇马品牌。弗洛伦蒂诺说：

> 作为皇马主席，我的首要任务就是让你们继续成为唯一能掌控俱乐部未来的人。因为你们对未来的愿望是合理的、神圣的。皇马会继续成为会员希望的样子。你们是唯一的领导者。

2∶1战胜巴萨后,皇马球员与齐达内(当时担任助教)在更衣室庆祝国王杯冠军。贝尔在比赛最后时刻攻入了神奇的制胜球。

与传统和仪式的作用相辅相成的是,与世界上最优秀、也最能激励他人的球员一起,以展现皇马价值观的方式赢得冠军所带来的感受。整合这种感受,使之成为战略、身份认同与品牌,成为能够影响消费者的行为模式,比如现场观赛习惯、媒体消费、商品销售和忠诚度。这些社区成员将会坐满球场,在皇马的阿迪达斯商店里购物,驾驶皇马赞助商奥迪公司生产的汽车,使用皇马赞助商三星生产的手机,由此便形成了可持续的经济/体育模式。

皇马的汽车赞助商奥迪就是这种合作形式的典型代表。奥迪是一个高端、有个性、有进取心的品牌。约翰·卡林(John Carlin)在《白色天使:贝克汉姆、皇马与新足球》(*White Angels: Beckham, the Real Madrid and the New Football*)一书中引用了奥迪高管的话:"我们认同皇马代表的价值观,即成为领袖、成为最佳理念的代表,加上独特的风格感。成为皇马球迷,或者拥有奥迪汽车,都能体现出一个人的鉴赏力和品位。这就是我们向皇马支付这么多赞助费的原因，让我们之间的身份认同更加明确。"我觉得有趣的是，这个顿悟一定程度上出自以打造建筑物和产品闻名的土木工程师，而非源自社区、品牌或归属感！

接纳对手

皇马巧妙地接受了竞争，而这种竞争也是塑造社区的一种方式。尽管组织通常倾向于避免冲突，但皇马的管理团队满怀敬意地接受了对蓬勃发展的社区而言常见的竞争。社区需要一种能够定义自我、促进团结与凝聚力的方式，冲突与竞争恰恰能起到这个作用。比如，就像微软或哈雷戴维森的支持者看不起竞争对手的技术或摩托车一样，皇马球迷及其会员也不喜欢巴萨和马德里竞技。"我们 vs. 他们"或"局内人 vs. 局外人"的心态有助于团结社区，并让社区成员将价值观传递给下一代。皇马的管理团队特别注意让拥有上述心态的球迷仍能尊重对手，确保这种心态仍然符合俱乐部的价值观。比如，尽管皇马与巴萨长年对立，但两家俱乐部的高管却关系融洽，而且互相尊重。按照传统，双方的董事会在赛季中两队交手前一起吃饭。

不管两家有着怎样的恩怨情仇，皇马社区都会尊重对手，拥抱竞争。2005年，巴萨做客皇马主场，3∶0击败了皇马，巴萨明星球员罗纳尔迪尼奥（Ronaldinho）在比赛中独中两元。很多皇马球迷为这位竞争对手的明星球员起立鼓掌。2015年巴萨在伯纳乌球场战胜皇马时，巴萨的安德烈斯·因涅斯塔（Andres Iniesta）也得到了这种礼遇。即便是对手，皇马社区也尊重他们踢出的优美、高雅的足球，尊重他人的努力。

有趣的是，如果有社区成员不遵守俱乐部规定，包括在比赛中有不当行为，皇马社区会有一套正式的自我管理流程。俱乐部按规定设有纪律委员会，以处罚不遵守规则的成员。纪律委员会处理的问题通常与转售或滥用赛季通行证和球票有关，但也会对与体育运动相关的不尊重、暴力、种族歧视、排外和党同伐异等行为进行处罚。纪律委员会的 5 名成员每 4 年在董事会提名下由会员大会选出。

将伯纳乌球场打造成"崇拜之地"

弗洛伦蒂诺成为皇马主席后，他启动了一项"总体规划"，来改善有时被球迷称为"白宫"的伯纳乌球场的舒适度，同时提高皇马各项设施的质量。他想把伯纳乌球场打造成像大教堂一样的建筑，让社区成员能够自豪地在这里观看主队的比赛；他希望伯纳乌球场能够体现俱乐部的高标准。弗洛伦蒂诺意识到，对很多球迷来说，球场就是他们与球队互动的场所。此外，由于合伙人占据了多数座位，弗洛伦蒂诺认为应当让合伙人觉得自己去了一个特别且能引以为傲的地方，因为球场代表的正是他们。他确信，对球迷和合伙人予以足够重视的做法，能最大化球场的营收。皇马的优势在于拥有自有球场，而且球场正好位于马德里中心，所以商店和餐厅在平日里也会有生意，游客和球迷也能轻松抵达球场。

2001—2006 年，皇马总计投入了 1.29 亿欧元扩建球场的东边区域，在达米安教父街修建了新的正立面，同时增加了新的包厢和 VIP 区域，在东边新增了媒体区，配备了新的音效系统、新的酒吧、新的球场座椅加热系统以及观光电梯，在观赛塔楼中开设了新的餐厅和电梯，还修建了一栋新的多功能建筑。

2003 年，皇马博物馆揭幕，球场观光路线也开始接待游客。几百座闪闪发光的奖杯，大量文件、牌匾、照片、球衣、球鞋和足球，这些有形的物件，可以唤起人们心中的历史感与传统感。皇马博物馆就是一个宝库，经常被人誉为仅次于普拉多博物馆的马德里第二大人气旅游景点[①]。到访伯纳乌球场的游

[①] 2013—2014 赛季，约有 120 万人花钱参观球场，有 220 万人购买球票现场观看比赛。

客中有 60% 来自西班牙以外的地区，主要包括英国、法国、德国、美国、日本、阿联酋、中国和巴西。

我浏览过许多球场博物馆与观光路线，其实就是看一堆放在玻璃柜的体育纪念品，比如奖杯和球衣。但我从来没见过皇马博物馆这种形式。皇马博物馆的空间难以描述，因为除了展示球队历史上赢得的最重要的奖杯外，还在数字屏幕、视频、照片、音频和互动科技方面使用了先进技术。在这个博物馆里，你可以在屏幕上点击照片和视频，或将照片和视频拖拽到屏幕上。游览博物馆，你能听到让人兴奋的比赛原声，目之所及，你都能看到球队的主色调与徽章。皇马利用球场和博物馆的实体空间构建起了与参观者的联系，激发了他们的热情。皇马博物馆的参观者可以通过文字与音频了解故事，他们会思考那些故事以及故事中的人。在球场或博物馆相遇的人们很快就会发现自己在比较各自喜爱的球员，过一会他们就会开始交谈，彼此分享故事。在这个过程中，游客也会发现皇马社区的强大力量与优势。博物馆展出的一切和球迷间互相分享的故事让球员和历史不会被人遗忘。图像、颜色、声音不仅能让人想起与球员和俱乐部有关的记忆，也能让人联想到社区，这些记忆也会变得越来越强烈，越来越有意义。

在一个半小时的无向导球场观光中，游客可以看到球场全景，走进"历史最佳俱乐部"展厅、"感知"厅、照片展览室、球场、主席包厢、皇马更衣室、球员通道、休息区、媒体室和官方商店。球场展现出的纯粹美感与规模让游客惊叹不已。球迷能感受到这是一个特别的地方，可以让来访的球队感受到震慑力和紧张气氛。观光路线经过设计，可以最大限度地为游客提供拍照机会。俱乐部对整洁性的关注同样让人印象深刻。在游览过程中，游客能看到 11 座复制的欧冠冠军奖杯并排摆放在一起的壮观景象。此外，游客还能看到相对简朴的更衣室，不论是不是球星，所有人的更衣柜大小相同，且按号码顺序排列。比赛中球员坐的皮质"赛车运动座椅"，游客也能坐在上面。当游客坐在椅子上向上看时，他们很难不产生敬畏心理，因为球场似乎在不断升高。游客也能看到俱乐部对待草坪是多么地小心谨慎，因为草坪就像是"大教堂"里的"圣坛"。参加观光的人不允许越线进入草地。即便带我参观时，身为高管的德阿尔博诺兹也不敢踏入线内。

迷你社区

皇马投入大量精力和资源，帮助社区成员设立、运营官方球迷俱乐部。皇马在全球各地拥有 2 311 个官方球迷俱乐部，这个数字在所有体育项目中都是最高的。皇马在西班牙以外的地方登记有 153 个官方球迷俱乐部，其中瑞士最多，有 15 个，其次是美国的 12 个、摩洛哥的 10 个和比利时的 8 个。球迷们因为拥有相同的情感，热情和自豪感而团结在一起。

成立官方球迷俱乐部至少需要 50 名成员，还要有一个可用于开会的总部。每个球迷俱乐部都需要登记注册，并有一个独特的名字。球迷会会一起去现场或者在电视机前观看比赛。作为对球迷俱乐部的支持，皇马会为他们购买球票或商品提供折扣。每一场在马德里以外地区进行的比赛，皇马会组织球员派发签名照，并邀请当地会员及球迷俱乐部成员参与。此外，高层管理人员，包括弗洛伦蒂诺、希梅内斯和布特拉格诺都会在球队前往客场比赛时与当地球迷俱乐部的成员见面，地点一般安排在球队下榻的酒店，以此获得社区的反馈意见。

1920 年，马德里一家酒吧里的球迷用收音机收听比赛实况，并创建了皇马历史最悠久的球迷俱乐部。即便有了电视、网络和社交媒体，这个球迷俱乐部的会员仍然每个月会至少集会一次，畅谈球队话题，庆祝俱乐部生日，为慈善活动筹集资金。该球迷俱乐部的主席在一次采访中表示："只要我活着，我们就会服务并支持皇马。当我不能再负责时，我儿子会接手这个任务。他也将终身支持皇马。"另一名会员补充道："对皇马的热情与忠诚就像传家宝一样世代相传。"正因如此，皇马相信，球迷俱乐部是构建社区的重要组成部分。

最后，皇马官方也会对长年支持俱乐部的社区成员表示感谢。皇马每年举办一次仪式，向会龄达到 25 年、50 年和 60 年里程碑的人赠送特别徽章。2014 年，俱乐部赠送了 1 512 个徽章。皇马 100 俱乐部由 100 名资历最老的会员组成，每人都能获得俱乐部的定制服务与特别优待，以此感谢他们的忠诚与付出。

利用科技和社交媒体

在世嘉公司接触过尖端游戏技术的经历，让桑切斯愿意接受并尝试新技术。他尝试利用新技术向会员发送信息，以丰富他们的体验，加强与他们的联系。不论是使用移动技术还是数字广播技术，不管是新闻、视频集锦、伤情报告、数据统计和分析，还是球员信息，皇马都在思考如何将更多内容传递给社区成员。对一家全球性的俱乐部来说，科技与社交媒体能够提供速度最快、最具弹性的方法，让他们与社区建立联系。

利用颜色与声音

不管是看电视还是前往现场观赛，人们都会被颜色、声音等具有挑动性且醒目的刺激因素包围。明亮的视觉影像与高保真音响效果记录了皇马优美的攻势足球。人们挥舞着彩色旗帜，戴着、举着球队配色的围巾，看台某个区域的球迷会拉出印有文字或图像的巨大横幅，球场顶棚上也挂着旗帜；球场内回响着有节奏的鼓掌声和呐喊声。这一切都在丰富观众的体验，鼓励他们参与现场活动。如果说比赛像一部电影，那么球场看台唱响的队歌、呐喊与鼓掌声就像电影的原声音乐，让人更加激动和感慨。从比赛到观光路线，颜色和声音无处不在。俱乐部借助队歌在社区成员间创造一种共同的身份认同。对成员们而言，队歌是自豪感的来源，具有重要的文化意义，能让人们像忠诚于国家一样忠诚于皇马。所以，队歌是一种连接，并提醒着人们时刻关注重大比赛，而球场、颜色和声音是连接起皇马及其社区的坚不可摧的纽带。

利用出版物和媒体宣传

需要注意的是，皇马的主要目标是在全球扩大影响力，拉近与球迷的距离，为了提供最新、最重要的信息，他们充分利用了社交媒体平台。为了让俱乐部的社交媒体保持热门状态，除上述信息外，皇马还试图为球迷提供接触球员的合理渠道，提供可以自由发挥的故事创意，以及在全球各地开发新内容。2015 年，俱乐部发放了 1.4 万张媒体证，俱乐部里的足球和篮球运动员参加了超过 1 700 次采访和新闻发布会。媒体要满足公众对皇马巨大的好奇心。当地的日报，尤其是《马卡报》(Marca)和《AS 报》(AS)，每天都有专门的版面报道皇马的消息，通常与皇马有关的内容有接近 6 页，事实上，不管是足球、棒球、篮球还是其他项目，没有哪支球队每天都能制造出这么多新闻。但为了销售报纸、吸引读者，真实的新闻之外总会出现大量由空穴来风或匿名消息组成的故事。为了满足狂热的球迷，有人会制造危机，并在报纸上大肆宣扬。被这种人造闹剧包围的高管和球员，想必在精神和心理上都会高度疲惫。任何比赛前一天，球队都会向媒体开放 15 分钟的训练，而公众平均一年有一天可以观看公开训练，这就意味着球员不止会在比赛日被人评判。如果一名球员在几次训练中表现不佳，他就有可能遭受批评。球员承受着巨大的压力，一举一动均被人审视，因为社区对俱乐部拥有极高的热情。这样的关注度本身就能让人们不断讨论皇马，既满足了社区的要求，也能吸引潜在的球迷。

皇马拥有 13 种不同形式的出版物，全年均有出版。其中最大的出版物《加油马德里》(Hala Madrid)每年的发行量可达 82.4 万份。这份杂志上登载了大量图片，可以让俱乐部会员、官方支持者及其他订阅者了解球队如何成功。2014—2015 赛季出版的每一期《加油马德里》都特别附赠每一次冠军的纪念海报。儿童与青少年版的《少年加油马德里》(Hala Madrid Junior)每年发行量为 20 万份，受众是 7～14 岁的球迷。

其他季度性出版物包括线上版《加油马德里》和 eMadridistas，俱乐部会向约 34 万名用户发送用西班牙语和英语两种语言写成的简报。皇马在伯纳乌球场比赛时，球迷可以获得两份重要的出版物：《白色看台》(*Grada Blanca*) 和《新闻资料》(*Press Kit*)。《白色看台》在球场内分发（共 3 万份），《新闻资料》则提供给所有报道比赛的专业人员。

不只是一家足球俱乐部

皇马的社区成员希望俱乐部不只专注于赢得奖杯，他们还希望俱乐部能够回馈全球社区。皇马基金会创立于 1997 年，旨在通过体育和教育推行俱乐部的价值观，同时向儿童传递诸如承诺、责任与团队合作等人性价值观，这些价值观将为他们未来人生的成功提供助力。成立多年，皇马基金会成功将皇马的价值观传递给了世界各地的儿童。

皇马高管会按照社区的关注与期望行事：他们帮助最易受伤害的人，为生活在不稳定、高风险的环境中，面临着暴力、贫困、毒品和犯罪的儿童和青少年提供协助，通过这种方式回馈社会。俱乐部定期在西班牙各地举办儿童体育训练营，另有与监狱和医院的合作项目，同时还帮助移民及身体有残疾或有学习障碍的个人。弗洛伦蒂诺在 2015 年 9 月进行的年度会员大会上对参会者表示，俱乐部目前在 69 个国家运营着 388 个项目，五大洲的受益人数超过 6 万人。

上述项目的资金由俱乐部提供，类似布特拉格诺和齐达内等皇马前球星参加的"传奇"比赛的收益也会用于这些项目。企业合作伙伴也是基金会资源的重要贡献者。比如，微软与皇马基金会合作，在一个可惠及阿根廷、巴西、哥伦比亚、厄瓜多尔和墨西哥的项目中提供了价值 138 万美元的电脑软件。

尽管怀疑论者可能会说，与付给明星球员的高额薪水相比，俱乐部在发展这类活动上的投入并不算多，但皇马高管团队还是更愿意关注基金会为他们帮助的人带去的积极影响，同时满足社区成员的期望。

THE REAL MADRID WAY

从皇马看俱乐部经营

皇马的比赛日

皇马的教练们与队员讲话时一般用西班牙语，球员在更衣室里通常也说西班牙语；不过当一名球员和另一名来自相同国家或使用相同语言的球员私下交谈时，两人通常使用他们的共同语言。大多数球员会说包括英语在内的多种语言，但在比赛时，他们大多用西班牙语交流。过去几年里，皇马队中约有50%多的球员出生于西班牙，出现这种情况的部分原因是皇马有很高比例的球员出自皇马青年学院。

主场比赛前一天，球员会将私家车留在伯纳乌球场，一起乘坐大巴前往位于机场附近的皇马体育城训练基地的住所。比赛当天，他们乘坐大巴一起前往球场，比赛结束后再开着自己的车回家。皇马电视台[①]拍摄记录球员离开、抵达球场的样子，但这种记录以不损害球员的隐私权为前提。

和大多数北美职业体育的规定不同，赛后媒体不允许进入皇马更

[①] 皇马拥有一个电视频道，名叫"皇马电视台"，上面播出的都是与皇马有关的内容，包括采访、训练、团队活动、比赛等，但比赛的电视直播权属于欧足联和西甲联赛。比赛结束后，经过特定的时间段后，皇马电视台才能播放这些比赛。

衣室。球员进入专属地下停车场开车离开伯纳乌球场回家前，都会经过"混合区"，在这里他们会遇到媒体。俱乐部规定所有球员必须走过混合区，但没有强制要求球员接受媒体采访①，如果不想，球员可以不作停留。混合区的墙壁上印有赞助商标志，如果拍照，赞助商标志也会得到呈现。

西甲比赛结束后，上场比赛的某名球员将接受一家拥有转播权的电视台的记者采访。另外会有一至两名球员在进入混合区之前的一个区域接受4名电视台记者采访，这4人同样来自拥有转播权的4家电视台。两名球员会在混合区接受所有电视台记者采访，而主教练在媒体室接受所有媒体采访。最后，俱乐部发言人在主席包厢接受一家拥有转播权的电视台记者采访。俱乐部可以任选球员或代表接受采访，但他们愿意满足媒体的要求，提供媒体想要的采访对象。

几乎在比赛一结束，数据分析师、技术人员和教练就会着手分析数据，以评估比赛策略与球员，在赛季中做出调整，并且为下一场比赛做好准备。

THE REAL MADRID WAY

皇马实际上是一个非营利的社会信托机构。弗洛伦蒂诺和他的管理团队明白，他们需要持续赚取资金，以使俱乐部的行为符合社区成员的价值观与期望，而签约世界上最好的球员就是其中一个要求。弗洛伦蒂诺和他的团队能够高效地分配资源、追踪数据与绩效表现，让每个人负起责任。在篮球领域，他们也能满足社区成员的要求。

---

① 在欧足联管理的比赛里，只有上场比赛的球员有义务接受采访。

我们在前面提到过，皇马也拥有一支篮球队。篮球队在1931年加入俱乐部，历史上赢得过创纪录的35次西班牙杯冠军，也前所未有地赢得过9次欧洲联赛冠军（由欧洲各国顶级篮球职业联赛中成绩最好的球队参加的锦标赛）[1]。皇马篮球队拥有令人难以置信的历史，获得过这么多的冠军，可若是审查篮球队的财务信息，我们不难发现，篮球队实际上处于亏损状态。

俱乐部与篮球队有关的营收约为1000万欧元，其中票务收入为360万欧元，转播权收入为140万欧元，营销收入为500万欧元。然而，在营收为1000万欧元的情况下，篮球队的直接成本约为3100万欧元，其中主要用于球员人事支出。

由于现在可以通过付费电视在西班牙和欧洲其他地区收看NBA比赛，所以皇马篮球队的电视转播收益受损。很多欧洲篮球迷不再只关注欧洲球队，而是越来越多地观看拥有最强球星和最强球队的NBA比赛[2]。

有亿万富翁支持的篮球队愿意付出任何代价得到最优秀的球员，篮球界也不存在财务责任和财政公平法案。但对皇马来说，与营收相比，签约球员的成本过高。

从经济角度考量，拥有一支篮球队似乎不合理。但皇马是一家综合俱乐部，而且社区希望皇马拥有一支冠军级别的篮球队。

---

[1] 皇马篮球队在2014—2015赛季取得了欧洲历史上最好的战绩。这支球队赢得了全部4个冠军，其中包括队史上的第九座欧洲冠军奖杯。皇马篮球队也设有青年学院，从U14球队一直到EBA（即一队之下的球队）。皇马篮球青年学院在2014—2015赛季赢得了西班牙U18、U16和U14联赛的冠军。出身皇马、进入NBA并入选奈史密斯篮球名人堂的球员包括波特兰开拓者的阿维达斯·萨博尼斯（Arvydas Sabonis）和效力过波特兰开拓者和新泽西篮网的德拉岑·彼得洛维奇（Dražen Petrović）。

[2] 北美的足球大联盟面临着同样的挑战，因为美国人可以付费收看欧洲比赛，比如英超和西甲联赛。

THE REAL MADRID WAY

从皇马看俱乐部经营

美国体育中的品牌与社区身份认同

当弗洛伦蒂诺描绘他的设想，谈到皇马因为深度反映社区成员的价值观与期望，导致人们难以在社区成员与俱乐部的身份认同及生活中间画出一条清晰的界线时，我想到了 NFL 的匹兹堡钢人队。20 世纪 70 年代，钢人队里勤奋、强硬、在场上扮演"蓝领"角色的防守球员被称为"钢帘"，以展现他们延续着匹兹堡钢铁工人努力工作的身份认同。球员们认同城市，城市也认同他们，而且城市的人们热爱这种联系。我对"钢帘"这个类比深信不疑，因为有非常多的人，不论是否生活在匹兹堡，都能认同钢人队勤奋、强硬的蓝领文化，这让他们在全美收获大量拥趸。随着匹兹堡失去钢铁厂，钢人队清晰的品牌形象开始出现偏移。然而，在强硬、拼搏且受人尊敬的教练的领导下，球队所具有的职业精神，而且更重要的是这座城市所具有的职业精神，仍然能引起美国各地很多球迷的共鸣。钢人队是赢得超级碗冠军次数最多的球队，他们的人气在全美仍然很高，但受欢迎的原因和背景已经不同于 20 世纪 70 年代。我并不是在评价这支球队的文化或价值观，也没有评价这种前后区别是好是坏，我只是说明这支球队拥有一个建立在社区基础上的身份认同。下面的例子同样如此。

因一名关键球员的帮助，且以蓝星为标志，达拉斯牛仔队将自己塑造为"美国之队"，从而在全美范围内赢得了大量粉丝。1969—1979 年，牛仔队拥有明星四分卫罗杰·斯陶巴（Roger Staubach），他有一个恰如其分的绰号"美国队长"。他符合牛仔队社区、球迷的价值观及期望，也是印证这种价值观重要性的典型代表。他曾就读于美国海军学院，赢得了授予大学最佳橄榄球运动员的海斯曼奖杯。毕业后，他进入美国海军服役。他带领牛仔队两夺超级碗冠军,自己获得第六届超级碗最有价值球员,成为历史上同时拥有海斯曼奖杯和超级碗 MVP 的 4 名球员之一,他还是 4 人中第一个获此荣誉的人。牛仔队的社区和球迷并不只在达拉斯或得克萨斯州,他们的球迷遍布全美,很多人认同斯陶巴和他领衔的牛仔队所代表的精神——美国梦。就像精英级得分手 C 罗传承迪·斯蒂法诺一样,达拉斯牛仔队的每一名四分卫,比如特洛伊·艾克曼(Troy Aikman)也在传承斯陶巴。就像皇马与巴萨这对宿敌一样,牛仔队也有钢人队这样的劲敌。

社区也会接纳球队老板的价值观。例如已经去世的奥克兰突袭者队老板阿尔·戴维斯(Al Davis),他的球队曾经三次赢得超级碗冠军,具有开拓精神的他将"赢就是了,宝贝"设为球队的座右铭。从很多层面出发,突袭者队的文化与价值观与皇马的文化与价值观形成鲜明对比,其文化与价值观源于球队老板而非社区,但这样的文化与价值观同样具有鲜明特点,而且取得了高度成功。有趣的是,与协助建立了欧冠的伯纳乌类似,戴维斯协助创办了如今的超级碗。此外,和皇马、钢人队及牛仔队一样,突袭者队的价值观也帮助球队赢得许多冠军。与皇马不同,戴维斯接纳了被公众视为叛逆者、不合群甚至被排斥的球员,这些球员对所谓的传统不屑一顾,其中不少球员甚至不受大部分 NFL 球队的欢迎。突袭者队的球员享受凶狠的冲撞、晾衣绳一样的拦截动作,喜欢用凶狠的对抗将对手撞伤离场。虽然他们可能是一群狂热、喜欢玩乐的球员,但他们也非常努力,愿意为了胜利而拼搏,突袭者的球迷非常喜欢他们。突袭者的黑白色队服和与海盗一样的标志给人一种草莽的形象。戴维斯为他的球队打造出了一种反主流文化的形象,时至今日在整个体育界仍极具辨识度。这支球队不仅对当地球迷具有吸引力,而且在全美范围内吸引了不少拥趸,这些人认同戴维斯和球队的价值观与文化,购买了很多黑白色的突袭者队周边。突袭者队的死忠球迷有一个称呼叫"突袭者国度",他们会去主场观看比赛，带着面罩、穿着黑色外套，早早抵达球场。

另一个值得一提的事实是，包装工队、钢人队和突袭者队都有一个几乎从建队开始便控制球队的家族或股东。我认为，所有权的稳定有助于形成社区所需的、稳定的价值观与文化。

写完上述内容后，我查阅了 NFL 的球衣销量榜，结果并不让我感到特别意外。如表 7-2 所示，根据 NFL 的统计，2015 年球衣销量最高的 4 支球队按顺序分别是绿湾包装工队、匹兹堡钢人队、奥克兰突袭者队和达拉斯牛仔队。绿湾包装工队是标准的小市场球队，拥有最小的"本地"社区，但在球衣销量方面却长期霸占 NFL 榜首。

表 7-2　2015 年 NFL 球衣销量榜前 4 名

排名	球队
1	绿湾包装工
2	匹兹堡钢人
3	奥克兰突袭者
4	达拉斯牛仔

我认为球衣销量是非常重要的指标，因为球衣销量可以反映人们对一支球队的看法。如果人们足够有热情，愿意花钱买自己真的会穿的服装，那么他们就是在有意识地选择认同一支球队。世界各地的球迷以各种各样的方式展示着自己对最喜欢的球队的支持，包括购买球票，购买顶级转播套餐收看所有比赛等。人们也许愿意去现场观看比赛，或者在家里、他人不知晓的情况下看电视转播。但身穿球衣却有着更多意义，既能表明球衣穿着者的态度，又说明穿着者希望其他人看到自己穿着球衣。

绿湾包装工队的所有权在社区成员手中，类似于皇马，我相信很多人会对他们独特的品牌定位产生共鸣。匹兹堡钢人队和奥克兰突袭者队是小市场球队，但拥有独特的身份认同：人们知道球队代表什么，知道穿他们的球衣意味着什么，这让球队可以将社区延伸至本地市场以外的地方。

这份名单显然少了新英格兰爱国者队的身影，这支球队近些年来一直是 NFL 季后赛的王者，而且拥有大批本地球迷。爱国者队的使命宣言是："我们要打造一支强大、快速、聪明、强硬且纪律严明的橄榄球队，永远向冠军发起冲击。"爱国者队创造出了一种致力于实现目标的文化。然而，这样一支在赛场上取得诸多成功、同时拥有营销性很强的明星四分卫的球队，却没能成为"美国之队"，没能取得更大的商业成功，这个问题非常引人注目。我相信，部分原因在于，新英格兰地区以外的人们不愿无视这支球队在是非问题上近乎玩火的做法。不管媒体对 2007 年的"间谍门"、2015 年的"漏气门"和 2015 年的"耳机门"的报道是否正确，爱国者队的行为均已被曝光。因此，新英格兰地区以外的人们对球队没有足够的热情或身份认同感，使得这支常胜之师的球衣销量无法达到预期。也许，只靠赢球不足以在全美范围内激发人们的热情、忠诚与身份认同感。

为了解释自己的观点，我向我在哥伦比亚大学研究生班的学生提出了一个问题，"当看到有人穿皇马球衣时，你会想到什么"？他们会想到"历史、奖杯、优雅、进球、伟大球员还有国家德比"。这些学生知道皇马的品牌与价值观代表什么，知道球队的比赛风格，提到了一个重要对决，也没有将球队与地域概念联系在一起。

我继续问道："钢人队的球衣呢？"他们回答："强硬、拼搏、蓝领、持续成功，还有'可怕的毛巾'[①]。"他们又一次提到了品牌和价值观，认可球队的比赛风格、球队象征，但没有提到与地域的联系。

[①] "可怕的毛巾"是钢人队球迷和球员家里的必需品，代代相传，它被视为团结钢人队球迷的标志性物品。——编者注

那么突袭者队的球衣呢?"草莽、突袭者国度、叛逆者、黑白色服装、海盗标志"。他们提到了与球队有关的品牌、价值观、颜色和标志,这里不仅不涉及地域概念,他们甚至还认可"国度"这个说法。

至于包装工队的球衣,"历史、隆巴迪、寒冷、奶酪头、中西部价值观、冠军城、兰堡之跳(Lambeau Leap)[①]"。他们理解包装工队的品牌,明确提到了价值观,一个象征着价值观的球员,甚至提到了一个仪式。

最后我问道:"要是穿杰克逊维尔美洲虎队的球衣呢?"我得到的回答是,"他是杰克逊维尔人"。学生们不了解这支球队的品牌、价值观或比赛风格,他们只知道一个地理概念。我不是对杰克逊维尔有意见,其实提到很多 NFL 球队时,我都得到了相同的答案。美洲虎队加入 NFL 的第一个赛季是 1995 年,自那时起,他们 6 次打进季后赛。突袭者队(1960 年建队)和牛仔队(1960 年建队)从 1995 年开始进入季后赛的次数分别是 3 次和 9 次。牛仔队上一次赢得超级碗还是 1995 年。这些例子表明,构建品牌、身份认同和社区价值观需要时间,而一旦完成构建,即便球队近些年没有赢得冠军,上述因素也能得到维持。这个问题很重要,因为赢得冠军是罕见情况,所以我们很难只靠成绩维持品牌影响力。组织因为承受竞争压力、监管压力、内部压力和技术压力等只能做出短期决策。但组织需要知道的是,坚守使命与身份认同需要时间,但能带来强有力的结果。此外,一个组织所能期望的,就是为成功创造条件。

当我向学生提问时,他们也指出了自己认为最能代表各支球队价值观的球员。比如劳尔、齐达内和 C 罗代表皇马,杰克·兰伯特(Jack Lambert)、"刻薄乔"格林("Mean Joe"Green)和詹姆

[①] 兰堡之跳是球员达阵得分后跳上看台的庆祝方式。因包装工队球员勒罗伊·巴特勒(LeRoy Bulter)跳上主场兰堡球场的看台而得名。——译者注

斯·哈里森（James Harrison）代表钢人队，"刺客"杰克·塔图姆（Jack Tatum）和吉恩·厄普肖（Gene UPshaw）代表突袭者队，阿隆·罗杰斯（Aaron Rogers）、雷吉·怀特（Reggie White）和布拉特·法弗（Brett Favre）代表包装工队。这表明明星球员有助于球队定义价值观。悲哀的是，没有学生能说出一个杰克逊维尔美洲虎队球员的名字，作为补充，我提到了马克·布鲁内尔（Mark Brunell）和弗雷德·泰勒（Fred Taylor）。

让人意外的是，根据表 7-2 的数据，牛仔队的球衣销量在 NFL 排名第四，低于预期。对此我有以下猜想：达拉斯牛仔在维持"美国之队"这一光辉形象方面做得很成功，他们的头盔上印着一个大大的"星星"（考虑到小学教师都会在最好成绩旁边画星，谁不想要星星呢？），并且获得了很多冠军。

对牛仔队来说，继续推销、强调这个形象极其重要，因为这能让他们获得远超达拉斯或得克萨斯州范围的球迷。认同、信服这个形象的球迷遍布美国各地，其影响力甚至扩散至国际。然而，牛仔队面临着两个风险：第一是输球，牛仔队上一次赢得超级碗冠军是 1995 年。球队成绩不理想的原因，绝非受人尊重的老板杰里·琼斯（Jerry Jones）没能提供足够的资源和支持，让球队缺乏竞争力。尽管 20 年没有赢过超级碗，但牛仔队仍然拥有 NFL 最高的估值与营收，而且这些数字还在不断增长，不过这也与球队所处地区的社区、市场以及他们拥有的球场有关[①]。比输球更重要的是，当赢球成为品牌形象的一部分时，第二大威胁便是球员和教练达不到核心品牌与身份认同的预期标准。类似罗杰·斯陶巴这样的球员定义了牛仔队的品牌、身

---

① 即便赢得冠军是价值观和文化的组成部分，但在一段时间内没有赢得冠军并不必然会对社区产生负面影响。虽然胜利是突袭者队的品牌与形象的构成因素，但这支球队从 1983 年开始就再未赢得过超级碗，可他们的球衣销量仍在联盟排名前列。

份认同与价值观。但在人事问题上犯错有可能导致价值观和品牌认同出现混乱，甚至被玷污，从长远来看可能带来负面影响。2015 年，牛仔队在选秀大会上选择了一名"高风险、高回报"式的新秀，这个新秀的选秀顺位原本预计为前 10 名，但一直落到了第 60 顺位才被牛仔队选中。同样在 2015 年，牛仔队签下了一名极具天赋的球员，但这名球员因为家庭暴力指控面临多场比赛禁赛的处罚。后由于指控者在调查过程中不愿配合，警方最终放弃犯罪指控。"如果你足够强大，没人在意你是什么人"的理论，可能会为牛仔队的品牌形象与身份认同带来风险，长远来看可能让社区成员或赞助商疏远球队。这也许是牛仔队的球衣销量未能在 NFL 领先的原因之一。

我们也能在 NBA 中找到一些冠军球队及其球风反应社区特点的例子。20 世纪 80 年代末 90 年代初的"坏孩子军团"底特律活塞队的球风，反映的就是一个以强硬和严肃闻名，但又正在经历衰退的社区。为了在季后赛战胜迈克尔·乔丹带领的芝加哥公牛队，活塞队想出了一个防守体系，名叫"乔丹法则"（Jordan Rules）[1]。20 世纪 80 年代的洛杉矶湖人队打出了让人兴奋、充满娱乐性的跑轰篮球，被称为"表演时刻"，这种球风反映出好莱坞名人式的社区。在"表演时刻"时期，湖人队进攻体系中最重要的特点就是快速长传球与快攻。上述两支球队均通过球风提高了各自社区的热情与忠诚度。

---

[1] 乔丹法则是底特律活塞队 1998 年为了限制乔丹的进攻效率而使用的一套防守策略。活塞队的策略是对乔丹进行大量身体对抗来让他失去平衡。在 2007 年《体育画报》（*Sports Illustrated*）的一次采访中，时任活塞队主教练的查克·戴利（Chuck Daly）对乔丹法则做出了如下描述："当乔丹在弧顶时，我们逼他向左移动，然后包夹他。如果他在左翼，我们在弧顶处的人会立刻过来包夹。如果他在右翼，我们会使用慢包夹。他从左右两边都能给你造成伤害，但我们想改变局面。如果他在多人包围区里，我们会用大个子去包夹他。另一条规则是，只要他从你身边过，你就必须拦住他。如果他借助挡拆，你也要防住他。我们也不想用脏动作，我知道有人觉得我们打球脏，但我们必须进行身体接触，必须强硬对抗。"

我在这本书中有意回避美国的大学体育领域的案例，主要因为大学体育的所有权结构和运动员的管理方式与职业体育存在区别。我们可以找到很多好案例，证明大学球队的价值观与比赛风格能够反映支持他们的社区的价值观与身份认同。出现这个情况并不让人意外，因为从各方面来看，大学球队的社区包括在校学生、校友，他们与大学运动队存在深度联系、拥有共同的经历。

————————————————— THE REAL MADRID WAY

THE REAL MADRID WAY —————————————————
从皇马看俱乐部经营

红雀队方式

圣路易斯红雀队是棒球赛场内外的模范球队之一。从 2000 年开始，红雀队赢过两次世界大赛冠军，同时期只有红袜队和巨人队赢得冠军的次数多于红雀队，两队都赢过 3 次冠军。红雀队 4 次获得国联赛区冠军，与洋基队和巨人队持平，并列第一，12 次打进季后赛，只有洋基队在这项数据上比它们更多。红雀队不仅在赛场上赢球，而且也负责任地进行经济活动。他们在 2014 年的薪金总额排名 MLB 第 13。过去两年，红雀队的上座率排名 MLB 第二，仅次于道奇队，领先巨人队和洋基队。尽管位于全美媒体市场规模排名第 21 的城市，但连续 10 年至少有 300 万球迷来到现场观看红雀队的比赛。2014 年，红雀队也拥有 MLB 最高的本地电视收视率。

红雀队将自身成功归结于"红雀队方式"。红雀队从未向公众完整定义该方式，但效力于该队的投手亚当·韦恩莱特（Adam

Wainwright）曾经这样解释过：

> 简单地说，这是一种思维方式，在圣路易斯，在我们的俱乐部中，在球队中，都有一种对胜利的渴望，这种渴望对我们而言是一种职业素养，驱使我们用正确的方式做事……这些年来，里德·肖恩迪恩斯特（Red Schoendienst）、斯坦·慕斯阿尔（Stan Musial）、鲍勃·吉布森（Bob Gibson）、路·布洛克（Lou Brock）、奥兹·史密斯（Ozzie Smith）等人不断传承、发展着这种思维方式。你喜欢的这些伟大的名人堂球员，他们仍然在球队里……在圣路易斯，我们很幸运这些人曾经穿过红色队服，我们在这里仍然能感受到他们的存在。我们仍在学习他们的经验。

红雀队的总经理是迈克·马瑟尼（Mike Matheny），他曾在MLB打过12年球，4次赢得罗林斯金手套奖，还保持着几项MLB纪录。尽管没有职业经理人经验，但红雀队还是聘请他担任球队总经理。此外，他也是当时最年轻的总经理。球队之所以聘请马瑟尼，是因为他在球员时期曾效力过红雀队，并且他具有一些无形的素质，比如他的领袖气质，他镇定、愿意支持他人的风格。马瑟尼在同一次采访中表示：

> 说起红雀队内部的期望与文化，这段历史就太丰富了。我们对自己的表现有着极高的期望，我们关注的不只是输赢，还有行事的方式。而且我觉得这是一种代代相传的理念……这种理念，当我以球员身份来到这里时，就非常清晰，而且非常显而易见，我觉得自己有义务传承下去。并且我们还有一群信服这种理念的人。

球员似乎愿意留在这种文化中，并且从中获益。过去10年里，40名球员在离开红雀队前，打出了至少500次打席数（plate

Appearance），或者至少投过 100 局球；而离开球队后，有 2/3 的球员表现出现下滑。

当红雀队在选秀大会上选下球员后，他们会给这名球员送上一本 86 页的手册，其中描述了球队对每名球员的期望，范围从球员在内场和外场的站位、跑垒、短打触杀，到球员在场下的行为准则。在比赛场外，球队的管理层长期在发掘球员、选秀和球员发展方面有所投入。教练和管理人员拿到的是无删节版的手册，共 117 页。这些"组织手册"是多年来收集前球员和教练经验的成果。手册中讨论了什么是以"红雀队方式"生活，怎样尊重"红雀队方式"，以及遵守"红雀队方式"意味着什么。

最后，红雀队球迷会尊重自家球员和对手。与大多数球队的球迷相比，红雀队球迷对努力奋斗的球员有着出了名的耐心，愿意为他们提供支持，也愿意承认对手的出色表现。这种经济／体育模式为球队带来了忠诚的球迷群体，他们与品牌产生了强烈的感情联系。红雀队方式的成功，至少应获得像《魔球》中的奥克兰运动家队一样的关注。

———————————————————————— THE REAL MADRID WAY

当银河战舰 1.0 遇见银河战舰 2.0

2001—2002 赛季的欧冠是欧洲冠军赛事的第 47 个赛季，也是 1992 年从"欧洲俱乐部杯"改名"欧洲冠军联赛"后进行的第 10 届比赛。皇马想要打进决赛，就需要在 1/4 决赛和半决赛里分别战胜拜仁慕尼黑和巴萨。自 1960—1961 赛季的 1/4 决赛后，皇马与巴萨再未在欧冠比赛中交过手。当时，皇马在决赛中的对手是德国球队勒沃库森，后者一路击败 3 支英国球队挺进决赛，其中包括在 1/4 决赛和半决赛分别击败利物浦和曼联。2002 年 5 月 15 日，在现场 5.2 万名球迷的注视下，欧冠决赛在苏格兰格拉斯哥的汉普顿公园球场上演。这个地点值得一提，因为汉普顿公园球场正是 1960 年皇马在欧洲俱乐部杯历史上赢得最著名胜利的比赛地。和 1960 年一样，他们的对手是一支德国球队。考虑到银河战舰 1.0 为弗洛伦蒂诺的诸多策略提供了灵感，银河战舰 2.0 在同一块场地沿着银河战舰 1.0 的脚步前进，自然再合适不过了。那是勒沃库森历史上第一次打进欧冠决赛，皇马则是第 12 次进入决赛。

2002 年 5 月，卡西利亚斯在马德里市政厅广场的前市政厅阳台上庆祝球队赢得第九个欧冠冠军。

公众在赛前普遍看好皇马。皇马主教练维森特·德尔·博斯克（Vicente del Bosque）可以在决赛中派出他的理想阵容。菲戈与法国中场马克莱莱原本因伤出战成疑，但两人经诊断后均可上场。

第 7 章　向着顶尖球队迈进　　161

夺冠时刻

比赛开始。皇马想在哨声响起后立刻全力冲击德国对手。进球了！比赛进行到第 8 分钟，巴西边后卫罗伯托·卡洛斯在接近中线附近抛出长距离传球，皇马培养的本土英雄劳尔是最快做出反应的球员。和往常一样，劳尔还是有那种神奇的能力，能在正确的时间出现在正确的地点。他完美把握了停球时间，左脚射门，足球越过勒沃库森门将进入球网。就像雷·哈德森描述的那样："德国人的防线就像迈阿密海滩上的弹性纤维泳衣一样被拉伸……劳尔又一次展现了纯粹的天赋，他预判了边线球的走向。边线抛球很完美，劳尔的射门是高压状态下优雅的完美体现。"这个进球是劳尔在欧冠上的第 34 个进球，创造了当时欧冠的个人进球纪录。进球后，劳尔脱掉上衣奔跑庆祝，同时亲吻婚戒致敬妻子。早早进球似乎证明了皇马被人看好的合理性。然而，德国球队迅速反击，只用了 5 分钟，他们就将比分扳为 1∶1。

第 45 分钟，就在半场比赛结束哨声响起前，就在所有人都以为双方要带着平局回到更衣室时，进球了！齐达内在禁区边缘接到卡洛斯传出的一个高弧线球，在距离球门约 5 米的地方左脚抽射，将球射进球门顶角，平衡、射门时机与技巧在这一球上得到完美展现。面对这脚绝妙的射门，勒沃库森门将根本没有扑救的机会。这一球被视为欧冠历史上最伟大的进球之一。哈德森从椅子上跳起来大喊道："啊啊啊啊……对不起我太激动了……我觉得我刚刚看到了鬼魂……是 1960 年迪·斯蒂法诺或普斯卡什的闪影……那个进球唤醒了伯纳乌的灵魂……太让人震惊了，那迷人的技巧和优雅……"宣布半场结束的哨声响起了，但观众几乎听不到这个声音。球迷仍然沉浸于齐达内进球的兴奋中。

下半场比赛开始时，皇马迷还在唱着《西班牙万岁》(Viva España)这首歌。皇马信心满满地开始了下半场比赛，尤其是劳尔和齐达内，展现出了流畅的传球与跑动。皇马在下半场开始阶段控制了比赛。英国球员史蒂夫·麦克马纳曼（Steve McManaman）顶替仍然有伤的菲戈出场，出现在中场左侧。第 68 分钟，皇马沉稳的门将塞萨尔·桑切斯·多明戈斯（César Sánchez Domínguez），被 21 岁的替补门将、皇马青年学院毕业生卡西利亚斯替换下场。几分钟后，皇马换下了同样有伤的马克莱莱，换上巴西中场孔塞桑。

随着比赛时间越来越少，勒沃库森越来越在绝望中挣扎。有年轻的卡西利亚斯把守球门，皇马力保城池不失。由于替换犯规和受伤球员花了一些时间，裁判将伤停补时确定为 7 分钟。卡西利亚斯在比赛最后几分钟里做出 3 次神奇的杂耍般的扑救，皇马拼尽全力不让比赛进入加时。

比赛结束的哨声终于响起了。裁判吹响了哨子，皇马 2∶1 赢得比赛，也赢得了球队的第九个欧冠冠军。雨滴没有浇灭大家的兴奋。皇马队长费尔南多·耶罗（Fernando Hierro）从 1989 年起便效力球队，无比兴奋的他举起了奖杯。兴奋的球员举着奖杯在球场里绕场庆祝，劳尔的手里拿着一面西班牙国旗。

欧冠又一次属于皇马了。齐达内的进球当然能让人想起神奇的 1960 年决赛。这是皇马百年赛季一个恰如其分的高潮，用让人惊叹的方式将银河战舰 1.0 与银河战舰 2.0 串联起来。齐达内的进球以及皇马流畅的进攻与速度，表明迪·斯蒂法诺和普斯卡什的球风在皇马内部得到了传承[①]。对于银河战舰 1.0 丰富的遗产，银河战舰 2.0 是真正有价值的继承者。

[①] 2009 年 10 月，国际足联设立普斯卡什奖，奖励过去一年踢入"最佳进球"的球员。

从皇马看俱乐部经营

百年庆祝

皇马是国际足联[①]的创始成员，2000 年被选为"国际足联世纪俱乐部"。实际上，2002 年才是皇马的百年大庆。皇马出版了图书，委托他人创作了一首百年纪念歌曲，并由西班牙男高音普拉西多·多明戈演唱，他们授权制作了特别纪念商品，组织庆祝晚会，在签下伟大的两名球员菲戈和齐达内的同时，还巧妙地偿还了大笔债务。皇马的百年大庆并不只在 2002 年 3 月 6 日（官方日期）那一天举行，而是通过举办各种派对与活动延续至全年。其中最激动人心的一个环节就是，11 月 18 日，皇马在伯纳乌球场与国际足联 11 届世界明星队（由来自世界各地的明星球员组成）举办的比赛。

[①] 1904 年 5 月 21 日国际足联成立时，皇马是唯一一支俱乐部队，与皇马一同创立国际足联的 6 个国家分别是法国、比利时、丹麦、荷兰、瑞典和瑞士。

THE REAL MADRID WAY

第 8 章

赛场内面临危机，赛场外取得成功

群星璀璨，商业模式不断成功

在 2002 年和 2003 年，不满足于俱乐部成就的弗洛伦蒂诺，试图继续给皇马的每一个位置都匹配符合俱乐部价值观的最优秀的员工。2002 年 9 月，皇马向国际米兰支付 4 600 万欧元，得到了人称"奇才"（El Fenomeno）的巴西前锋罗纳尔多。罗纳尔多是仅有的 3 次以上赢得国际足联世界足球先生荣誉的 4 名球员之一，其他 3 人分别是齐达内、C 罗和梅西。与皇马签约后，罗纳尔多球衣的首日销量就打破了当时的纪录。即使他因伤需要从 9 月休战到 10 月，球迷也不曾减少对他的期待。

2003 年 6 月 18 日，皇马向曼联支付 2 450 万英镑转会费，买入 28 岁的国际巨星、英国国家队队长、司职中场的贝克汉姆。

2003 年 6 月 24 日，赢得西甲联赛冠军的两天后，皇马宣布，经董事会一致决定，他们做出了一个艰难的决定，不与合同到期的主教练比森特·博斯克续约，同时放走 35 岁的队长耶罗。主教练博斯克从小在皇马青年学院长大，曾经是皇马球员，也做过队长。作为主教练，他在 4 个赛季里为皇马带来了 7 座冠军奖杯，皇马也为他提供了一个技术团队的职位。但在为俱乐部服务 35 年后，他礼貌地拒绝了续约合同。在签约、聘用球员和教练问题上指导董事会的瓦尔达诺承认，皇马成员在那一天过得并不轻松："作为俱乐部标杆的两个人离开了。"他说："但我们相信，这是在俱乐部陷入停滞前改变前进方向的好时机。"令媒体感到震惊的是，当马克莱莱这位优秀的防守型中场球员想要更高收入时，皇马没能与他达成协议，并在 2003 年 9 月 1 日这天把他出售给切尔西。俄罗斯亿万富翁罗曼·阿布拉莫维奇（Roman Abramovich）刚刚在当年 7 月收购切尔西，他付出大笔资金用于购买球员，突出展现了财力雄厚的老板颠覆市场的能力。当时还没有财政公平法案，巴萨和皇马这种会员所有制俱乐部不得不与亿万富翁展开竞争。

根据表 8-1 显示的 2003 年年度足球运动员的投票结果，2003 年签下罗纳尔多和贝克汉姆后，皇马队中拥有排名前 10 的年度足球运动员中的 5 名，当时球队中还有卡西利亚斯和菲戈两位世界级球员。

表 8-1 2003 年年度足球运动员投票结果

排名	球员	出生时间	年龄	球队	国家	得分
1	齐内丁·齐达内	1972	31	皇马	法国	264
2	蒂埃里·亨利 (Thierry Henry)	1977	26	阿森纳	法国	200
3	罗纳尔多	1976	27	皇马	巴西	176
4	帕维尔·内德维德 (Pavel Nedvěd)	1972	31	尤文图斯	捷克共和国	158
5	罗伯托·卡洛斯	1973	30	皇马	巴西	105
6	鲁德·范尼斯特鲁伊 (Ruud Van Nistelrooy)	1976	27	曼联	荷兰	86
7	贝克汉姆	1975	28	曼联/皇马	英格兰	74
8	劳尔	1977	26	皇马	西班牙	39

续表

排名	球员	出生时间	年龄	球队	国家	得分
9	保罗·马尔蒂尼 (Paolo Maldini)	1968	35	AC米兰	意大利	37
10	安德烈·舍甫琴科 (Andriy Shevcheko)	1976	27	AC米兰	乌克兰	26

签约贝克汉姆对皇马来说是一场胜利,因为有消息称曼联最初同意将贝克汉姆出售给皇马的宿敌巴萨。皇马证明贝克汉姆具有增加周边商品销售、电视转播许可及赞助营收的潜力。贝克汉姆与辣妹组合(Spice Girls)成员维多利亚·贝克汉姆(Victoria Beckham)的婚姻,让他从家喻户晓的世界级足球明星成为国际名人。2002年,英国电影《我爱贝克汉姆》(Bend It Like Beckham)上映后,他甚至在普通美国人中也变得广为人知。这部电影的名字就源于贝克汉姆能踢出可以在空中划出大角度弧线的任意球的能力。

2003年7月2日,皇马在马德里举办贝克汉姆签约新闻发布会,这场发布会吸引了超过1 000名记者,其中有500人在拥挤的会场外看完了整场发布会。皇马把新闻发布会的时间选在上午11点,此举是为了让发布会的消息能够登上当天亚洲地区的晚间新闻,以便充分利用贝克汉姆在亚洲地区的人气。当时,英国专家预测,比贝克汉姆签约皇马更能吸引英国电视观众的个人新闻事件,只有戴安娜王妃的葬礼。

在多明戈演唱的皇马百年主题歌《百年赞美诗》(Hymn for the Centenary)的背景音乐中,贝克汉姆登台亮相。台上从左到右分别站着弗洛伦蒂诺、贝克汉姆和迪·斯蒂法诺。弗洛伦蒂诺站在贝克汉姆身旁,说道:

> 他是位伟大的球员,将成为俱乐部伟大历史的一部分。他在世界上有强大的号召力,他是属于我们这个时代的人,是现代明星的象征。可以确定的是,皇马签约贝克汉姆,是因为他是一位伟大的足

球运动员，而且有着高尚的职业精神和团队精神。他也是历史上最优秀的英格兰球员之一。我们爱贝克汉姆，因为他让我们成为最好的球队。

弗洛伦蒂诺讲完话后，迪·斯蒂法诺欢迎贝克汉姆加入球队，并且为他送上了一件印有23号的皇马球衣。贝克汉姆选择23号的原因是，那是NBA著名篮球明星乔丹的球衣号码。弗洛伦蒂诺对这名28岁的球星说："你来自梦剧场，现在为你的梦想之队效力。"贝克汉姆回答道："加入皇马让我梦想成真……加油马德里！"两人的对话提醒人们，与其他球队不同，皇马不是足球运动员职业发展路上的垫脚石，也不是亿万富翁或投资集团的投资机会。皇马是独特的，是所有球员职业生涯所能达到的巅峰。

贝克汉姆在场地内走动合影时，一个小男孩从围栏下方爬过，朝自己的新偶像跑去。保安冲过去抓住了他，但贝克汉姆看到这一幕后阻止了保安，还给了小男孩一个拥抱。

签约仪式结束后不久，皇马开始了为期17天的亚洲之旅，并且在北京、东京、中国香港和曼谷举办表演赛。他们充分利用贝克汉姆在亚洲的人气，赚了1 000万欧元的净利润。亚洲之旅点燃了皇马亚洲社区的激情，吸引了更多球迷观看比赛。皇马的可持续经济/体育模式仍在奏效。

赛场爆冷，突然崩盘

俱乐部在2003—2004赛季开局的表现抢眼，他们战胜皇家马略卡足球俱乐部（RCD Mallorca，简称马略卡），赢得了西班牙超级杯。赛季过半时，皇马排名西甲联赛榜首，也继续着在西班牙国王杯和欧冠的征程。随后，球队开始输球。在欧冠1/4决赛中，皇马被摩纳哥淘汰，这是2003—2004赛季最大的冷门之一。让皇马感到难堪的是，为摩纳哥攻入制胜球的费尔南多·莫伦特斯（Fernando Morientes）正是因为无法在皇马进入首发阵容而被球队"租借"给了摩纳哥。皇马还输掉了最后 5 场西甲联赛比赛，赛季结束时只排名第四。

外界对皇马在 2003—2004 赛季下半段的崩盘做出了不少猜测。在最后 12 场比赛里，皇马赢了 2 场，打平 3 场，输掉 7 场，最后甚至经历了五连败。然而，没有人能明确解释为什么一支原本表现出色、具有统治力的球队突然连连落败。

皇马当时的失败有许多原因。有些人把问题归咎于球队内部的自满情绪、球员对冠军不够渴望，抑或在赛场上缺少领袖。有些人不满意皇马关于换掉主教练博斯克的决定。卡西利亚斯在获得博斯克授权的传记《维森特》（Vicente）的序言中说道："他的离开让人受伤……"有些人指责新教练的排兵布阵与比赛策略有问题，有些人认为始于亚洲的漫长赛季导致球员的伤病与疲劳。还有人指出，赛场外出现了让人分心的事情。与摩纳哥的比赛开始前几周，贝克汉姆不得不应对媒体对他出轨的指责，而且就在比赛前一天，英国的八卦报纸对此进行了一次重大爆料。

尽管球队在赛季前半段取得惊人的连胜，但媒体关注的焦点似乎仍是皇马在赛季开始前出售马克莱莱的决定。媒体表示，弗洛伦蒂诺只关心方便在电视上重播的进球，对防守却不那么重视。事实上，正是弗洛伦蒂诺以高出其他球队报价的 1 000 万英镑和 2 600 万欧元分别签下了马克莱莱和孔塞桑，这在当时对防守型球员而言已经是很高的转会费了。有人表示，在出售马克莱莱时，弗洛伦蒂诺和他的团队从数据分析上错误理解了马克莱莱的重要性。[①] 这说不通，因为有报道称皇马有意签约法国球员帕特里克·维埃拉（Patrick Vieira），

---

① 《足球经济学》一书中写到了弗洛伦蒂诺的解释，并且指出马克莱莱因帮助切尔西取得成功而大受认可，这使得很多足球专家甚至用他的名字为一个比赛角色命名。

而很多人认为他是当时最好的防守球员,他符合皇马的价值观与期望,而且还比马克莱莱小 3 岁。马克莱莱只在自己的位置上是一名出色的球员,但维埃拉却能用他具有压迫性的存在感统治中场区域。当时很多人相信,维埃拉的能力更全面。此外,也有消息称皇马愿意向维埃拉支付高于马克莱莱的薪水,这就反驳了弗洛伦蒂诺不愿为防守型球员支付高薪水的观点。但出于各种原因,皇马与维埃拉最终没能达成协议。

不管怎么说,在 2003—2004 赛季崩盘前的 26 场比赛里,皇马的防守线只让对手攻入 29 球,球队积分在西甲联赛中排名第一,比排名第二的瓦伦西亚高 8 分。① 表 8-2 显示,马克莱莱在队期间,皇马在 2001—2002 赛季(西甲联赛排名第 3)和 2002—2003 赛季的丢球数分别为 30 球和 27 球,这表明马克莱莱是否在队对丢球数没有太多影响。

表 8-2　有无马克莱莱时皇马的成绩统计

赛季	马克莱莱是否在队	26 场比赛后排名	西甲联赛前 26 场比赛 丢球数(个)	西甲联赛前 26 场比赛 进球数(个)	西甲联赛前 26 场比赛 净胜球(个)	西甲联赛后 12 场比赛 丢球数(个)	西甲联赛后 12 场比赛 进球数(个)	西甲联赛后 12 场比赛 净胜球(个)	季终排名	欧冠表现
2001—2002	在队	2	30	50	20	14	20	6	3	冠军
2002—2002	在队	1	27	59	32	15	17	2	1	半决赛
2003—2004	不在队	1	29	54	25	25	18	-7	4	1/4 决赛

数据表明,我们很难把球队成绩下滑的原因简单地归结为马克莱莱离队,当然这不是说损失马克莱莱对成绩下滑没有影响。他是一名冷静的防守球员,很受球员和教练尊重,但把他的离去认定为成绩不理想的主要原因,只不过是图省事的说法,而不是事实。这种说法具有吸引力的原因在于,在何塞·穆里尼奥(José Mourinho)的执教下,马克莱莱在切尔西的表现非常出色。皇马若是在欧冠 1/4 决赛中守住那一球,人们的观点就有可能发生改变。我在后面讨

---

① 皇马在该赛季的最终排名为第四,比第一名的瓦伦西亚少 7 分。

论了更多崩盘的原因，比如领导力问题、人才过多问题、太累太老效应、年龄的影响（特别是2003—2004赛季后的球员老化）以及其他问题，这些因素都表明马克莱莱不是皇马崩盘的主要原因。①

弗洛伦蒂诺对皇马出售30岁的马克莱莱的决定进行了公开解释。他表示："马克莱莱想要齐达内一半的薪水，那是不可能的。"即便在离队前，合同还剩3年的马克莱莱就曾进行过长达一周的罢工，试图迫使皇马屈服。此外，他还要求得到15%的转会费，但按照合同规定，他没有这个权利。不管出于什么原因，相关人员开始公开选边站队，这会导致局面进一步恶化。皇马的高管团队的经验让他们相信，如果不顾俱乐部的价值观与使命为某人破例将会带来灾难性后果。比如，其他球员会主张自己也是例外，他们需要重新协商合同，或者应当获得一定比例的转会费。这有可能导致滑坡谬误（Slippery Slope）②，对会员所有制的俱乐部而言尤其如此。在弗洛伦蒂诺和他的团队看来，不管能力如何，没有任何一个人值得他们打破可持续的经济/体育模式。③站在旁观者的角度，如果不理解场上和场下的决定是如何相互影响的，我们就不可能全面分析这个决定。马克莱莱的行为和要求让皇马下定决心。为了坚守皇马社区价值观，俱乐部高管做出了一个必然选择。

考虑过所有导致崩盘的可能性后，弗洛伦蒂诺做了复盘，发现有两个与领导力有关的组织层面的原因似乎显得尤为突出：一个是主教练要具备某些特点的重要性，另一个是领袖型明星球员的重要性。弗洛伦蒂诺事后反思了博斯

---

① 我在自己的分析中发现了一个有趣的现象，皇马球员的平均年龄不断变大，从弗洛伦蒂诺当选主席时的26岁，到他2006年离任时的29岁。在弗洛伦蒂诺辞职前的最后一个赛季里（2005—2006赛季），队中球星的进球数比例显著下滑至58%；而在最初3个赛季，这个数字是73%。
② 一种逻辑谬论，即不合理地使用连串的因果关系，将"可能性"转化为"必然性"，推断出一件毫无关联的结果。——编者注
③ 弗洛伦蒂诺在2014年处理迪玛利亚的问题上又一次坚守了这个信念。

克身上的一些特点以及特点背后所展现的重要意义。毕业于皇马青年学院的博斯克是一名广受尊重的中场球员，他在20世纪70年代帮助球队5次赢得西甲联赛冠军，还以皇马教练的身份赢过2次欧冠冠军。他的性格非常冷静，弗洛伦蒂诺认为正是这个特点有助于主教练成功管理明星球员。[1] 皇马从这件事上吸取的经验教训似乎帮助他们在2013年做出了聘请卡洛·安切洛蒂（Carlo Ancelotti）担任主教练，以及日后聘请齐达内担任主教练的决定。

尽管2003年皇马拥有许多优秀的球员，但没有一人是显而易见的领袖型球员，而且角逐年度世界最佳球员的5人在赛场上的地位相当，且年龄相差无几。此外，拥有领导形象、完美体现俱乐部价值观、原本可以领导5名球星的队长、俱乐部的忠诚拥护者耶罗离开了球队，取而代之的是一名首次担任队长的球员。

也许球队因为拥有太多才华横溢的球员导致人才过多效应，但其所带来的负面影响本可以通过文化及领导力来缓解。后来，2009年被引入球队的C罗逐渐成长为领袖型球员，受人尊敬且经验丰富的队长卡西利亚斯和球队主帅安切洛蒂都在球队建立起了自己的领导力。

在突然崩盘前，皇马的表现其实很出色。如果只把失败的原因归结于马克莱莱，人们就得对他在与不在时球队表现差异不大的情况做出解释。也许，当球队开始表现不佳，且缺少领导力因素时，球员更多地想靠自己解决问题，但这会导致局面恶化，影响团队合作。因此，导致皇马崩盘的原因不止一个。缺少领袖型球员、人才过多、过于疲劳且年龄过大这些背景因素在当时都没有得到重视，但我认为这些因素在皇马2003—2004赛季后半段的崩盘中起到了作用。

---

[1] 博斯克后来成为西班牙国家足球队主教练，他带领这支全明星球队在2010年赢得了西班牙第一个，也是唯一一个世界杯冠军。

THE REAL MADRID WAY

从皇马看俱乐部经营

人才过多效应

我在研究过程中提出过一个问题，人才过多是不是皇马在2003—2006年表现不佳的原因之一？[1]巧合的是，我在哥伦比亚商学院的一个同事亚当·加林斯基（Adam Galinsky）与欧洲工商管理学院的罗德里克·施瓦布（Roderick I. Swaab）和迈克尔·沙尔勒（Michael Schaerer）、阿姆斯特丹自由大学的理查德·罗内（Richard Ronay）、哥伦比亚商学院的博士研究生埃里克·阿尼西奇（Eric Anicich）共同撰写了一篇学术研究论文，专门研究了人才过多效应。他们以该效应为研究基础，分析了2002—2012年NBA常规赛的球员个人数据及球队数据。他们重点分析了"预期增加的胜场数"（Estimated Wins Added, EWA），该数据估算的是某名明星球员相对替补球员所能增加的胜场数。他们使用比赛实况数据，比如总助攻数和防守篮板数，量化球队的协同能力。对于球队的整体表现，他们只计算球队的当赛季胜场比例。加林斯基等人发现，增加明星球员只能将球队的表现提高到一定程度；在更高水平的比赛中，由于团队协作能力减弱，更多的明星球员反而变成球队的负担。显然，在篮球领域，一支球队拥有过多明星球员并不是一件好事。

当加林斯基和施瓦布根据国际足联的数据对足球领域进行类似研究时，他们得出了相同的结论。过多的明星球员并不能让球队在赛季中取得成功，因为人才过多效应总会生效。想在赛场上得分，需

---

[1] 有人提出，皇马之所以出现灾难性的2003—2004赛季，是因为"每个明星球员都想比其他人更耀眼"。还有一部分人指责主教练，认为他"不能引导球员，导致他们无法发挥创造性，成为具有凝聚力的整体"。

要球队成员将球在正确时间送到处在正确位置的正确球员身边，足球对团队协作的要求甚至比篮球更高。这通常需要在有限的时间内经过一系列复杂的动作才能完成。比如，罗纳尔多每次触球的时间只有几秒钟。

与篮球和足球不同，棒球队成员的相互依赖性对比赛最终结果的影响不大。在棒球比赛中，虽然所有球员在球场上也需要互相协作，但投手或击球员的个人表现更能影响最终比分。当加林斯基和施瓦布利用 MLB 的数据对棒球球员及球队表现进行分析后，他们得到了不一样的结论：明星球员过多不会损害球队表现，棒球界不存在人才过多效应。

"如果球队中有太多天才球员，他们都想做明星，协同性就会下降。"加林斯基表示。不幸的是，我们无法预测某支球队是否正在接近人才过多效应的临界点。大多数球队需要拥有不同技能的人去完成各种任务，比如一支篮球队除了明星投手外，也需要能够抢篮板和防守的球员。加林斯基表示："拥有各种技能非常重要……当球员存在相互依赖性时，扮演的角色就要有差异化。"

一支临近崩盘的球队会发出一个警告信号：太多球员为完成同一任务而互相竞争，那些不受人关注的任务，却无人问津。很多经理人与团队成员亲眼见证了人才过多效应。你有没有见过一支球队里存在球员相互怀疑、配合不顺畅的情况？加林斯基表示，最好不要以全明星赛为模板搭建自己的球队，因为全明星赛中的每个球星都想自己控球，没人愿意防守。

加林斯基和施瓦布的研究证明，人才过多效应在现实中真实存在，他们解释了这种效应产生的原因。然而，就像教授们解释的那样，人们的直观感受是，只要不断引进顶级球员，他们最爱的球队就能变得越来越好。和篮球与足球相比，这个理念在棒球领域行得通，用尽可能多的钱签下多位明星球员的棒球队更能获得积极结果，这也能在一定程度上解释了，为什么讲述棒球队经验的《点球成金》不适用于成员相互依赖性更强的组织。

当我找到加林斯基和阿尼西奇，希望向他们了解皇马的情况时，他们告诉我，强大的文化与价值观可以减少甚至完全消除人才过多效应的影响。共同的文化与价值观有可能引导人们将注意力从地位冲突转向更重要的团队目标。当团队目标得到凸显，地位冲突被弱化时，协同合作就会变得更容易，因为这时球星会较少关注自己在团队中的排名。一个组织若能明确共同价值观，将所有人的注意力都引导至共同目标，去关注共同的团队未来，就能让团队更稳定，更有可能获得成功。

我猜想，罗纳尔多和贝克汉姆的加入导致球队接近人才过多效应的爆发点。而价值观与文化将球员团结在了一起，使他们避免了诸多负面结果。实际上，能让这么多才华横溢的球员携手合作，皇马的文化以及信奉社区价值观的球员值得被大加赞许。然而，随着2003—2004赛季不断接近尾声，明星球员的年龄大、疲劳等其他因素，也开始影响球队。

需要强调的是，不能低估构建球队赛场领导力的两个组织性因素，即主教练要具备某些特点的重要性，以及领袖型明星球员的重要性。有时，只是因为在一场得分机会稀少的比赛中运气不好，或者因为明星球员太累，年龄太大，赛场上出现领导力真空，球队就无法重回正轨，开始连续输球，问题像滚雪球一样越来越严重。2003—2004赛季的皇马缺少一名真正了解俱乐部价值观，同时作为球员和教练均赢得过荣誉的主教练，也缺少一位领袖型球员。[①] 当时正值劳

---

① 取代博斯克的人不是明星球员，也从未做过欧洲顶级球队的主教练。他是曼联的副教练，曾跟随广受尊重的弗格森工作。

尔担任队长，领导一群超级巨星的第一年。

然而，上述分析依赖于许多几乎无法计算的因素，包括球员伤病和疲劳程度，这些因素可能无法在官方分析数据中体现出来。此外，数据产生的背景也很重要。因为存在这么多变量与解释，我不认为把原因归结于一个因素是合理的做法。在接下来的一个赛季里，数据表明，明星球员因年龄增长发挥开始受影响，加上赛场上缺少领袖以及人才过多效应，我相信，这些因素叠加才最有可能是皇马在后 1/3 赛季中成绩不理想的原因。

THE REAL MADRID WAY

2004 年 10 月，布特拉格诺取代他曾经的皇马队友瓦尔达诺，成为俱乐部运动部门的主管，同时担任俱乐部副主席。布特拉格诺在皇马青年学院长大，后来成为明星前锋，也是传奇的"皇马五鹰"成员。他在 1986 年和 1987 年获得金球奖铜奖（第三名），还获得过 1986 年的世界杯银靴奖。

在 2004 年的主席选举中，弗洛伦蒂诺的竞争对手试图把球队赛场上的糟糕表现归咎于球员和高管的傲慢态度。一名反对派候选人承诺签约一些有实力的球员，其他人则认为强调青训、培养本土球员才能解决问题。尽管比赛成绩让人失望，但弗洛伦蒂诺还是以压倒性优势取胜，他赢得了 94% 以上的选票。尽管球队短期内没能赢得任何奖杯，但社区成员依然信任他。

外界对皇马在 2005—2006 赛季中的表现有着很高期望，可即便俱乐部在财务上大获成功，他们也没能在赛场上取得胜利。当皇马在 2005—2006 赛季不断失利时，德勤在 2006 年 2 月的足球财富排行榜上做了如下描述：

尽管弗洛伦蒂诺招募世界级"银河战舰"球员的策略在近期没能获得预期中的成绩，但还是加速了俱乐部财务表现的转变。皇马利用赞助、周边产品销售和特许经营等商业资源获得收益的能力，才是他们远胜竞争对手的真正原因。

正如德勤报告所说，皇马逆转财务困境的惊人表现，与他们的赛场表现形成了鲜明对比（见表8-3）[①]。

表8-3 2000财年末及2006财年末皇马的财务信息

财务指标	2000年6月数据	2006年6月数据[1]
营收	1.18亿	2.92亿
EBITDA	1 000万	5 800万
薪资营收比	66%	47%
税前利润（亏损）	2 300万	3 400万
净负债	1.62亿	8 400万
结果	审计意见：不可持续的模式	赛季投资：1.73亿欧元 2000—2006年总投资：7.48亿欧元（球员：5.02亿欧元；回购权利：1 800万欧元；体育设施[CRM]：9 900万欧元；球场：1.29亿欧元）

注：1. 2000年6月的信息：剔除临时预付期权后的常规收入。除表8-3中的常规利润，2006年6月的非常规利润为4 600万欧元，这是球员转会费带来的收益。因此总利润应为8 000万欧元。

尽管赢得过冠军，但考虑到球员的能力水平以及俱乐部在财务上取得的成功，球队的赛场表现确实让人失望。2000年6月至2006年6月，皇马签约了6名新球星，但只获得过两次西甲冠军和一次欧冠冠军。

在2005年德勤足球财富排行榜的营收排名中，皇马超过曼联，排名第一。皇马的营收与2000年相比实现了翻倍（见表8-4）。

[①] 皇马在西甲联赛中排名第二，落后于巴萨，并且在欧冠淘汰赛阶段首轮输给了阿森纳。

表 8-4　德勤足球财富排行榜（1999—2000 赛季和 2004—2005 赛季）

球队	1999—2000 营收（亿欧元）	排名	2004—2005 营收（亿欧元）	排名	营收增长率（%）
皇马	1.38	5	2.76	1	100
曼联	2.17	1	2.46	2	13
AC 米兰	1.65	4	2.34	3	42
尤文图斯	1.74	2	2.29	4	31
拜仁慕尼黑	1.73	3	1.9	5	10

银河战舰再解体

如前所述，接纳竞争对于定义和巩固一个忠诚且充满激情的社区而言具有重要意义。此外，互为死敌的俱乐部及其社区都会以对方为基准。除了赛场表现不尽人意外，更让皇马社区沮丧的是，皇马的死敌巴萨正在重新崛起。皇马一名高管言简意赅地表示："聚集在西贝莱斯喷泉的人们不会为资产负债表庆祝。"

2006 年 2 月末，在与皇马董事会商讨后，当时 59 岁，任期还剩两年的弗洛伦蒂诺递交了辞职信，新主席选举于 2006 年 7 月进行。德阿尔博诺兹、希梅内斯、布特拉格诺和雷东多同时宣布辞职。唯一留任的主要高管是营销部门主管桑切斯。

弗洛伦蒂诺觉得自己拯救了俱乐部的财务情况，让俱乐部走上正轨，但经过审慎考虑后他表示："我们组建了一个优秀的团队……但可能我没能让团队成员理解承担各自责任的重要性，也许我对他们的教育很糟糕。"弗洛伦蒂诺和他的管理团队利用社区价值观的力量，让社区释放了更多的热情，也引入了世界级球星，修建了顶级设施。可在他看来，俱乐部在赛场的责任感（如领导力）和教育（如文化）问题上似乎仍存在缺陷。俱乐部的成绩让他意识到，想通过董事会和管理团队将社区的价值观传递给教练，再传递给赛场上的球员，难度非常大。他想用辞职引起球员对这一问题的关注,他认为自己的行动可以帮到俱乐部。

THE REAL MADRID WAY
从皇马看俱乐部经营

2003—2004 赛季的洛杉矶湖人:
到底是人才过多,还是太累太老?

当我向 NBA 球迷提到人才过多效应时,他们最先想到的球队之一就是 2003—2004 赛季的洛杉矶湖人队。在 2002—2003 赛季,试图夺得四连冠的湖人队在季后赛第二轮输给了最后赢得总冠军的圣安东尼奥马刺。仍然立志争夺总冠军的湖人队以远低于市场价值的自由球员合同,签下了日后入选名人堂的加里·佩顿(Gary Payton)和卡尔·马龙(Karl Malone),这两人当时都没赢得过总冠军。有了这些球员,湖人队成为新时代的第一支超级球队,人们普遍看好他们夺得总冠军。尽管湖人队确实打进了总决赛,但最终以 1∶4 的比分输给底特律活塞队,无缘冠军。对很多球队来说,打进 NBA 总决赛就是成功。可对一支拥有那么多名人堂球员的球队而言,没能赢得冠军,不管对球队还是球迷来说,都是失败。在很多人眼中,湖人队就是人才过多效应的典型代表。因此,为了确定湖人队的问题是不是人才过多导致的,我分析了数据,并且考虑了背景信息。

2003—2004 赛季有一个大背景,在湖人队签约佩顿和马龙的两周前,他们的超级巨星科比因为性侵在科罗拉多州遭到起诉。因此,科比在 2003—2004 赛季里花了大量时间往返于科罗拉多的法庭与赛场。与此同时,科比与超级巨星队友奥尼尔的矛盾激化,两人

第 8 章 赛场内面临危机,赛场外取得成功　181

都公开指责过对方。科比想在第二年夏天合同到期时试水自由球员市场。奥尼尔在赛季开始前想要签一份报酬更丰厚的续约合同,但被湖人队拒绝。球队与主教练菲尔·杰克逊(Phil Jackson)的续约谈判也被搁置到赛季结束。

湖人队在赛季开始时打出了 19 胜 5 负的惊人开局,他们依靠杰克逊的三角进攻体系打出了漂亮的团队战。但马龙在 12 月膝盖受伤(内侧副韧带撕裂),赛季中大部分时间因伤缺阵,球队中没有一个可靠的替补球员能顶上他的空缺。此外,已经 31 岁、体重达到个人生涯最高的奥尼尔,以及往返于赛场和科罗拉多州的科比,表现出了明显的疲劳。科比表示,因为场外因素太多,他在整个休赛期都没有训练,数据显示他的投篮命中率出现下降。季后赛开始前,由奥尼尔、科比、马龙和佩顿组成的"四巨头"仅在一起打过 20 场比赛。而当时,佩顿已经 35 岁,马龙已经 40 岁,很多人忘记了,他们早已不在巅峰期。赛季末,湖人队队员的伤病越来越多,马龙扭伤了右脚踝,德文·乔治(Devean George)小腿肌肉拉伤,德里克·费舍尔(Derek Fisher)腹股沟肌肉拉伤,里克·福克斯(Rick Fox)右手大拇指脱臼。

尽管存在这么多问题,但湖人队还是取得了 56 胜 26 负的常规赛战绩,以西部第二的身份进入季后赛。我认为,一支拥有这么多天才的球队想要成功,必须有合适的文化与组织因素来制约。受伤病和场外因素影响,湖人队依然能打进总决赛,这在一定程度上要归功于杰克逊和他的调整能力,也要归功于球队成熟的进攻体系。但杰克逊和湖人队无法克服的一个障碍是太累太老效应。在季后赛里,湖人队轻松击败了拥有史蒂夫·弗朗西斯(Steve Francis)和姚明的休斯敦火箭队(Houston Rockets)。

在第二轮里,圣安东尼奥马刺率先赢得前两场比赛,但湖人队连赢 4 场晋级。接下来，湖人队又战胜了由强硬且崇尚对抗的凯文·加内特（Kevin Garnett）领衔的明尼苏达森林狼队（Minnesota Timberwolves）。然而，马龙的膝盖再次受伤，他在总决赛中几乎没能发挥作用。此外，太累太老效应也开始在佩顿身上显现。常规赛表现优秀的佩顿在季后赛中开始出现疲劳迹象。漫长的常规赛赛季，加上季后赛强度更大的对抗与防守影响了佩顿。常规赛期间，他的 PER（球员效率值）为 17.3，这个数字在季后赛跌至 11.1；他的投篮命中率从常规赛的 52.8% 降至季后赛的 47%，三分球命中率从 33% 跌至 25%。他防不住更强壮、速度更快的昌西·比卢普斯（Chauncey Billups），后者让他筋疲力尽。外界普遍看好湖人队，但年轻、有凝聚力的底特律活塞队在正确的时间达到巅峰，轻松取胜。每场比赛，底特律活塞队的第四节得分均高于湖人队，但第五场除外，因为他们在那场比赛中大比分取胜，顺利赢得总冠军。底特律活塞队依靠执行力、防守压迫性和拼搏能力拖垮了湖人队。在 NBA 总决赛第四场比赛中，马龙被限制到只得 2 分。拼尽全力后，马龙在第五场比赛中甚至无法上场。湖人队中都是上了年纪的老将，人人都很疲惫。

更糟糕的是，当局面开始恶化时，湖人队无法确定奥尼尔和科比究竟谁是领袖。这又是一个在球员健康开始出问题的困难时期暴露出的球队领导力缺失的案例。费舍尔曾质疑："这是奥尼尔的球队还是科比的球队？"在我看来，2003—2004 赛季的湖人队证明，有资历、有体系的教练有助于应对人才过多效应的影响，甚至能在球队缺少明确领袖时解决领导力问题。但教练不一定能克服太累太老效应，也不一定能战胜年龄和伤病。

THE REAL MADRID WAY

银河战舰 2.0 的成功秘诀

1. 明确皇马的使命和价值观,并让使命和价值观渗透进组织的每一个角落。
2. 职业化皇马的管理团队,重构 4 个主要部门,让它们分别负责球场、营销/品牌管理、企业管理和体育 4 个方面,并招募了 4 名核心管理人员。
3. 战略性出售皇马体育城,为俱乐部提供流动资金改建伯纳乌球场,同时减少债务并重获特许权。
4. 引进符合俱乐部价值观和社区期望的世界级球员,包括菲戈、齐达内、贝克汉姆、罗纳尔多等,同时加强对皇马青年学院年轻球员的培养,让他们与世界上最优秀的球员搭档。
5. 帮助社区成员设立并支持官方球迷俱乐部,通过传播内容、举办活动、运用科技手段等方式将皇马的价值观和品牌传播到全世界。
6. 奉行"不只是足球"文化,设立皇马基金会,以各种慈善活动回馈社区期待。

THE REAL MADRID WAY

第四部分

银河战舰 3.0

THE REAL MADRID WAY

第 9 章

短暂的动荡期

2006年2月,弗洛伦蒂诺辞职。2006年7月,皇马的前董事会成员、身为律师的拉蒙·卡尔德隆(Ramón Calderón)当选俱乐部主席。这次选举引起了很大争议,许多人都在质疑选举方式的合理性。很多皇马会员抱怨,尽管他们到投票站亲自投了票,但他们的名字还是出现在邮件投票名单上。选举的结果最终交由法院决定。像皇马这种地位的俱乐部,无法保证选举过程的正当性,实在是一件不可思议的事。因为有证据证明选举存在舞弊现象,所以法院宣布邮寄选票无效。卡尔德隆最终还是成为主席,因为受到舞弊指控的人是他的对手。皇马社区从这一事件中得出了一个结论,即皇马组织的现状无法反映他们的价值观与国际声誉。

争议不断的新主席

卡尔德隆从开始担任主席后便饱受争议。早期,他被人指控"出售"季票以换取选票。2008年3月,卡尔德隆又被人指控操控会员大会选举。皇马成员被赋予了在年度会员大会上代表全体会员就财务预算进行投票的权利。同年夏天，卡尔德隆没能从曼联手中签下 C 罗。2008 年 12 月，皇马在冬季转会市场签下了两名球员，却通过媒体发现，按照欧足联的规则，这两人中只有一人可以注册参加欧冠的淘汰赛。在一些社区成员看来，以上都是卡尔德隆不称职的体现。

2009 年 1 月，西班牙体育日报《马卡报》发表了一篇文章，指出 2008 年 12 月会员大会上的预算投票存在操控舞弊行为。《马卡报》报道称，在投信任票环节，卡尔德隆的预算案能够获得通过，仅仅因为他的董事将非会员"塞"进了大会，并且拒绝了大约 200 名真正的会员入场投票。这份报纸刊登出了至少 10 名以欺骗性方式入场投票的非会员的照片。卡尔德隆否认了外界对他的所有指控，但很显然，这位主席正在失去社区成员的信任。

赢球却遭到漫天嘘声

ESPN 上的一篇文章表示，皇马球迷对存在问题的签约感到不安。人们指责皇马以过高的价格签下了相对平庸的球员，有传言说某些球员从其他球队那里获得的报价远不及皇马给出的报价。一些记者认为，某些球员的转会费高得可疑。某些球员的签约过程中可能存在非法回扣的问题。以上传言均未得到证实，但皇马的上空似乎总是笼罩着疑云。

这一切都让皇马的社区成员倍感震惊。弗洛伦蒂诺和他的管理团队为了提高俱乐部成员的责任感、互信度、财务负责度、组织透明度而进行的改造措施，在短短几年时间里便被搁置。

与银河战舰 2.0 时代之初相比，卡尔德隆时代的球队在赛场上胜利不断。皇马赢得了两个西甲联赛冠军。但麻烦的是，皇马的社区成员并不喜欢观看这些比赛，因为教练推行了人们眼中"无聊"的防守策略。俱乐部在 2006—

2007 赛季经过激烈竞争，力压巴萨，夺得西甲联赛冠军，并且在 2007—2008 赛季再次夺冠，社区成员欣赏球员在这个过程中展现出的拼搏与永不放弃的体育精神。但皇马没能突破欧冠 16 强的淘汰赛，这才是皇马社区最关心的问题。皇马在这一时期的欧冠成绩与 2001—2003 年形成鲜明对比（见表 9-1）。

表 9-1 皇马西甲联赛冠军与欧冠成绩对比

赛季	赢	平	负	进球（个）	丢球（个）	净胜球（个）	排名	欧冠成绩
2001—2002	19	9	10	69	44	25	3	冠军
2002—2003	22	12	4	86	42	44	1	4 强
2006—2007	23	7	8	66	40	26	1	8 强
2007—2008	27	4	7	84	36	48	1	8 强

此外，皇马管理层没有从曼联签下 C 罗，也没有从 AC 米兰签下卡卡，这两人都是极受社区重视又极有魅力的球员。这让皇马的可持续经济/体育模式遭到了破坏。

皇马社区又一次证明，尽管球队在卡尔德隆掌权时期连续两次夺得西甲联赛冠军，可如果比赛风格与社区的价值观与期望不符，那么即使赢球也不能让他们满足。社区成员在观众席和社交媒体上纷纷表达自己的愤怒，卡尔德隆不得不承受来自他们的压力。他们没等到换届选举就想把卡尔德隆赶下台。

尽管俱乐部的战略发生了偏移，但皇马的营收在 2006—2009 年间仍在不断提高，部分原因在于转播、营销与赞助活动的惯性影响，以及 2006 年之前签订的合同还在生效（见表 9-2）。但是，越来越多的信号表明皇马内部出现了问题。比如《体育画报》报道称，在 4 500 个 VIP 座位中有多达 600 个座位在比赛期间是空的。

表 9-2　2006—2009 财年末皇马财务信息

	2006 年 6 月	2009 年 6 月
营收	2.92 亿欧元	4.07 亿欧元
EBITDA（资产处置前净收益）	5 800 万欧元	9 300 万欧元
薪资营收比	47%	46%
税前利润（亏损）	3 400 万欧元	2 500 万欧元
净负债	8 400 万欧元	3.27 亿欧元[1]

注：1. 弗洛伦蒂诺在 2009 年 1 月成为皇马主席。6 月，皇马签下了 C 罗、卡卡、本泽马等巨星。弗洛伦蒂诺不得不对巨星进行大笔投资，以弥补卡尔德隆时期引入新球星乏力的窘境。这是皇马债务增加的原因。

THE
REAL MADRID
WAY

第 10 章

弗洛伦蒂诺回归，重回正轨

弗洛伦蒂诺在卡尔德隆担任主席的混乱时期谨慎地保持着沉默。卡尔德隆辞职后，弗洛伦蒂诺的支持者鼓励他重回皇马。当时，金融危机在西班牙刚刚开始蔓延，房地产泡沫破裂，银行系统崩溃，失业率迅速攀升。尽管直到2012年经济状况才跌至谷底，但西班牙早在2009年就已经陷入危机。2009年3月，西班牙股票指数（IBEX 35）与2007年的峰值时期相比，已经下跌超过50%。很多社区成员认为，尽管在弗洛伦蒂诺担任主席期间球队的表现有时让人失望，但至少他能签下最好的球员，能保持俱乐部成员的责任感、互信度、组织透明度，并进行良好的企业管理，以增强成员的身份认同（卡尔德隆做不到这一点）。随着危机愈演愈烈，社区成员都希望有人能用正确的方式管理皇马。

唯一能让皇马重返正轨的人

尽管弗洛伦蒂诺在ACS集团的工作非常繁忙，但他还是觉得自己有义务再次参加竞选。经过长时间反思，他想出了一套能够改善俱乐部境况的方案。

2009年5月14日，弗洛伦蒂诺在马德里丽兹酒店举行新闻发布会，并宣布自己将参加俱乐部主席竞选。他很快就把签下C罗确定为皇马的第一目标，并且称这对俱乐部的形象与经济利益有着至关重要的作用。他表示皇马在2007年就该签下这位曼联的年度世界球员，如果当时皇马能做到，其重要意义不亚于2003年签下贝克汉姆。

弗洛伦蒂诺对此做出了解释："贝克汉姆加入时，我们的赞助商大幅提高了赞助费，我们拯救了俱乐部的财务状况。过去几年，俱乐部没有在这一类球员身上进行更多的投资，没有坚持这个模式。"弗洛伦蒂诺认为C罗可以成为下一个迪·斯蒂法诺。

所有社区成员都意识到，弗洛伦蒂诺是唯一有能力让俱乐部重回正轨的人，再加上没有其他俱乐部成员参加竞选，所以在2009年6月1日，弗洛伦蒂诺成为皇马的新任主席。为了组建管理团队，他立刻让德阿尔博诺兹、希梅内斯、布特拉格诺和雷东多官复原职，这些人中也包括弗洛伦蒂诺在2006年辞职后留在俱乐部担任执行董事的桑切斯。

在皇马如今的管理结构中，只有4人有权直接向主席汇报，即俱乐部总监桑切斯，主席办公室主管雷多东，控制与内部审计部门主管、管理委员会成员阿尔博诺兹，以及机构关系主管布特拉格诺。希梅内斯重新进入董事会。营销部门的主管是贝戈尼亚·桑斯（Begoña Sanz），他曾是桑切斯担任营销主管时的二把手。这些专业人员互相尊重信任，建立了紧密的合作关系。他们认为互相挑战、互相质疑很重要。弗洛伦蒂诺个人受到大量媒体关注，但做出决策的实际上是一个团队。

第二次担任主席期间，弗洛伦蒂诺和他的团队立刻着手重新建立俱乐部治理模式、运营流程、管理委员会（管理理事会、经济理事会和采购理事会）、伦理准则、企业职责功能部门、提升各部门透明度的运作模式、整体报告制度、风险标准，以及分析制度。

皇马进行的第一笔球员运作，是在 2009 年 6 月从 AC 米兰买下了巴西的超级巨星卡卡，他们未公布转会费，但有消息称转会费高达 5 600 万英镑。几周后，皇马在官方网站上宣布，他们为葡萄牙籍金球奖得主 C 罗开出的 8 000 万英镑的转会费已经被曼联接受。这笔转会费的金额打破了世界纪录，让 C 罗成为历史上价格最高的球员。弗洛伦蒂诺的新巨星签约计划还包括在 2009 年签下西班牙人哈维·阿隆索（Xabi Alonso）和法国人本泽马，2010 年签下阿根廷人迪玛利亚，2012 年签下克罗地亚人莫德里奇，2013 年签下威尔士人贝尔和西班牙人弗朗西斯科·罗曼·阿拉尔孔·苏亚雷斯［Francisco Román Alarcón Suárez，昵称伊斯科（Isco）］，2014 年签下德国人托尼·克罗斯（Toni Kroos）和哥伦比亚人哈梅斯·罗德里格斯（James Rodríguez，简称 J 罗）。这些人中既有进攻球员也有防守球员，而且普遍都较为年轻。

弗洛伦蒂诺和他的管理团队重掌大权后，皇马的经济模式所带来的效益再次显现，组织透明度与成员责任感也获得了极大的提升。皇马正在成为世界顶级社区品牌之一，但是球队的赛场表现仍不稳定。众多新球员需要时间磨合，管理团队也要在反思中进行自我调整，快速完成对未来的规划。

好消息是，和银河战舰 2.0 的开局不同，皇马现在无须面对让人绝望的财务危机。然而，这一时期的俱乐部明显存在投资不足的现象，而且正在失去经济活力，所以不得不再次通过借贷来签约新球员。然而这些债务很快会得到偿还。

从银河战舰 1.0 时代找灵感

卡尔德隆时代结束后，弗洛伦蒂诺和他的团队想让俱乐部重回正轨，将皇马打造为世界上最有价值的球队，就需要思考"带着价值观赢球"究竟意味着什么。当时，虽然与人才过多效应有关的讨论尚未出现，但皇马管理团队本能地意识到，他们很难给每个位置都分配最好的球员。此外，他们也知道很难将社区价值观传递给教练和球员。但他们相信自己有办法应对这些挑战，他们只需要仔细研究银河战舰 1.0 的历史，并从中寻找灵感。皇马管理团队吸取了以下经验：

- 主教练需要具备某些特点。
- 一个球队要有一名领袖型球员。
- 主席要持续贯彻社区价值观。

从自身经验出发，皇马管理团队还关注了一些新问题，比如强调领袖和楷模的作用。同时，他们开始投资并培养下一代球员。

我分析了银河战舰 2.0 与银河战舰 3.0 时期的转会合约，以确定弗洛伦蒂诺是否偏爱进攻型球员。我发现，俱乐部花在进攻型球员身上的金额确实更高，但这符合市场情况。我分别考察了进攻型和防守型球员的最高转会费，但并未得出确切的结论。转会费的高低取决于球员的具体情况，两个时代进攻型和防守型球员的签约数量实际上是一样的。尽管如此，与银河战舰 2.0 时代相比，防守型球员在银河战舰 3.0 时代发挥了更重要的作用，他们包括卡洛斯·恩里克·卡塞米罗（Carlos Henrique Casimiro）、拉斐尔·瓦拉内（Raphaël Varane）、法比奥·科恩特朗（Fábio Coentrão）、萨米·赫迪拉（Sami Khedira）等人。

与银河战舰 2.0 时代相比，3.0 时代的一个显著特征是，皇马在这一时期签约的球员更年轻。2009 年后，皇马经历了重大变革，一改从前一次签一名球员的风格，一口气签下了一批优秀球员。C 罗、卡卡和本泽马在加入皇马时，平均年龄只有 24.3 岁。与此相比，菲戈、齐达内、罗纳尔多和贝克汉姆加入皇马时的平均年龄是 27.8 岁。不止明星球员入队的平均年龄下降了 3.5 岁，普通球员的平均年龄也在下降。皇马管理团队得出的一个经验教训是，俱乐部不能依赖有名气的高龄明星球员，而应在皇马的文化氛围中培养年轻球员。当他们达到个人巅峰期时，球队自然能获得好处。比如卡塞米罗在 2013 年与皇马签约时只有 21 岁，他先在皇马青年学院中训练，随后升入一队。2013 年，贝尔与皇马签约时仅 24 岁；2014 年，J 罗签约时仅 23 岁。

主教练需要具备某些特点

不论是从技术还是从策略方面看，主教练都是一个具有基础作用的角色。主教练每周都要参加几场新闻发布会，他们会受到全世界的关注。因此，主教练就是俱乐部声誉的代表，也是俱乐部的对外发言人之一。此外，主教练还得领导球员，传达正确的信息，让球员了解俱乐部所代表的价值观。

皇马在 20 世纪 50 年代巅峰期时的主教练是穆尼奥斯。穆尼奥斯在 1955 年踢进了皇马在欧洲俱乐部杯历史上进的第一颗进球。在随后的 1956 年和 1957 年，皇马两夺欧洲俱乐部杯冠军，穆尼奥斯在这两场比赛中都担任球队队长。次年，年近 36 岁的穆尼奥斯宣布退役。此后，他先在皇马预备队担任教练并接受培训，1959 年又被任命为一队的主教练。穆尼奥斯是皇马理想的主教练人选，因为他能理解球员，并且能以胜利者的身份赢得球员的尊重。同时，他也清楚皇马的价值观代表什么。

实施皇马策略，对抗人才过多效应的最大难点是，将社区的价值观与期望从管理团队传递给主教练与球员。主教练是一个支点，需要在球员与代表俱乐部成员、社区的主席之间取得平衡，虽然有时这种平衡很难维持。历史证明，主教练这个职位并不总是那么容易胜任。[1]

---

[1] 自伯纳乌 1943 年担任俱乐部主席，打造出现代皇马后，球队一共进行过 48 次主教练任命。其中只有 23 人的在任时间超过一年，只有 8 人在任时间超过 2 年。有 10 名教练曾经两次执教过皇马，其中路易斯·莫罗尼（Luis Molowny）曾经四度担任球队主教练。穆尼奥斯保持着担任皇马主教练最长和第二长时间的纪录，比他任职时间更短的何塞·安东尼奥·卡马乔·阿尔法罗（José Antonio Camacho Alfaro）实际上没有执教过一场比赛。最臭名昭著的是，皇马在赢得欧洲俱乐部杯前 1 个月解雇过主教练，也曾在赢得欧洲俱乐部杯后立刻解雇主教练。

管理年轻、有钱、有名且有天赋的明星球员是个不小的挑战。主教练必须处理好不同球员的个性、偏好与自尊，而一支国际球队中存在的文化和语言差异，让这项任务变得更有难度。弗洛伦蒂诺已经意识到，他需要的主教练要能够应对上述挑战。首先，这名主教练需要尊重社区价值观，以此为行为准则，并向球员传达这些价值观。他需要关注球队的比赛风格，同时尊重社区对俱乐部具有经济责任的看法。其次，在执教皇马时，主教练要拥有沉稳的形象，可以让球员在媒体曝光、流言和无孔不入的外部审视等干扰因素的作用下始终保持专注。最后，对皇马而言，穆尼奥斯这样得过冠军且被公认为顶尖球员的人担任主教练，不仅能得到球员和工作人员的认同，也更能理解球员的心路历程。[①]

2013年，皇马聘请意大利人安切洛蒂担任主教练。绰号为"卡莱拖"（智者）的安切洛蒂曾经是名中场球员，他在罗马队拥有成功的职业生涯，也担任过罗马队队长，跟随罗马队赢得过4次意大利杯冠军。他还是20世纪80年代末传奇的米兰之队成员，与AC米兰一起在1989年和1990年两夺欧洲俱乐部杯。安切洛蒂是位谨慎、镇定、努力且有创意的球员，也是当时最优秀的意大利中场球员之一。作为主教练，他分别在2003年和2007年带领AC米兰夺得欧洲俱乐部杯冠军。

安切洛蒂性格沉稳，而且拥有足够的名望，足以让明星球员信服他。[②] 聘

[①] 皇马高管知道，有研究表明，教练作为球员时的经历对他执教能否成功几乎没有影响。然而，大部分研究关注的是所有教练与球队，而不是头脑冷静的前明星球员执教明星球员的情况。不管怎么说，即便在我分析的那些案例中，我也无法得出确切的结论。皇马高管将社区价值观与期望作为选择主教练的重要因素。

[②] 安切洛蒂表示，在2003年欧冠决赛战胜尤文图斯的比赛前，他给AC米兰的队员播放了阿尔·帕西诺（Al Pacino）在1999年的电影《挑战星期天》（*Any Given Sunday*）里的一个片段。电影中有一段迈阿密鲨鱼队（Miami Sharks）主教练托尼·达马托（Tony D'Amato）令人激动的讲话，其中提到了要用"一步一个脚印"的方式取得胜利。

请一名因为屡获胜利而受人尊重的人担任主教练，可以让皇马的明星球员向曾经赢得过重大胜利的顶尖球员学习。弗洛伦蒂诺明白，他需要在合适的时间选择合适的主教练。比如，弗洛伦蒂诺认为安切洛蒂在 2010 年时也许不是完美的主教练人选，因为那时球队需要更正规、更有纪律性的训练，而当时的主教练穆里尼奥更擅长于此。如果没有穆里尼奥打下的基础，现在的皇马也许就无法取得这么好的成绩。

尽管穆里尼奥在 2004 年和 2010 年分别带领波尔图和国际米兰赢得了欧冠冠军，但他并非顶尖球员，没有在顶尖球队效力的经历，也没有参加过欧洲的任何一场主流足球联赛。但在 2010 年加入皇马前，穆里尼奥赢得了首届国际足联金球奖最佳教练奖。穆里尼奥以他强大的战术能力、富有魅力的个性、精湛的教练技巧，以及极高的公众关注度而闻名。穆里尼奥在 2004 年加入切尔西，他当时在新闻发布会上说道："请不要说我傲慢，因为我是欧洲冠军，所以我觉得自己很特别。"媒体因此给他起了"特别之人"的绰号。穆里尼奥在皇马取得了他个人执教生涯中最高的胜率，他在皇马指导的球队胜率为 72%，在切尔西和国际米兰分别是 66% 和 62%。尽管身为教练非常受人尊重，也非常成功，但穆里尼奥的成功并不符合皇马的预期，因为他没有带领球队赢得欧冠冠军。在皇马独特的环境中，他具备强大的个人魅力、缺乏顶级球员资历，以及容易吸引外界关注等特点反而成为劣势。然而，他也可能单纯只是运气不好，因为赛场上的一个进球就可能戏剧般地改变整个故事。毫无疑问，处于可持续经济/体育模式金字塔顶端的是认同社区价值观的球员，而非主教练。俱乐部成员很快意识到，穆里尼奥为球队注入了纪律性与职业精神，尽管这段合作没能按照各方预期发展，但穆里尼奥也许就是当时最合适的主教练人选，或许正是他为皇马的第十冠做好了铺垫。

2014—2015 赛季开始时，刚刚夺得第十冠的皇马在安切洛蒂的执教下连胜 21 场，2014 年底手握 4 座奖杯（欧冠、世界杯、欧洲超级杯和西班牙国王杯）。可由于 J 罗、莫德里奇、贝尔、本泽马和拉莫斯等几名核心球员因伤缺阵，皇马不得不启用新球员和新战术来配置首发阵容，球队内部结构开始失衡。因为球员过度参赛而显露出疲态，安切洛蒂遭到外界指责。当时皇马在大部分时间一直处于西甲联赛榜首，但最终只位列第二，而且球队赛季末在欧冠半决赛中失利。俱乐部开始审视，这么多球员出现伤病，究竟是不是因为上场时长过长或者训练不当。俱乐部最终认定，在赛季末错失冠军本身就是非常严重的问题，他们需要主教练在这个问题上更敏感一些。这也是皇马解雇安切洛蒂，启用拉法埃尔·贝尼特斯（Rafael Benítez）的原因之一。

贝尼特斯有着丰富的国际比赛经验和大量冠军头衔，他曾获得过欧冠、世界杯、欧洲超级杯和西甲联赛的冠军。他以缜密的战术能力、敬业的工作精神和广博的足球知识闻名。此外，贝尼特斯还拥有两个重要优点。第一，他了解皇马和它的价值观。贝尼特斯是皇马培养出来的教练。13～20岁时，他的级别在皇马的青训体系中不断提升，他甚至在皇马青年学院做过教练。尽管不是顶尖球员，但贝尼特斯在2004年执教利物浦的第一年就带队赢得了欧冠冠军。以时间、环境、特点和阵容构成为标准，皇马认为理解俱乐部价值观的主教练比拥有更高声望的主教练更适合自己。皇马还希望主教练熟悉球队的青训体系，以便为队中出自青年学院的球员提供更多机会，而这也是社区的期望。第二，贝尼特斯对太累太老效应很敏感。皇马的明星球员需要在训练量与比赛量之间找到平衡。主教练不能为了赢得明星球员的喜爱而对他们要求过松，也不能因为要求过严而被他们厌恶。而贝尼特斯无论是作为球员还是教练都有取胜经历，因而他在面对明星球员时拥有更多施展空间。

当顶尖的球员转任教练时，外界对他们的主要质疑在于，为什么这些教练无法带领球队做到他们作为球员时能做到的事。与此同时，当个人能力较差的球员转任教练后，比如穆里尼奥、阿尔塞纳·温格（Arsène Wenger）和贝尼特斯，他们更容易理解那些缺乏顶级天赋的球员，也知道如何激励那些球员充分发挥个人和团队的能力。这与管理和激励顶尖球员完全不同。多数管理类图书，甚至大部分体育管理类书，都含蓄地将管理和激励的对象设定为中等或比较优秀的球员；几乎没有书关注如何管理并激励顶尖人才，更别说管理有名、有钱又年轻的明星球员了。

贝尼特斯曾在皇马受训，也很讲究纪律性。但他没有做过明星球员，也没有完备的进攻战术，这一点让皇马社区颇感失望。此外，当贝尼特斯通过轮转或替换球员，以避免他们在赛季末过于疲劳或受伤时，媒体却对他大肆抨击，甚至暗示球员也在质疑他的决定。我猜测，在聘请贝尼特斯的问题上，来自外界的压力过大，导致球队偏离了过去的常规做法，在与宿敌的竞争中败下阵来。对皇马来说，如果主教练无法激励明星球员，或者没能取得社区期望的赛场成绩，就一定会备受争议。我认为皇马管理层充分了解这个情况，因此他们小心谨慎地为皇马前任传奇齐达内做好铺垫，并让他最终担任一队教练。在我采访皇马工作人员时，能感受到一种认可与兴奋，他们似乎认为齐达内是完美的候选人，是皇马的继承者，也是连接穆尼奥斯和博斯克的桥梁。同时，他们也很谨慎，并不因为喜爱齐达内就笃定他能成功。此外，俱乐部高管认为，很多明星球员没能成为成功的主教练，可能就是因为他们缺乏准备。

更换主教练也有可能带来一些麻烦，因为新教练接手了在前任教练的训练体系下被培养出来的球员。球员需要时间适应，教练也需要时间才能训练出优秀的球员。与此同时，教练不得不做出艰难的决定，把球员安排在能让他们成功的位置上，而不是启用自己的训练体系。统筹球员的复杂之处在于，不仅签约或出售球员会带来改变，球员的年龄、表现、期望与角色发生变化时，球队也会出现变化。一支足球队是一个复杂、动态且活跃的组织，需要精心维护。只有思维足够灵活的教练，才能领导一个随时会发生变动的团队。如果教练不能调整自己适应球队，那么替换教练显然比变更球队阵容更合适，所以管理层经常根据球队及其球员的情况选择一个在特定时间段里最合适的领袖，并随着球队状况和环境变换而替换教练。这有助于解释皇马为什么更换了这么多次教练。

THE REAL MADRID WAY
从皇马看俱乐部经营

"禅师"杰克逊与"冰人"科尔

说到拥有某些特质并能够管理全明星球队的教练，美国的杰克逊是一个代表。杰克逊在球员时期作为纽约尼克斯队（New York Knicks）的一员，两次夺得 NBA 冠军，后来成功执教乔丹、皮蓬所在的芝加哥公牛队与科比、奥尼尔所在的洛杉矶湖人队，他做教练时一共夺得 11 次 NBA 总冠军。尽管他不是明星球员，但却是一位有智慧、努力拼搏的优秀球员。球员们在采访中承认，正因为杰克逊是赢家，所以他们愿意听他指挥，为他留出操作的余地。当杰克逊告诉明星球员，他们需要相信他人并与他人合作、向一个共同目标努力时，他得到了大家的信任。

因为行事风格沉稳，加上信仰东方哲学，杰克逊获得了"禅师"（Zen Master）的绰号。他将瑜伽和冥想引入球队，让球员坚持阅读。当我在 2006 年参加乔丹的成人范特西篮球训练营时，问起了乔丹对杰克逊的看法。他认为杰克逊沉稳的性格使他能更轻松地处理好球员的自负心理。例如，乔丹提到了自己、皮蓬和丹尼斯·罗德曼（Dennis Rodman），他们三人的性格迥然不同。根据乔丹的回忆，杰克逊的镇定让他能在困难时期帮队员"按下暂停键"，反思并解决当下的困难，然后将注意力集中到球队的目标以及球员的角色与责任上。

杰克逊有两个经常被忽视的优点，一是他掌握一套"三角进攻"战术体系；二是他有带领球队在漫长赛季中获胜的能力。三角进攻体系不仅要求球员高度无私，而且为他们赋予了关键而明确的角色，这对于注重合作的球队来说非常重要。有趣的是，这一进攻体系并不是为明星球员设计的，而是为普通球员设计的。这个体系可以帮助普通球员明确角色站位，在进攻中共同进退。它的可靠之处在于，能为球员在高压环境中缓解焦虑，因为球员只需要关注自己的角色，得分的最佳时机自然会出现。三角进攻体系为团队赋予了明确的目的性，为球员设定了明确的角色，这对取得成绩至关重要。这套体系适合杰克逊执教的明星球员，但可能不适合天赋较差的球员。杰克逊认为他的球队需要调整好节奏，以应对由 82 场比赛组成的常规赛季。进行这样的比赛就像跑马拉松一样，不能只做短跑冲刺。赛季初，杰克逊会大批轮换球员，经常使用替补球员，确保他们能与场上的队友无缝衔接，保证他们能够理解三角进攻体系。到了赛季末，他会逐渐减少轮换球员数量，给常规阵容中的球员更多同时上场的机会，从而为季后赛做好准备。

我们当然可以合理地怀疑，如果换一支球队、换一批球员，甚至换一个环境，杰克逊和他的三角进攻体系是否还能获得这么大的成功。但不论如何他教好了他的球队，也许他善于选择自己执教的球队、球员和环境，并不会随意接受执教邀请。

同一时期，科尔拥有 15 年 NBA 球员经历，赢得过 5 次 NBA 总冠军，其中 3 次是在杰克逊执教的芝加哥公牛队，两次是在波波维奇执教的圣安东尼奥马刺队。在 1997 年总决赛中关键性的第 6 场比赛里，他接到乔丹的助攻，投进了绝杀球。在科尔的职业生涯中，3 分球命中率高达 45.4%，这至今仍是 NBA 历史最佳成绩。大学期间，因为总能投进关键球，科尔得到了"冰人"（Ice）的绰号。2014—2015 赛季，科尔顶替马克·杰克逊（Mark Jackson），被聘为金州勇士队（Golden State Warriors）主教练。20多年来，马克刚刚带领勇士队首次连续打进季后赛。他是个很受尊敬的球员和教练，在球员时期，既强硬又老派。他是球场上的领袖，总是毫无保留地表达自己的情绪。球员时期的马克以在禁区背身单打对方控卫15秒闻名。担任教练时，他采用了一套受控的进攻体系。不管是作为球员还是教练，马克从未赢过NBA总冠军。勇士队表示，经过马克训练后的球队确实比他刚刚接手时更好，但他们觉得球队需要换一名教练，才能带领两名年轻球星赢得NBA总冠军。然而，因为科尔此前并无执教经历，所以用科尔顶替马克是一项有争议、有风险的决定。

勇士队的两名年轻球员库里和克莱·汤普森（Klay Thompson）喜欢而且非常擅长3分球。同为前NBA球员的儿子，他们二人因为投篮空心入网的能力获得了"水花兄弟"（Splash Brothers）的昵称。科尔曾经本就是一名优秀的球员，而且心态冷静。此外，他还在两名NBA历史最佳教练（杰克逊和波波维奇）手下打过球，也与一些历史最佳球员（乔丹、皮蓬、罗德曼和邓肯）做过队友。科尔打造了一个开放、进攻快速、乐于分享而且注重3分投篮的进攻体系，这个体系与NBA球队的传统训练体系存在很大区别。传统观念认为，注重3分球的球队无法赢得NBA总冠军。但勇士队的全新进攻体系有看点又刺激，成为球迷关注的焦点。NBA球迷会通过在赛后查看库里的数据，断定真实的库里比游戏中的还要厉害。经常被人忽视的是，勇士队的球员通过无私的团队合作、快速的进攻与努力拼搏，建立了坚固的防守，他们是NBA里最优秀的防守球队之一。马克在这个问题上值得赞许，因为他在担任主教练期间非常注重球队防守的纪律性。在科尔的执教下，勇士队发展出了一种真实的身份认同与文化。他们的明星球员与主教练均以"开放价值观、团队导向、无私分享、注重3分球和得分"闻名。此外，身高只有 1.91 米的库里在 NBA 中并不具备身体优势，也没有强大的弹跳能力，但恰恰因为这一点，他的球风得到了很多人（尤其是孩子）的认同与模仿。勇士队在科尔执教的第一年就赢得了 NBA 总冠军。而总决赛 MVP 既不是库里，也不是汤普森，而是整个赛季都作为替补队员的安德烈·伊戈达拉（Andre Iguodala）。科尔让之前 10 个赛季全部作为首发队员的伊戈达拉欣然接受替补角色，伊戈达拉的做法让他成为勇士队无私价值观的典范。作为教练的科尔确实拥有一些重要特质，可以让球队最大限度地发挥自身实力。

——————————— THE REAL MADRID WAY

一个球队要有一名领袖型球员

皇马推行自身价值观的另一个方法，就是向俱乐部推出一位能得到所有人认同和尊重的人，即推出一个楷模。20 世纪 50 年代，这位领袖型球员是迪·斯蒂法诺，他也被视为历史上最伟大的足球运动员之一。皇马也有很多其他球星，比如普斯卡什，但很明显，迪·斯蒂法诺就是"银河中的太阳"。他在将近 30 岁时加入了皇马，所以不管是为人处事还是作为一名球员，他都比较成熟了。

C 罗加入罗马时只有 24 岁，比当年的迪·斯蒂法诺小几岁。2007 年，他 22 岁时就已经获得了金球奖和国际足联年度球员的提名。次年，C 罗赢得了人生中第一个金球奖和国际足联年度最佳球员奖。

通常，年轻的新球员需要一定时间才能理解皇马社区的期望。根据教练的反馈，C 罗从一开始就是一位极其刻苦的球员，他的训练强度与真实比赛的强度不相上下。所有教练都认为他树立了一个极好的榜样，而且拥有强大的精神力量。他如雕塑一般的身体也向队友和社区成员展现着他的专注与投入。

C罗主要专注于3个核心领域的训练：战术（意识、理解、决策与进球场景），身体（速度、力量、体能与灵活性），以及技术（基本功、传球、射门、移动、转向与其他一对一技术）。他总是在同一次训练中持续练习一次触球、两次触球的技术动作，同时练习其他能让他的进攻变得难以预测、难以防守的技术。他常常在录像室里研究其他球员的动作偏好。教练们还补充道，C罗有个性，也有取胜心态。

教练们指出，C罗在赛场上不太引人注目，是因为他会调整自己的踢法，以提高团队整体的效率。他学会利用自己强壮的身体为队友创造更多机会。教练们提到，贝尔加入球队后，C罗为了帮助球队，进行了细微的自我调整。所有球员都说，他是伟大的队友，知道何时、如何用幽默缓解压力，或者用有趣的仪式团结球队。比如，C罗和其他球员都会在赢球时发出"Siiiiii"的呐喊。通过以身作则，C罗成长为受人尊重的队友与领袖。后来，他也赢得了2013年和2014年的金球奖。

C罗在自己得分的同时也在悄悄地为队友创造得分机会。在2014—2015赛季皇马出场的54场比赛里，C罗在其中的22场比赛中成为球队的头号助攻手。即便不控球，他也能帮助球队。教练们还指出，C罗利用自己的速度和压迫性迫使对方守门员或防守球员快速做出经常失败的长传，以此为球队创造出额外的进攻机会。他在得分与助攻上的统治性存在，导致对方的防守球员不得不紧跟着他，这就为他的队友制造了空间和机会。教练们称赞C罗帮助J罗融入球队，而J罗正是C罗助攻最大的受益者之一。教练们说道，如果C罗没能踢出自己预期中最高水平的比赛，他就会觉得自己要对每个人负起高度的个人责任，仿佛他让爱自己的人失望了一样。教练们说，在像他一样拥有极高天赋与成功率的球员中，他的这种激情非常罕见。

除了极其出色的技术，C罗对团队的另一个贡献则是卓越的职业精神。教练很难无休止地督促明星球员，告诉他们该做什么。C罗树立了认真努力的榜样，所以教练不需要激励其他明星球员，不需要督促他们在训练时保持和C罗同样的努力。与其他好胜心极强的冠军一样，C罗不需要教练提醒也知道努力。参加训练时，他总能保持和正式比赛一样的专注力与紧迫感。他懂得自我激励，动力十足，不愿在任何事上被人超越。这种紧迫感与驱动力促使其他明星球员自律。年轻球员会模仿他的良好习惯。教练必须与领袖型球员保持良好关系，因为二者具有共生性。与C罗形成互补的是球队队长。和C罗一样，队长凭借资历为球队奠定基调，同时与C罗形成互相信任的关系，并让他在某些事情上成为领袖。

2013—2014赛季，C罗进入28岁，与迪·斯蒂法诺当初加入皇马时的年龄相当。和当年的迪·斯蒂法诺一样，他也成为皇马中的领袖型球员。在皇马赢得"第十冠"的过程中，他贡献了宝贵的领导力与赛场表现。C罗身边也围绕着世界上最优秀的球员，比如贝尔、本泽马、J罗、克罗斯和拉莫斯，以及出自青年学院的潜力新人，比如赫塞·罗德里格斯·鲁伊斯（Jesé Rodriguez Ruiz）、丹尼尔·卡瓦哈尔（Daniel Carvajal）、纳乔·费尔南德斯（Nacho Fernández）和巴斯克斯。

回首2003年，皇马可以吹嘘自己拥有世界足球史上最好的球队。确实，在2003年的国际足联年度最佳球员评选中，排名前10的球员中有5人是皇马球员。但当时的皇马球队中不存在领袖型球员。现在，尽管皇马拥有众多优秀球员，但只有一人是显而易见的领袖型球员，那就是C罗。在1.0版的银河战舰中承担这一角色的是伯纳乌和迪·斯蒂法诺，在3.0版中对应的则是佩雷斯和C罗。

C罗是皇马球队史上进球最多的球员,也是欧冠历史上进球最多的球员。

一切以符合俱乐部价值观为中心

2000年接管皇马时,弗洛伦蒂诺还是一个局外人,但他知道自己想要与社区拥有相同价值观的球员。他掌握了技术团队提供的数据分析结果,可足球比赛具有复杂性，由于竞赛水平、评估系统，乃至对行为的定义不同，解读数据是具有高度主观性的行为。此外，数据分析也需要背景。当然，弗洛伦蒂诺不是评估足球技术的专家，不了解如何评估球员之间的合作情况，也不知道该如何执教球员。但弗洛伦蒂诺为球队提供了使命宣言和价值观，这些观念的推行极大地依赖他所聘之人的专业能力与执行力。

媒体对弗洛伦蒂诺最大的误解，大概是认为他做决策时全靠自己。其实，他最看重的是通过传递价值观和期望，让人们形成共识，共同做出决定。随着时间流逝，他慢慢了解哪些做法有效、哪些无效，确定了哪些意见更值得重视。他在处理问题时变得更加从容，而且学会了屏蔽过于激烈的观点，质疑，媒体的批评，球员、教练、经纪人或其他人的意见等。弗洛伦蒂诺意识到，赛季初需要时间让球员形成默契，因此需要耐心，不能草率地做出判断。当球队在赛季中期表现良好时，他也不能掉以轻心，因为随时可能出现伤病或其他不可预见的情况。这就是最好等到赛季末从团队角度仔细、全面地分析数据与信息，再得出结论的原因。

媒体对弗洛伦蒂诺的另一个误解是，他喜欢干涉教练的工作。然而，我们从教练的采访中得知，弗洛伦蒂诺从未指定哪名球员上场，也从未对如何分配球员指手画脚。他曾经公开回应过这个话题："从我2000年来到皇马开始，就从不向教练提建议。他们向来拥有充分的自主权。"皇马前任教练安切洛蒂在一次采访中也谈到了这个问题："还在马德里时，就有人指责我按照主席的意愿安排阵容。贝尼特斯有自己的想法，他把这些想法反映在了赛场上。"弗洛伦蒂诺和董事会一般会在赛季结束后评估教练的表现。他不会在不咨询董事会成员意见的情况下，做出实质性决定。他和他的团队做出大量投资，修建最好的训练设施与基础设施，剩下的则交给以实现社区目标为己任的教练和球员。教练也许能感受到社区施加的压力，不得不指派某些球员上场，或者选择不做轮换，以安抚社区成员的情绪。

弗洛伦蒂诺和他的管理团队无比坚信，可持续的经济/体育模式就是正确的发展模式。随着时间推移，他越来越有经验，也越来越有信心做出从长远看有利于社区发展，但会让自己受到批评的决定。这一点在迪玛利亚和阿隆索的转会问题上表现得非常明显。这两人都是皇马夺得第十冠过程中不可或缺的成员。在赢得第十冠的那年夏天，皇马以 6 000 万英镑的价格将迪玛利亚出售给曼联，又以 500 万英镑的价格将阿隆索出售给拜仁慕尼黑。在 C 罗公开批评球队出售迪玛利亚后，弗洛伦蒂诺站出来维护俱乐部。皇马主席坚称 C 罗和俱乐部不存在不和，他表示："我很了解 C 罗。他是世界上最好的球员，他对皇马的忠诚毋庸置疑。"弗洛伦蒂诺表示，迪玛利亚拒绝了俱乐部提出的加薪方案，不愿接受次于 C 罗的薪水，俱乐部别无选择，只能出售这名阿根廷中场球员。弗洛伦蒂诺在一次采访中表示：

> 我从 2000 年起就在皇马。从那时起，很多球员来来去去，经验告诉我，走的永远是最好的，来的永远有不确定性。我签的第一位球员是齐达内，上一笔（夏天转会期）签约是贝尔。我们在能力范围内向迪玛利亚开出了最好的合同，但他没有接受。因此，我们签下了 J 罗，他是 2014 年世界杯的最佳球员之一，也是世界杯金靴奖得主。
>
> 我们感谢并尊重迪玛利亚和所有离开的人。一名尚在合同期的球员离开球队，只是因为他有别的愿望。皇马向来尊重合同。迪玛利亚提出了我认为合理的财务要求，但我们无法满足这些要求。我要再次强调，我们为他提供了所能提供的最好报价。除了 C 罗，迪玛利亚本可以成为皇马中薪金最高的球员。如果我们接受他在财务上的要求，会对其他球员造成不公，进而损害俱乐部的稳定性。我们认为迪玛利亚签约曼联的转会费是很公道的，他最终也完成了转会。无论是在职业上还是在人生上，我们祝愿迪玛利亚一切都好。

这并不是说皇马付不起迪玛利亚想要的数额，而是他们无法承担由此对球队团结与公平造成的伤害，他们也认为满足迪玛利亚的要价不符合俱乐部价值观。[①] 弗洛伦蒂诺在同一次采访中提到："在俱乐部，我们遵守前俱乐部主席伯纳乌教给我们的体育/经济模式……"

弗洛伦蒂诺也谈到了阿隆索出人意料地与拜仁签下两年合同的举动。"阿隆索找到我们，说他想离开。"弗洛伦蒂诺说，"他觉得这对他、对俱乐部都是最好的选择。我们和阿隆索的关系很融洽，我们接受了他的提议。阿隆索已经处于职业生涯末期，他想用这种方式管理自己的职业生涯。我们能理解，也尊重他的选择。"

显然，弗洛伦蒂诺有足够的信心和声望，去坚持他认为正确的选择，即便这些选择不受媒体欢迎。慢慢地，他调整了自己的做法，使俱乐部能更轻松地做出类似决定。比如，他降低了与球队一同旅行的频率，限制发展与球员的关系，以避免冲突。他不会定期与球员和教练谈话。一整个赛季中，他只会与球员和教练交流一两次，但会时不时在重大比赛前与他们交流。比赛结束后，弗洛伦蒂诺也许会在更衣室与球员简单聊上几句，但他不会打电话给球员。球员时常直接与他联系，并亲切地称他为"主席"，但这样的联络通常局限于私人事务，与比赛场上或更衣室里发生的事无关。弗洛伦蒂诺不参与球队内部对球员的纪律处罚，这些事务由桑切斯负责。弗洛伦蒂诺会在球员受到处罚前得到通知，但不会对外公开这些处罚。

正如弗洛伦蒂诺所说，皇马引入了2014年世界杯上表现最好的球员之一、世界杯金靴奖得主J罗。一个经常被媒体忽视，但被皇马重视的因素是，J罗所在的哥伦比亚国家队在2014年世界杯上赢得了体育精神奖，这当然是J罗可以融入皇马价值观与文化的一个有利证据。

---

① 弗洛伦蒂诺早先将马克莱莱出售给切尔西也是这个道理。

第10章 弗洛伦蒂诺回归，重回正轨

有趣的是，尽管有传言称皇马对天赋出众的前锋苏亚雷斯有兴趣，但并没有和他签约。当我向弗洛伦蒂诺提起这个传言时，他只是承认苏亚雷斯是位非常有才华的球员。他知道苏亚雷斯的数据非常漂亮。然而，任何看过2014年世界杯的人都知道，苏亚雷斯咬过3名对手，其中一次咬人还发生在与巴西的比赛中。此外，苏亚雷斯过去还曾因为种族歧视和虐待球员而被判有罪（他本人不承认这个判决）。尽管如此，巴萨还是签下了苏亚雷斯，而且付出了足球历史上第三高的转会费。我十分好奇，皇马做出不追求苏亚雷斯的决定，到底是不是因为他的行为不符合俱乐部球迷和成员的价值观与期望。如果真如此，那就意味着即便苏亚雷斯拥有出众的天赋，也不可能获得皇马社区全心全意的支持，他的加入还有可能影响皇马经济/体育模式的运行。但是因为俱乐部政策，没有人愿意回答这个问题。

当皇马用8 000万欧元从摩纳哥买下J罗时，巴萨用6 500万英镑从利物浦买下了苏亚雷斯。2014—2015赛季的球员个人球衣销量榜前三分别是C罗、梅西和J罗。球衣的销量可以体现球迷崇拜和认同这些球员的程度。

最初，很多因为失去迪玛利亚而伤心的皇马球迷看不起J罗，并用贝克汉姆取代马克莱莱与之对比，他们质疑道："这个哥伦比亚人能起到之前的阿根廷巨星没有的什么作用？"根据某些评论家的回答，J罗带来的都是很表层的特质——帅气的长相、清爽的形象以及可营销性。但是，球迷和媒体都忽视了一个因素：防守。实际上，J罗为皇马的中场防守增加了一层新维度。直到2015年2月J罗受伤时，他以场均1.6次铲球排名队内第八。在这项数据上排在J罗之前的7人中，有5人属于防守球员，另外2人分别是处于靠后防守位置的克罗斯，以及在当时安切洛蒂的体系中倾向于防守位的伊斯科。数据显示，J罗的拦截能力也在队内排名第七，场均拦球0.9次。在这项数据的排行榜中，除莫德里奇外，排在J罗之前的6名都是防守型球员。此外，J罗的场均丢球数为0.5次，这也是目前为止他在该统计项上获得的最好数据。

看到 J 罗在世界杯上的精彩表现后，人们都想知道他能否在进攻上做出贡献，而他也没有让人失望。受伤前，J 罗在西甲联赛攻入 5 球、助攻 5 球；在欧冠中踢进 1 球，另有 1 次助攻；也在西班牙国王杯中获得 1 次助攻。他在队内的关键传球数上排名第二（场均 2.5 次，他的职业生涯平均数据为 1.9 次），他在 2014—2015 赛季的场均横传与长传数量也比之前赛季更高。J 罗在那个赛季的传球成功率也是他整个职业生涯中最高的。他在场时，皇马每 30 分钟就能进球得分；没有他时，进球间隔时长增加到了 42 分钟。总之，受伤前的 J 罗在各个角度均超出了人们的预期。

至于迪玛利亚，他在效力曼联期间，场均铲球数和拦截数分别为 0.7 次和 0.8 次。在效力皇马的最后一个赛季，他的这两项数据分别是 1.3 次和 0.6 次；丢球数为场均 1.5 次，与在皇马最后一个赛季时基本持平。经过一段优秀的开局后，迪玛利亚在 2014—2015 赛季的最后 10 场比赛里仅获得 1 场首发权。2015 年，曼联以 4 430 万英镑的价格将迪玛利亚出售给巴黎圣日耳曼。前文提过，曼联在前一年夏天向皇马支付了 6 000 万英镑才得到迪玛利亚。在拥有迪玛利亚的 2013—2014 赛季，皇马进球数为 103 个，丢球数为 37 个，净胜球为 66 个；在没有迪玛利亚的 2014—2015 赛季，皇马的进球数为 118 个，丢球数为 38 个，净胜球为 80 个。

事实证明，不管是从经济还是数据表现上考虑，皇马对 J 罗的投资都很合理，这一举措也对球队起到了积极影响。皇马换掉迪玛利亚，不但因为他提出了超出俱乐部意愿的金钱要求，而且因为满足他的意愿就会背离社区价值观所要求的经济责任性，对其他球员也不公平。

主席持续贯彻社区价值观，能推动团结的管理团队大胆采取行动。几十年来，最激进、最狂热的皇马球迷坐在球场南边的球门后，他们被称为"极端南看台"（Ultra Sur）。他们在皇马进行主场比赛时会制造大量噪声，营造现场氛围，有时还会进行攻击型辱骂，采取暴力行为，甚至传播极端政治主张与排外意识形态。当这些人的行为过火，或者价值观与俱乐部偏离时，大部分主席都会左右为难，因为这部分人代表着大约 900 名会员。几十年来，这些人在球场里引领球迷支持主队，为主队欢呼，而俱乐部也在想办法接纳多元的个性。

当弗洛伦蒂诺在 2000 年首次当选俱乐部主席时，他向"极端南看台"发出一个警示信息：球场里不允许出现任何暴力、排外行为，也不允许出现任何极端政治符号。皇马随后移除了观众席与场地之间的所有围栏。弗洛伦蒂诺担任主席期间，伯纳乌球场里没有发生过涉及"极端南看台"的负面事件。然而，在 2012 年的一场比赛赛前，"极端南看台"中的两拨人在球场外发生冲突，以至于警察不得不插手干预。随后，在管理团队和董事会的支持下，弗洛伦蒂诺采取了大胆的行动，他将"极端南看台"团体的座位重新分配给更年轻的会员，让这些会员引领球场里的欢呼呐喊，同时禁止一些激进的"极端南看台"成员入场。他用"活力大看台"（Grada de Animación）为新团体命名。这个团体需要在整场比赛中持续欢呼，跟随领头者一起唱歌。所有团体成员需要带着身份证件与俱乐部签订合同，这意味着俱乐部知晓"活力大看台"每一名成员的真实身份。合同主要是为了确保这个团体全部由年轻人组成，这些人要支持皇马，且不能表达种族歧视、暴力或政治言论。任何违反合同约定的人都会被驱逐。皇马对走进伯纳乌球场的球迷们提出极高的要求，他们以此来确保自己的价值观得到维护。

THE REAL MADRID WAY
从皇马看俱乐部经营

绅士风度

2009 年，主场位于西班牙北部巴斯克地区圣塞巴斯蒂安的皇家社会队足球俱乐部（Real Sociedad）在濒临破产的情况下开始了建队百年的庆祝。在连续参加 40 年一级联赛后，当时皇家社会队不仅被托管，而且还被降至乙级联赛。他们联络其他西班牙球队，希望举办友谊赛，因为这样既能庆祝球队建队百年，又能筹集资金。很多球队拒绝了他们，但皇马接受了邀请，不仅免费参加比赛，还让明星球员首发上场。这种有风度的行为，被皇马社区成员称为 Señorío。Señorío 可以译为"绅士风度"、"骑士精神"或"有风度"，是一种态度和做事方式。

弗洛伦蒂诺在第一次担任主席期间，外界的不少评价都称皇马"有风度"。长年担任曼联主教练的弗格森在自传中回忆道："我很意外，我在最后一场比赛结束后收到了一份精致的礼物，是一个银质的西贝莱斯喷泉模型，皇马就曾在那个喷泉旁庆祝夺冠。我还收到了弗洛伦蒂诺主席写的一封信。"

2016 年，皇马社区在伯纳乌球场进行的一场欧冠比赛中同样展现了绅士风度。当传奇球员弗朗切斯科·托蒂（Francesco Totti）以替补身份代表罗马队上场时，很多皇马球迷起立为他鼓掌。时年 39 岁的托蒂出生于罗马，曾在罗马青年队效力 3 年，随后一直为罗马队效力。那场比赛结束后，托蒂说他唯一的遗憾就是没有为皇马效力过。这位罗马队长赛后谈到自己看到球迷起立鼓掌时的感受："我真的没想到自己会产生这么强烈的情绪。我为足球这项运动付出了很多，这是我从一个了不起的球场收获的感谢。"与之类似，皇马球迷也曾经为意大利球员阿莱桑德罗·德尔·皮耶罗（Alessandro Del Piero）和安德烈亚·皮尔洛（Andrea Pirlo）起立鼓掌致敬。

THE REAL MADRID WAY

每一名球员都是俱乐部的形象大使

皇马特别重视球员的选择，只不过表现方式与很多人想象的不同。皇马的大部分球员属于世界上最优秀的一批球员，他们在世界各地拥有数百万粉丝。因此，皇马认为球员必须成为俱乐部的最佳形象代表。他们的行为必须符合俱乐部的价值观及文化。[①] 不管成绩如何，球员都必须能让社区成员为他们感到骄傲。他们继承了丰厚的精神遗产，并且有传承的义务。这些遗产是俱乐部的重要财富。从本质上来说，是球员和社区一起，亲手将俱乐部的精神遗产交予下一代。这些遗产就是皇马的标志。

皇马对团队合作的重视也体现在了人员变动上。赛季结束后，皇马管理团队会从技术角度咨询教练与技术团队，哪个位置的球员需要得到提高。主教练对球员的技术评估至关重要。管理团队的主要目标是提高球队实力，他们在考虑多种不同因素后，会就人员变动做出最后决定。

如果管理团队认为某个球员不论在场上还是场下，行为都不符合社区价值观，就很有可能会换掉这名球员。当球员不具备职业精神、在更衣室制造冲突，或威胁俱乐部时，就有可能被换掉。在赛场表现方面，皇马的管理团队管理着所有球员，并且与他们合作。团队会有意识地换掉那些没有足够的技术、潜力，无法竞争一队席位的球员。此外，他们还需要评估球员的技术水平或贡献是否符合他们的薪水预期。皇马认为，他们必须这么做，才能确保球员符合社区的价值观和预期，并认同俱乐部的精英领导方式。然而，当高人气球员的年龄或其他因素开始影响他们的技术水平与表现时，仅用上述方式无法对他们

[①] 他们承认很多球员相对年轻，而且有钱、有名、有影响力，这些球员可能会时不时做出未来让自己后悔的不负责任的决定。球员行为有可能影响俱乐部的态度，比如出售或放走他们，也有可能内部处理，不对外公开地做出罚款处罚。皇马致力于在内部保密处理这些问题，以避免对俱乐部或球员产生负面影响。每支球队里都有问题球员，重要的是俱乐部如何应对这样的球员。

进行全面评估。因此，除了价值、职业精神与性格，俱乐部也会分析其他因素，比如球员是否容易受伤。

俱乐部认为，他们签下的不只是一名球员，而是一个未来能够担任俱乐部形象大使的人。最理想的情况当然是签下世界上最优秀的球员，同时，这个球员强烈认同皇马的价值观与职业精神，而且适合俱乐部的教练体系，时刻都能将球队摆在第一位。然而，支付高额薪水和转会费不是最负责任的经济行为，也不符合皇马价值观。因此，上述理想状态很难实现。

尽管《足球经济学》一书表示，球队为世界杯金靴奖得主支付了过高薪水，可皇马认为，那些顶尖球员总能承受最大的压力，在最激烈的竞争环境中进球得分。而皇马关注的就是球员如何在高压状态下战胜最强对手赢得冠军，而不只满足于进入决赛。漫长的赛季中包括各种难度的比赛，因此赛季数据并不足以体现球员的实力。只有近距离研究那些备受关注的高难度比赛，才能洞悉一位球员的真实实力。这种能决定奖杯归属的高质量比赛的数据会改变大家对某位球员的认知，让俱乐部愿意付出更多薪水。皇马知道运气和随机性是足球的重要组成部分，尤其是在决定胜负的关键对决中，但他们仍想在参加欧冠时占有数据上的竞争优势。这种优势对皇马及其经济/体育模式的价值，可能高出对其他球队的价值。因此，我们很难衡量某个球员对皇马的价值。此外，当皇马采用以社区价值观为基础的经济/体育模式，在最大限度上优化球员的经济收益时，我们也很难确定皇马是否为一名球员支付了过高的薪水。

我们通过考察一些皇马球员在西甲联赛和欧冠上的表现，可以确定球队重视哪些类型的球员。我选择了至少为皇马踢过50场比赛的球员作为考察对象。我并没有考察他们效力皇马前和离开皇马后的数据，因为他们可能在不同的体系中踢球，和不同水准的球员做队友。欧冠的对手质量一般高于西甲联赛，因为参加欧冠需要符合一定标准。MLB狂热爱好者可以查看附录B中的"棒球中的赛季平均数据 vs. 季后赛数据"，可以看到与下面的例子相似的分析。表

10-1 的分析表明，迪·斯蒂法诺与亨托（银河战舰 1.0），菲戈与劳尔（银河战舰 2.0），以及本泽马（银河战舰 3.0）在欧冠中的场均进球数都要高于西甲联赛。

表 10-1 皇马球员的场均进球数[1]

球员	在西甲的场均进球数（个）	在欧冠的场均进球数（个）	变动百分比（%）
迪·斯蒂法诺	0.77	0.84	+10
亨托	0.30	0.35	+19
菲戈	0.23	0.27	+15
劳尔	0.41	0.50	+21
本泽马	0.46	0.56	+20

注：1. 普斯卡什和齐达内以皇马球员的身份参加欧洲俱乐部杯或欧冠的数量不到 50 场。

我们可以对比 C 罗和梅西的数据，从 C 罗加入皇马开始，两人的场均进球数都接近 1，这是相当惊人的数据，可以体现两名球员的统治力。将表 10-2 中两人的场均进球数与表 10-1 中皇马传奇球星的数据对比，足以说明两人的实力强大。特别是当皇马的场均总进球数从银河战舰 1.0 时代的 3.5 降至略高于 2.5 时，C 罗和梅西的数据就更让人惊异了。虽然两人在欧冠中的场均进球数均低于西甲联赛，但前者的数据依然令人感到震撼。

表 10-2 C 罗和梅西在西甲联赛和欧冠中的场均进球数[1]

球员	在西甲的场均进球数（个）	在欧冠的场均进球数（个）	变动百分比（%）
C 罗	1.13	0.98	-13
梅西	1.13	0.91	-19

注：1. 从 C 罗加入皇马开始计算，数据来源为 Opta Sports Data。

我也考察了球员在欧冠淘汰赛阶段的场均进球数。和小组赛阶段相比，这些进球通常发生在竞争更激烈的环境下。这个阶段的数据较少，但从表 10-3

可以看到，C 罗的场均进球数仍然接近 1。

表 10-3　C 罗和梅西在欧冠淘汰赛阶段中的场均进球数[1]

球员	出场数（场）	欧冠淘汰赛阶段进球数（个）	场均进球数（个）
C 罗	32	29	0.91
梅西	35	27	0.77

注：1. 从 C 罗加入皇马开始计算，数据来源为 Opta Sports Data。

通过考察欧冠历史上得分排名前 50 的球员的中位数据，我们得到了预期中的结果：平均来看，即便最优秀的球员在欧冠中的成绩都会略微下滑，原因可能是对手更强，或者球队选择更保守的踢法。C 罗和梅西在欧冠中的场均进球数是排名前 50 的球员平均数的两倍，这足以说明两人的实力。据统计，最优秀的球员在欧冠中的场均进球数一般会出现 5% 的下降幅度，而历史上皇马球员的这项数据却出现了 10%～20% 的上涨。

让我们回到皇马球员的选拔流程这一问题。一名球员是否能融入俱乐部的体系，是管理层选择球员的重要因素之一。皇马向我公开了部分未曾公开过的复杂数据和分析。那些数据、彩色表格和热区图看起来就像 NASA 在太空项目里使用的照片一样。其中充斥着"引力分数"（gravity score）[①]这样的体育分析术语，内容非常硬核。总之，比赛中的每一项数据都被追踪记录。皇马在比赛中使用了两套不同的摄像系统：一个系统是 Mediacoach，由两组高清摄像机组成，每组 4 个，用于追踪球员的技术及身体数据；另一个系统是 Prozone，由一组高清摄像机组成，进行与前者类似的追踪记录。皇马这样做，是因为不同数据公司对球员动作的定义和对数据的分析有不同侧重点。

---

① 在体育分析领域，引力分数可以展现防守球员被吸引到特定区域的趋势。这个数据可以表明防守人的站位，有助于确定进攻的成败。

皇马认为，不需要大批数据分析人员，人们也能知道 C 罗和梅西是伟大的球员。俱乐部认为数据不是决定球员市场价值的最重要标准。数据只是在得到合理运用，并且与其他因素，比如与人际价值结合在一起被评估时，能帮助俱乐部避免犯下大错。此外，人们在研究数据时也需要考虑球员的球风、角色和偏好等因素，需要结合大量背景信息。

当管理者和技术专家确定了哪个球员要被替换后，他们一般会选 2～3 名合适的候选人。在做出推荐前，他们会反复向了解那些球员的人咨询。他们会深入地了解球员的性格与价值观，以确认球员是否与皇马相匹配。这项工作首先由教练和技术人员完成。然而，他们可能会为一个胜率更高但价值观与俱乐部不相符的球员寻找借口，想办法向管理层推荐这样的球员。因此，俱乐部主席在这些事务上需要有自己的想法和经验。俱乐部高管有时需要利用外部咨询师与顾问，才能更全面地了解球员的价值倾向与球队的配适度。俱乐部里的其他人也会对球员进行性格和背景调查。皇马可能会因为重视性格问题而错过一些有天赋的球员，但弗洛伦蒂诺相信，俱乐部总能找到拥有顶级品性的顶级球员。当然，出身皇马青年学院的球员毕业时无须接受这样的审查。

如果一名球员符合皇马的价值观，那么是否签约这名球员完全由管理团队和技术专家决定。下文提到的几个部门制定了一个策略，可以在优化俱乐部的形象与提升营收的同时，让球员融入球队。

财务与营销经理携手，从成本、营销以及球员对俱乐部文化的适应度等层面对 2～3 名候选人进行评估。接下来，营销部门将与财务部门合作，量化每名球员的潜在营销影响力（肖像权、赞助收入等）。市面上有很多可以估算球员价值与营收影响的模型，有些模型甚至试图量化球员在赛场内外的相对收益。但皇马不会用数字去定义任何一名球员。管理层认为评估更像艺术，而不是科学。对真实市场机制或者不同提案的分析具有一定科学性；在一项团队运动中，对球员的赛场贡献以及营销影响力进行估值，又是一门艺术。比如，公平与平等是皇马文化的核心元素，为了评估报价是否合理，管理团队会将候选人的报价与其他队员的报价进行对比，这颇具艺术性。

这意味着，即便俱乐部在财务上接受候选人报价，他们也有可能放弃签约一些有潜力的候选人。皇马管理团队的经验越丰富，他们就越关注维持公平与经济负责性的观念，即便这会导致他们做出一些不受外界欢迎的决定，或者导致高人气球员离队。归根结底，获得新球员是俱乐部成员基于共同决策流程进行的合作，这种合作将功能各自独立的部门连接在一起，同时受以下4个关键因素影响：透明性、俱乐部哲学、社会责任与经济责任性。皇马希望获得在有形因素（比如成文价值观、组织秩序等）和无形因素（比如历史、传统、队长、青年学院球员等）方面都适合俱乐部的球员，以此集合最优秀的团队型球员，交出符合社区价值观与期望的最好成绩。

THE REAL MADRID WAY
从皇马看俱乐部经营

太累太老效应

遗传、饮食、身体状况、过往伤病史等因素决定了一名球员的巅峰年龄，不同运动员的巅峰年龄可能存在很大差别。一般情况下，巅峰年龄过后，球员的表现就会逐步下滑。此外，球员的年龄越大，恢复到高水平状态所需的时间就会越长。在分析数据时，年龄是一个经常被忽视的因素。新西兰运动表现研究机构（Sports Performance Research Institute）的莎恩·艾伦（Sian Allen）和威尔·霍普金斯（Will Hopkins）从科学的角度计算出了不同项目的运动员能够达到巅峰竞技状态的年龄（见表10-4）。

表 10-4　不同项目男性运动员的巅峰年龄

运动项目	巅峰年龄（岁）
短跑	25
奥运会铁人三项	27
马拉松	30
铁人三项	32

研究者注意到，短跑项目通常更需要爆发力强的运动员，这类运动员的巅峰年龄比耐力类或竞技类项目运动员小得多，这可能是因为在后面两种运动项目中，年龄较大的运动员可以发挥经验和智慧优势。这份研究显然忽略了足球项目，尽管冲刺与速度在足球领域变得越来越重要，足球运动员的巅峰年龄还是在短跑（25 岁）和耐力类项目（32 岁）之间。

C 罗就通过努力训练，试图减少年龄带来的影响。《天空体育》（Sky Sports）的亚当·贝特（Adam Bate）报道称，在 C 罗加入皇马的第 1 个赛季，即 2009—2010 赛季，他每 90 分钟会进行 3.3 次盘带；到了 2013—2014 赛季，这个数字降至 2.4；而 2014—2015 赛季，这个数字进一步降到 1.6。但 C 罗的场均进球率并未降低，因为他和其他世界级运动员一样，调整了踢法，在队友的帮助下成为更强的"终结者"。他将经验和智慧转化为优势。2006 年，34 岁的齐达内在国际足联年度球员评选中排名第 2，仅次于 33 岁的法比奥·卡纳瓦罗（Fabio Cannavaro），但他随后选择退役。C 罗出生于 1985 年，在我写这本书时，他已经 31 岁了。克雷格·亚历山大（Craig Alexander）在 38 岁时赢得了个人的第三座铁人（IRONMAN）世界冠军，而该项目运动员的平均巅峰年龄是 32 岁。事实上，亚历山大的 3 个世界冠军都是在他 32 岁后赢得的。他的经历证明，运动员即便已超巅峰年龄很久，仍然可以取得成功。

我们还需要统计与伤病有关的数据。与其他体育运动相比，足球运动员的受伤频率相对较高,每参与 1 000 小时比赛,会出现 17~24 次伤病。欧足联精英俱乐部伤病研究中心(UEFA Elite Club Injury Study)对 2013—2014 赛季的 29 支球队进行研究。结果显示,每支球队在近 11 个月的赛季中平均会进行 213 次训练(月均 19.7 次)和 59 场比赛(月均 5.9 场),每名球员每个月会因伤缺席 2.2 次训练和 0.6 场比赛。2002 年 2 月,纳德·拉纳马(Nader Rahnama)、托马斯·雷利(Thomas Reilly)和阿德里安·利斯(Adrian Lees)教授在《英国运动医学期刊》(*British Journal of Sports Medicine*)上发表过一篇论文,对英超 1999—2000 赛季中球员的伤病情况进行了分析。他们得出结论:"球员在对抗性回合以及比赛最初 15 分钟和最后 15 分钟里的受伤风险最高,这反映出比赛开场阶段会对球员造成紧迫感,收官阶段会加重球员的疲劳。在争抢球最为激烈的区域,尤其是接近球门的攻防区域中,球员的受伤风险更高。此外,比赛的下半场,以及最后 15 分钟也是球员最易受伤的时间段。"这大概是一些教练喜欢在比赛最后阶段换人的原因。然而,皇马社区不喜欢看到明星球员被替换下场。

不管公众的看法如何,皇马总是面临着严重的球员伤病问题。根据官方报告,在过去几个赛季里,如果用事故、比赛负担和球员可用性等主要伤病指标来评估,皇马在有实力争夺欧冠奖杯的球队中属于平均水平。此外,替补球员的质量及可用性等数据同样重要,因为这决定了哪位球员能够替补上场。如果一支球队不依赖稳定的球员体系,而是更多地依赖球员的临场发挥,替补球员的质量与可用性就显得更重要了。这对皇马来说尤为关键。

尽管皇马官方不断进行着伤病数据统计,但现实中没有任何数据能够显示运动员是否带着伤病、忍着疼痛,或者在身体、心理疲惫以及高压的状态下参与竞技。我们在前面讨论过,皇马和其他有实力的大球队在一个赛季里要争夺多个奖杯,而且球员还要出战各自国家队的比赛。国家队依赖这些球员在国际比赛和资格赛中踢出最好成绩。球员自身的身体情况、踢出好成绩的压力，以及比赛、旅行、公开活动等紧张的日程安排，都会在漫长的赛季里影响到球员的表现。如果得不到合理的休息，这些明星球员表现不佳或受伤的风险会越来越高。2004年8月，简·埃克斯特兰德（Jan Ekstrand）、迈克·沃尔登（Mike Walden）和马丁·哈格伦德（Martin Hägglund）教授在《英国运动医学期刊》上发表的一篇文章，研究了2002年世界杯上欧洲球队中运动员的伤病与表现。他们得出的结论是："和表现超过预期的球员相比，表现低于预期的球员在世界杯开始前10周参加了更多比赛……在世界杯前一周参加过一场以上比赛的球员中，有60%在世界杯期间出现伤病，或者表现不佳。"在夏季举办的国际赛事中，表现不佳的球员比表现优秀的球员参加的比赛更多。这个分析证实了我们的怀疑，即球员会受到过度疲劳的影响。处于比赛后期或参赛时间过长的球员更容易受伤。

最强球队中的优秀球员可能会出现参赛频率过高的情况。此外，他们还要履行国家队义务，而国家队比赛通常在赛季中或休赛期进行。我们发现球员在效力国家队与效力欧洲职业足球队时存在冲突的情况，比如2014年11月，皇马29岁的明星中场球员莫德里奇就因为在克罗地亚1∶1战平意大利的国际比赛中大腿受伤而停赛数月。莫德里奇的能力和职业精神，对皇马的成绩以及球队的团结具有非常重要的意义。他伤愈复出后，仅仅过去几周就再次受伤。克罗地亚国家队的队医表示："皇马当时的主教练安切洛蒂在莫德里奇受伤归队后没有给他缓冲的时间……他每场比赛都踢满90分钟。安切洛蒂给莫德里奇施加了巨大压力，没有让他慢慢复出……莫德里奇不是因为撞击而受伤，而是因为他的身体没有100%恢复。如果他没有过度疲劳，他的小腿在被铲球时就不会移位。"队医显然将国家队的重要性排在皇马之前，但他也明确了球员过度疲劳是同时为两支球队效力的结果，这也是他再次受伤的原因。

国际比赛中的伤病导致很多皇马球员错过了2014—2015赛季和2015—2016赛季的比赛。有趣的是，球员伤停似乎更容易出现在8月到11月这个时间段，也就是西甲联赛开赛后的几个月，这也是赛季期间国家队比赛最多的时间段。

2014年夏天，德国队夺得世界杯冠军后，他们的中场球员克罗斯在2014—2015赛季的38场西甲联赛中，作为皇马的首发球员参加了36场比赛。在剩余的两场比赛中，他被替换。有些人表示，克罗斯不是唯一一个被皇马过度使用的球员，他只是足够健康。有评论说，如果每个人都能上场，时任主教练安切洛蒂肯定每场比赛都会按照自己的喜好选择首发阵容。与此同时，皇马社区希望看到最好的球员上场，希望看到流畅的比赛，这就要求球员彼此熟悉，才能合作赢得胜利，这让皇马主教练感到非常为难。到2014—2015赛季末，皇马的成绩开始下滑。[①] 他们更关注如何保持球员轮换平衡，他们想办法换掉已过巅峰期的明星球员，同时使用球员轮换体系，并且在赛季期间关注球员的身体情况。但俱乐部无法让球员不为国家队出战。

皇马的宿敌巴萨采用了不同的方法。在2014—2015赛季，巴萨因为疲劳和伤病损失中场球员，主教练决定更为频繁地轮换球员。巴萨主教练起初因为这个轮换政策饱受批评，特别是在球队出现了几场失利后。在近30场比赛里，巴萨主教练每场都使用了不同的首发阵容。到赛季末期，巴萨拥有了相对完整的阵容，这得益于球员轮换策略。

---

① 2014年赢得欧冠冠军后，很多皇马球员在2014年世界杯开赛前只有一两周休息时间，世界杯结束后也只能休息一两周，随后就得到皇马报到，准备新赛季。圣诞节期间，球员需要参加世界杯，这导致他们的假期时间缩短。到2014—2015赛季末，球员们就会变得非常疲惫。

虽然疲劳经常导致球员表现不理想，但疲劳难以被察觉、追踪并分析。比如，疲劳可能导致球员在无球时的移动频率及强度下降，这有可能使他们错失得分机会（比如球员的速度追不上球，但在正常情况下他本可以追上），或者防守失位（比如因为过于疲劳无法快速回防）。此外，休息、康复不够充分不仅影响球员的身体，也会影响他们的心理。所以，在分析数据时，我们需要纳入疲劳因素。在NBA达拉斯独行侠队担任顾问的克里希纳·纳尔苏（Krishna Narsu）分析了詹姆斯及其他球员在连续比赛和休息一天后的场上速度变化。不出意料，常规首发球员在连续比赛后，移动速度会显著变慢。然而，过度休息所导致的身体僵硬，同样会让球员速度变慢。在一个球队成员相互依赖性的运动项目中，球员需要判断队友的速度，几英寸或者几微秒就能决定比赛胜负，细微的速度差别就会影响球员的表现，而且这种差别很难被检测出来。

速度更快，这是年轻人的运动

太老太累效应关系重大，因为速度、忍耐力和巅峰年龄在如今的足球运动中变得越来越重要。20世纪70年代，足球运动员每90分钟的平均跑动距离大约是4.02千米。如今，一份对西甲联赛和欧冠中球员最大跑动距离的分析报告显示，足球运动员在一场比赛里的平均跑动距离是11.43千米（最短为5.63千米，最长为13.68千米）。跑动距离最长的是中场球员（大约12.07千米），其次是中场两侧球员（约11.99千米）、边卫（约11.43千米），再次是前锋（约11.27千米）和中场防守球员（约10.62千米）。报告同样显示，随着球员跑动距离增大，球员在下半场的速度会出现下降。和篮球不同，足球规则限制了球员的休息。在篮球比赛中，教练可以让年龄较大的球员休息，为他们在关键时刻上场保留体力。比如，2014年赢得NBA总冠军的圣安东尼奥马刺队，他们的3大明星球员有43%

的时间坐着休息。与此相比，在足球比赛中，每支球队每场只能替换3人，这使得球员的耐力变得至关重要。球员只能依靠自己的智慧和技术解决疲劳问题，因此，战胜疲劳会变得异常困难。

足球运动员在跑动时一般会采用短跑冲刺的方式，他们会利用球在场地另一边的时间休息。在一场比赛中，不同位置的球员可能需要在35~50分钟里进行短跑冲刺。大部分冲刺的持续时间很短，一般不超过5秒。如果按45分钟的平均冲刺时间来算，球员每2分钟就要冲刺一次。这相当于他们每场要进行23次短跑冲刺，每两次之间有90~180秒的慢跑恢复时间。相比之下，百米短跑运动员每个赛季平均参加20~30次比赛。

前文提过，短跑运动员和铁人三项运动员的平均巅峰年龄分别是25岁和27岁。在现代足球中，从21世纪第一个10年的中期开始，足球运动员在每场比赛中的平均冲刺次数增加了约1/3，而两次高强度冲刺之间的休息恢复时间减少了约20%。由于现代足球运动对体能提出了前所未有的要求，所以这项运动正在变为年轻人的运动。因此，皇马在训练中开始关注球员在两次高强度冲刺之间的恢复能力，他们为球员增加了高强度间歇式训练。

C罗和梅西都拥有超凡的速度。国际足联的一项研究显示，他们均位列世界速度最快足球运动员排名榜前10。他们在比赛中的最快速度可以达到32.99千米/时，这相当于用11秒跑完100米。但别忘了，这是在足球比赛里跑出的数据，是在草地上、穿着钉鞋、带着护腿板、穿着足球队服跑出来的数据。而贝尔的速度还要略快于这两位球员。冲刺距离能够影响进球数量。曾在哥伦比亚大学统计学部门担任教授的扬·维瑟尔（Jan Vecer）正在撰写一本新书《足球经济学》。他认为："冲刺距离对进球有着极大的影响。"按照维瑟尔的假设，最具有参考性的统计数据是加速度，即从快速移动到冲刺之间的变化速度。重要的不是加速度的绝对值，而是与对手球队相比的相对值。他认为 C 罗和梅西都因为加速度能够超越所有对手而在比赛中受益良多。维瑟尔推测，两人在欧冠中得分效率降低（场均进球减少）的原因，主要是与对手球员的加速度差值小于西甲联赛期间的加速度差值。

C 罗和梅西每个赛季的跑动距离总长，相当于马德里到巴塞罗那的距离。但梅西拥有一个克服太老太累效应的优势。肯·厄尔利（Ken Early）和本杰明·莫里斯（Benjamin Morris）对这个优势做出了解释。他们认为，在 2014 年世界杯期间，梅西在防守上的投入率是阿根廷队球员中除守门员外最低的。更有意思的是，梅西在进攻上的投入率也是所有前锋中第二低的。他耗费的能量更少，却在场上起到了比别人更大的作用。与其他顶级前锋相比，梅西参与中强度和高强度运动的时间较短，而且他的冲刺次数也少于其他顶级前锋。查看数据后我们发现，梅西平均每分钟的跑动距离约为 90 米，C 罗的跑动距离约为 110 米。也许梅西的站位就是为了减少他的跑动量而设计的，这可以让他在必要时能随时冲刺，并且不需要担心伤病的出现。

贝尔以身体素质、速度、技术、体能、灵活性和加速能力闻名。皇马对贝尔进行评估时，被他的年龄和速度所吸引。贝尔每场比赛的跑动距离约为 12 千米，这个数据略高于平均值。但真正让人印象深刻的，却是他在最高速时能跑出约 13 千米的距离，这个数据是球员平均值的近两倍。更重要的是，贝尔在如此高速的状态下仍能发挥自己的技术水平。皇马在贝尔 24 岁时与他签约，这也符合银河战舰 3.0 时代签约年轻球员的整体趋势。贝尔的速度不仅能让他自己进球得分，也能为队友创造空间和进攻机会。此外，贝尔还能在进攻时快速回撤，帮助队友防守。他的速度增加了对方球员的压力，压缩了对方的战术空间。

身陷太累太老效应的西班牙队

2014年世界杯开始前，大多数专家都预测上届冠军西班牙队至少能打进半决赛。然而，他们却是第一支被淘汰出局的球队。年龄成为影响他们表现的最大负面因素：西班牙队是世界杯参赛球队中平均年龄最大的球队之一。早早出局后，主教练博斯克驳斥了外界对球员年龄过大的疑虑："这是一支成熟的球队，球员都在巅峰期。"

2014年，一篇名为《足球中的球员年龄：时钟正在滴嗒作响》(Player age in football: The clock is ticking) 的文章，对世界杯卫冕冠军球队的球员平均年龄与球队最终排名进行了分析。文章作者发现，在这一类球队中，年龄是关键影响因素（见表10-5）。

表10-5 世界杯冠军球队的球员平均年龄与球队在下届世界怀的最终排名

年份	上届冠军	球队平均年龄（岁）	最终排名[1]（名）
2014	西班牙	27.5～28.0	20～25
2010	意大利	28.0～28.5	20～25
2006	巴西	28.0～28.5	2～5
2002	法国	28.0～28.5	25～30
1994	德国	28.5～29.0	2～5

注：1. 考虑洲际优势因素。

考虑地理因素后可以看出，在球队所处大洲参赛的球队，排名比跨洲参赛的球队高出6位（球队平均年龄每增加1岁，排名会下降4位）。因此，如果卫冕冠军只是召回4年前参加世界杯的球员和教练，那么球队的平均年龄增加4岁，球队的可预期排名就是第17名。2014年西班牙队的平均年龄是28岁，比他们在2010年夺得世界杯冠军时大了2岁。此外，西班牙队的23名球员中有7人来自打进欧冠决赛的皇马与马德里竞技，还有7名球员来自欧冠半决赛负于马德里竞技的巴萨，这些球员刚刚经历最漫长的赛季。西班牙队的主教练拥有强大领导力，也有适合球员的战术体系，但太老太累效应带来了显而易见的负面影响。

可以理解，主教练不愿把明星球员留在场下，希望他们在赛场上发挥作用。因为将未证明过自己的年轻球员作为首选，除了会引起球迷与媒体的批评和质疑，也很容易导致球员之间出现矛盾。然而数据表明，主教练和总经理应当将球员的年龄纳入考量范围。年龄较大的进攻球员可能会因为回防不尽力，或者回防的速度不够快，导致球队整体防守能力下滑。

太老太累效应可能在赛季末期表现得更明显，只分析一支球队的平均年龄也许无法揭示问题的全貌。通过更深入的挖掘，区分球员的角色与年龄，我们才能更清楚地看到这个效应的影响。

从皇马看俱乐部经营

明星、工兵与年轻人分析

西班牙纳维拉大学商学院的教授吉米奥·凯斯（Kimio Kase）、桑达里奥·戈麦斯（Sandalio Gómez）和伊格纳西奥·乌鲁希亚（Ignacio Urrutia）对皇马2000—2006年的商业及体育策略进行了学术研究。他们将皇马球员划分为"明星"、"工兵"和"年轻人"3种类型。在他们的分析中，明星指的是世界顶级球员，工兵则是来自其他国家或国际俱乐部的顶尖球员，而年轻人是出身青年学院或预备队、在一队中争得一席之地的球员。有些球员在皇马可以通过优异表现获得明星地位。我在对2014—2015赛季的分析中利用了这一理论框架，并同时考虑了球员在国家队和俱乐部中的成功，以确定是否将他们分入明星一档。① 有些工兵和年轻人也会在适当时候被归为明星。

前述几位教授的分析也曾发表在《价值创造与体育管理》(Value Creation and Sport Management) 中，但他们对皇马策略的记录只截至 2006 年。为了更好地理解皇马策略的变化，我用 Opta Sports Data 提供的数据延续并更新了上述研究，并将数据分为 3 个阶段：弗洛伦蒂诺第一次担任皇马主席时期（2000—2006 年），弗洛伦蒂诺辞职后时期（2006—2009 年），以及 2009 年他重新担任主席时期（2009—2014 年）。附录 D "明星、工兵及年轻人的相关分析"中附加了一些与这个分析有关的信息。

2000—2006 年

弗洛伦蒂诺在首次担任主席期间，就系统性地为皇马引入了一批明星。仅仅 4 年时间（2000—2004 年），球队就签下了 4 名高知名度的国际球员（菲戈、齐达内、罗纳尔多和贝克汉姆）。他的策略与伯纳乌类似，后者也曾在银河战舰 1.0 时代连续签下明星球员。弗洛伦蒂诺将皇马球队中明星球员的比例从 2000 年的 11% 提高到了 2006 年的 25%。明星球员的加入使工兵球员的数量大幅减少，比例从 61% 降至 39%。年轻人在球队中的比例为 37%，但这对皇马在赛场上的表现没有起到显著作用。皇马的年轻人没有获得足够多的上场时间，他们对球队的进球贡献率平均只有 5%。学者们这样写道："工

---

① 梅西和卡西利亚斯的职业生涯尤其值得考察。两人都是从青训营毕业后直接进入一队的，而且只在两个赛季中可被视作"年轻人"（分别是 2000—2002 赛季和 2004—2006 赛季），他们随后立刻成为"明星"。从职业生涯一开始，梅西就吸引了大量媒体关注，他为一队攻入 17 个球时只有 19 岁。卡西利亚斯在职业生涯初期就成为皇马的标志性球员，20 岁那年，他就已经跟随皇马赢得了欧冠冠军，还在 2002 年世界杯上成为西班牙队的首发球员。

兵的数量持续减少，越来越多的年轻人加入球队。这时，问题开始出现，因为不是所有明星球员都能在同一时间上场……球队里的明星球员增多，球员的平均年龄出现增长，而工兵数量太少。与此同时，年轻人又没有足够的上场时间。"

在分析2000—2006年的皇马时，我发现明星球员的年龄逐渐变大，从弗洛伦蒂诺接手时的26岁，增长为2005年的28.4岁和2006年的28.1岁，而且明星球员的进球贡献率也明显下滑。此外，工兵的平均年龄从2000年的26.5岁提高至2005年的28.7岁。皇马球员的赛场表现数据也符合表10-6中展现的情况。我推测，球队表现不佳与球员年龄过大以及太老太累效应有关，同时也与主教练缺乏领导力有关。2006年，卡洛斯33岁，齐达内和菲戈都是34岁。

几位学者在他们的论文中写道："皇马不平衡的阵容存在风险……他们有一群每场比赛都要上场的大龄巨星，其他人大部分时间都在板凳上度过。明星球员一般比其他球员老，这极大提高了球队的平均年龄……随着年龄增长，他们的上场时间和进球数开始下降。此外，他们还要参加更多的国际比赛，与其他人相比，需要对自己提出更高的要求，所以受伤和疲劳的风险也会增加。"

2006—2009年

弗洛伦蒂诺在2006—2009年没有担任皇马主席。这一时期工兵数量出现增长，从2000—2006年的42%，增长到2006—2009年的49%；年轻人数量出现下降，从2000—2006年的37%，降至2006—2009年的26%。

如前所述，这一时期明星球员的质量以及球队的风格均未能满足社区的要求。工兵比2000—2006年期间更年轻，平均年龄从27.0岁降至25.6岁。皇马在3年时间里赢得了3个冠军，在西甲联赛获得两连冠，另夺得 1 次西班牙国王杯，但俱乐部在欧冠中的表现让社区感到失望。

2009—2015 年

当弗洛伦蒂诺 2009 年再次成为主席时，他本能地意识到了太老太累效应的影响，随即着手重构球队阵容。明星球员在球队中的占比为 22%，类似于 2000—2006 年的 21%。但 2009—2015 年明星球员的平均年龄降至 26.6 岁，比此前下降了 1.2 岁。此外，工兵的平均年龄从 2000—2006 年的 27.0 岁降至 26.1 岁。

表 10-6 列出了国际体育研究中心（CIES）足球观察统计的 2015—2016 赛季开始时各队以及欧洲各联赛中球员的平均年龄。皇马球员的平均年龄为 26.2 岁，低于西甲联赛的 26.6 岁。

表 10-6　2015 年 10 月 1 日各队球员的平均年龄

球队 / 联赛	平均年龄（岁）（截至 2015 年 10 月 1 日）
尤文图斯	27.8
曼城	27.7
拜仁慕尼黑	27.1
巴黎圣日耳曼	27.1
意甲联赛	27.1
巴萨	26.9
英超	26.9
西甲联赛	26.6
皇马	26.2
切尔西	26.1
德甲联赛	26.1
法甲	26.1
曼联	25.8
利物浦	25.0

从年龄角度来看，皇马在明星、工兵和年轻人之间取得了平衡。

有趣的是，当我用同样的方法分析 2011 年以后的巴萨时，我发现巴萨的球队构成与皇马极为相似。

通过将皇马球员分为明星、工兵和年轻人并分析相关数据，我们应该明白，在分析赛场表现时，重要的不只是了解全队的年龄，而是要更进一步了解球队结构以及扮演不同角色的球员的年龄。比如，明星和工兵年龄增大，可以解释球队成绩在赛季末出现的下滑，也能说明太老太累效应的影响。皇马有人才，有钱，有数据分析师，也有价值观作为支撑，但我们一次又一次地看到，谁也不能战胜时间。

THE REAL MADRID WAY

第 11 章

最好的对手，
皇马 vs. 巴萨

如若不考虑皇马与巴萨这对宿敌的关系，那么任何对皇马的分析研究都是不完整的。"国家德比"（El Clásico）是皇马与巴萨之间比赛的昵称。两队之间的对抗，是世界体育界最伟大的一组对抗之一。北美体育界也有不少宿敌组合，但在我看来，没有任何一组的竞争激烈程度能与皇马和巴萨的组合相提并论。原因在于，两个俱乐部各自拥有特点鲜明的身份认同、品牌和价值观，而且拥有充满激情且忠诚的社区成员。除非你是皇马或巴萨的死忠足球迷，否则很难理解国家德比的意义究竟有多重大。英国解说哈德森开玩笑地表示，不仅火星人正在观看国家德比，还有超过 10 亿的地球人正在观看。按照媒体的估算，全球有超过 4 亿人会观看一场常规赛季的国家德比。不过"538"（FiveThirtyEight）网站的莫里斯认为，国家德比的观众数量很可能接近超级碗的观众数量。无论如何，按照赛程安排，皇马和巴萨每个赛季至少交手两次，而一场比赛就能吸引和超级碗同等数量的观众，这足以说明全球观众对国家德比的热情。

一个人乘坐高铁在马德里和巴塞罗那这两座西班牙最大的城市之间往返需要 2.5 小时。巴塞罗那是西班牙人口第二多的城市，人口总数约 160 万，仅次于马德里的 320 万。作为首都的马德里位于西班牙的正中心，而作为加泰罗尼亚地区首府的巴塞罗那位于西班牙的东北部，东接地中海，北邻法国。

在大众看来，巴萨是属于加泰罗尼亚的俱乐部，巴萨的一切都与加泰罗尼亚有关。巴萨的座右铭是"Mes que un club"（不仅仅是一家俱乐部），代表了巴萨在加泰罗尼亚文化中超越足球或体育的象征意义。球迷会把足球俱乐部看作本地社区的象征与代表，可对加泰罗尼亚人来说，巴萨远不只是一个俱乐部，而是当地政治、文化的代表，这种本土性在巴萨的价值宣言中得到了更深的强化。巴萨的服装里甚至融入了加泰罗尼亚的符号。巴萨就是加泰罗尼亚的代表，与西班牙其他地区的俱乐部有着鲜明的区别。与此相比，皇马有意识地将自己定位为国际化、具有文化多元性和普世性的俱乐部。[①]

几乎所有西班牙人和国际足球迷都在谈论皇马与巴萨这对宿敌的关系，而且都对这个话题有自己的想法。这个话题将一个国家与足球爱好者联合在了一起。这两个社区需要如此激烈的对抗，以帮助他们明确并强化各自的身份认同，让彼此变得更好。近些年来，双方的竞争发展为争论 C 罗和梅西究竟谁是世界上最好的球员。C 罗和梅西效力于同一个联赛，每个赛季至少交手两次，而且二人同为国家德比的明星球员，这促使人们的争论变得更激烈，反过来，也有助于定义并推动两个社区各自的发展。

皇马和巴萨都是优秀的俱乐部，但他们的运营模式不同。在本章里，我会对两个俱乐部进行考察和对比。

[①] 为了承担"成为开放、文化多元的俱乐部，在世界范围内得到欣赏与尊重……"这个使命，皇马在某些国家改变了徽章的样式，移除了徽章中皇冠上的十字架，以迎合对这个符号敏感的社区成员。

谁是最会赚钱的球队

经考察发现，皇马和巴萨在财务的表现上存在区别。皇马的商业及比赛日营收更高。考虑到巴萨的诺坎普球场可以容纳 99 354 人，而皇马伯纳乌球场的容量仅为 81 044 人，比赛日营收的差别就成了一个有趣的现象。①用巴萨 1.21 亿欧元的比赛日营收除以 99 354 人的球场容量，得出的结果是 1 217 欧元。用皇马 1.3 亿欧元的比赛日收入除以 81 044 人的球场容量，得出的结果是 1 604 欧元。这意味着皇马通过 VIP 包厢、特许授权和广告牌，以更少的球场容量获得了更高的人均销售额，而伯纳乌球场的 VIP 座位比诺坎普球场多 2 756 个。

皇马与巴萨均从 2016—2017 赛季前的西班牙联赛电视收益分配结构中获益。从 2016—2017 赛季开始，西甲联赛开始捆绑销售电视转播权，并要求西班牙足球队各自协商电视转播协议（这与英国及德国的共同协商系统不同）。这种做法导致两个西班牙巨头俱乐部从支付给 20 支西班牙球队的电视转播费中拿走了 33%。

此外，西甲联赛的球队数量少于英超。英超的电视转播收入平均每年为 2.1 亿欧元，而西甲联赛 2014—2015 赛季的电视转播收入为 8 500 万欧元。如果查看付费足球节目的订阅人数，我们会发现，英国的数据约为 1 500 万，西班牙则是接近 400 万。此外，西班牙的观众有对体育新闻的"获得信息

---

① 因为安保原因，西甲联赛与欧冠的球场可售座位数量并不相同，比赛级别不同也会影响球场可售座位的数量。伯纳乌球场 2013—2014 赛季的最大容量是 81 044 人，平均上座人数是 70 739 人。很多时候，出于不同原因，季票持有者既不去现场观赛，也不把球票送给别人，这样的空座不会计入上座率。在这种情况下，尽管季票持有者的座位没有人坐，售票部门也会显示无票可售。每个赛季都会有无人感兴趣的比赛，比如西班牙国王杯初期与乙级联赛球队的比赛、与不太重要的对手进行的西甲联赛比赛，以及不太重要的欧冠首轮比赛。很多季票持有者不会去现场看这些比赛。因此，这些低上座率的比赛影响了球场的平均上座率数据。

权"，这意味着进球画面会立刻出现在所有免费电视频道上。①

有报道称，皇马和巴萨相对英超球队拥有财务上的竞争优势，因为他们不需要分享电视转播收入。2016 年的德勤足球财富排行榜显示，在 2014—2015 赛季，皇马、巴萨以及尤文图斯赚得约 2 亿欧元的全球电视转播收入，英超的切尔西和曼城在这方面的收入约为 1.78 亿欧元。② 考虑到皇马和巴萨在欧冠上的表现更优秀，而且球迷群体更大，这两个俱乐部的收益比曼城和切尔西高出 12%，也是合理的。至于联赛的电视转播收入，在 2014—2015 赛季，皇马和巴萨仅靠西甲联赛就获得了约 1.3 亿欧元的电视转播收入，切尔西和曼城仅靠英超联比赛获得的电视转播收入也是约 1.3 亿欧元。因此，尽管西甲联赛的球队数量少于英超，皇马和巴萨却赚到了和英超顶级球队一样的收入。然而，西甲联赛转播协议的变化很快就对皇马和巴萨的财务带来负面影响。

通常，皇马每个赛季会在西班牙以外地区参加 6～8 场表演赛。表演赛的收益受很多因素影响，不过俱乐部每年的总收入一般在 1 500 万～2 500 万欧元。表 11-1 展示了巴萨和皇马的财务信息状况，读者可以对两者进行对比。

表 11-1 2013—2015 财年巴萨与皇马的部分财务信息（百万欧元）[1]

	巴萨			皇马		
	2013 年	2014 年	2015 年	2013 年	2014 年	2015 年
广告	177	186	240	214	231	248
比赛日	118	117	121	119	114	130
转播	188	182	200	188	204	200
总收入	483	485	561	521	549	578
官报收入	483	485	561	521	550	578

---

① 没有比赛转播权的电视转播商在比赛当天可以获得 90 秒比赛画面（这项规则并非适用于每场比赛），但在比赛结束后便不可再使用获得信息权。
② 在德勤的报告中，欧冠的所有收入都被归入"转播收入"。2016 年的德勤报告的脚注中列出了每支球队因为参加欧洲赛事而从欧足联处获得的收入。因此，一个球队在欧冠走得越远，意味着其电视转播收入越多。

续表

	巴萨 2013年	巴萨 2014年	巴萨 2015年	皇马 2013年	皇马 2014年	皇马 2015年
EBITDA（资产处置前净收益）	126	100	76	132	125	135
EBITDA（按会计准则计算）	118	134	105	150	164	203
税前利润（亏损）	43	55	18	48	48	56
总现金	72	49	76	156	174	109
净负债[2]	179	165	219	91	72	96
净负债/EBITDA	1.5	1.2	2.1	0.6	0.4	0.5
薪资营收比（%）	54	55	66	47	49	50
购买球员支出的资金	101	84	160	86	191	189
出售球员获得的资金	1	59	51	41	102	114
净值	100	25	109	45	89	75

注：1. 表中所有数据的计算均符合皇马的标准。其中，广告、比赛日、转播和总收入数据来自德勤收入报告。

2. 巴萨的财务报告显示，2014年6月30日俱乐部负债2.87亿欧元（负债/EBITDA为1.9），2015年6月30日的净负债为3.28亿欧元（负债/EBITDA为3.2）。巴萨的净负债高于皇马，是因为其中包含了应收款与应付款的净差额以及其他经常性运营收支。但按照会计专家的观点，根据国际会计标准，这些不应被视为净负债。

皇马的资产处置前净收益以及按照会计准则计算的EBITDA都比较高，这反映了皇马可以将球员薪资这一最大开销的支出保持在较低比例。巴萨的薪资营收比在2015年是55%，皇马的这项数据则为50%。皇马在2015年取得了5 600万欧元的税前利润，而巴萨的税前利润是1 800万欧元。媒体误认为皇马和巴萨因为非营利机构身份而获得了某些税收优惠，这种观点是错误的。根据西班牙法律，皇马以及西班牙的其他3家非营利性俱乐部巴萨、毕尔巴鄂竞技和奥萨苏纳的税率为25%，西班牙企业的税率则为30%。然而，非营利机构只能从税前收入中扣除再投资额的7%，而企业可以扣除12%。最终结果就是，2000—2015年，皇马作为非营利机构，比企业多交了974万欧元的税款。[①] 这是保留会员所有制所要支出的额外成本，而会员所有制正是皇马战略

---

① 需要强调的是，因为足球俱乐部会反复将营收和球员转会收益用于再投资，所以最终皇马承受了负面的复合效果。如果皇马能做选择，那么更经济的做法实际上是以企业身份交税。

的重要组成部分。

除此之外，作为非营利机构，皇马不会派发分红，这产生了一些良性结果。从俱乐部自身角度出发，这提高了俱乐部的经济偿付能力，强化了股东权益（2015年6月30日的股本为4.12亿欧元），使得俱乐部成为更有活力的经济实体。强大的经济实力又赋予俱乐部更多的灵活性，皇马可以将资金用于球员（含税）和投资。然而，合伙人成员无法从俱乐部的利润中获得直接经济回报。尽管巴萨经常强调对球员的培养，但他们用于购买球员的支出也在不断增加（比如高价购买内马尔和苏亚雷斯）。巴萨也倾向于像皇马那样把明星球员与本土球员混搭。皇马通过出售球员赚取资金，并把资金用于购买其他球员。就像我在第10章讨论过的一样，皇马内部关于球员选择的讨论，都以社区价值观为起点，并由技术团队首先提出。

巴萨和皇马都拥有适度的杠杆率，两个俱乐部负债和现金流的比例都低于大多数企业。对比资产负债，从绝对净负债和EBITDA的利率比看，巴萨的杠杆率高于皇马。大多数企业从运营资本中借贷，并将运营成本、资本支出和营收联系在一起。巴萨一直通过借贷支付明星球员的高额转会费。巴萨的这项净支出高于皇马，这增加了他们的负债。此外，与皇马相比，巴萨将更高比例的营收用于支付球员薪资，所以巴萨的利润少于皇马，可用于偿还债务的现金流也少于皇马。

过去5年，巴萨球员的平均薪资为836万欧元，皇马则是814万欧元。但由于巴萨的营收低于皇马，所以其薪资和人员变更率高于皇马，这意味着巴萨需要将更高比例的营收用于支付球员薪水，进而导致利润减少。假如薪资代表了有效市场，那么巴萨和皇马拥有的球员基本处于同一水平。表11-2显示了过去5年体育界支出最多的球队的平均薪资、5年总收入，以及薪资增长率。

表 11-2　不同体育项目中球员薪资对比

排名	球队	联赛	2010年平均薪资（百万美元）	2011年平均薪资（百万美元）	2012年平均薪资（百万美元）	2013年平均薪资（百万美元）	2014年平均薪资（百万美元）	球员5年平均薪资（百万美元）	2014年较2010年薪资变动(%)
1	巴萨	西甲	6.67	7.91	8.68	7.27	7.45	7.6	12
2	皇马	西甲	6.94	7.80	7.31	7.31	7.59	7.4	9
3	纽约洋基	MLB	7.66	6.76	6.19	7.15	8.03	7.1	5
4	曼城	英超	2.22	5.86	7.40	8.06	8.11	6.3	265
5	切尔西	英超	5.88	6.02	6.80	6.24	6.05	6.2	3
6	拜仁慕尼黑	德甲	5.12	5.78	5.91	6.15	6.96	6.0	36
7	洛杉矶湖人队	NBA	5.59	6.54	6.28	6.29	5.18	6.0	-7
8	曼联	英超	4.76	5.11	5.52	6.03	6.57	5.6	38
9	费城费城人	MLB	4.06	5.77	5.82	6.13	5.79	5.5	43
10	AC米兰	意甲	3.32	5.65	6.10	6.59	4.87	5.3	47
11	波士顿凯尔特人	NBA	5.35	5.24	5.32	5.42	5.09	5.3	-5
12	波士顿红袜	MLB	4.58	5.99	5.09	5.02	5.72	5.3	25
13	洛杉矶道奇	MLB	4.33	3.47	3.17	7.47	7.78	5.2	79
14	阿森纳	英超	4.29	4.76	5.28	5.64	5.93	5.2	38
15	国际米兰	意甲	3.12	6.00	5.70	6.20	4.64	5.1	49
16	芝加哥公牛队	NBA	4.02	4.02	5.32	5.29	6.06	4.9	51
17	利物浦	英超	4.15	4.94	5.23	5.16	5.17	4.9	25
18	底特律老虎 (Detroit Tigers)	MLB	4.43	3.91	4.56	5.71	5.82	4.9	31
19	纽约尼克斯	NBA	5.35	3.87	4.17	5.17	5.87	4.9	10
20	达拉斯独行侠	NBA	5.83	4.88	4.93	4.19	4.49	4.9	-23

有报道表示，球员在西班牙交的税比在欧洲其他国家交得更少。2005年，西班牙通过了一部旨在吸引外国优秀商业人才和研究人员的税务法律，这部法律后来被称为"贝克汉姆法案"。这一法案允许符合资格且暂时居住在西班牙的外国人按照最低24%的标准为年收入缴纳所得税。当时，英国的最高税率为50%，所以有媒体指出，税务问题是贝克汉姆离开曼联的原因之一。2014年，"贝克汉姆法案"被废除。但是，一名国际税务专家曾向我解释，由于各

种税收漏洞，球员受到的法律建议、收入结构以及法律管辖地等因素的影响。"贝克汉姆法案"生效期间，足球运动员在欧洲其他地区缴纳的税款很有可能与在西班牙近似，或者只高出一点点。2011年1月，《星期日泰晤士报》（*Sunday Times*）报道称，他们发现，55%的英超球员的税率只有22%，因为他们的总收入中有很大一部分来自肖像权所属公司。因此，西班牙球队在签约球员时，并不具备真正的税收优势。而如今，西班牙、英国、法国和德国的最高个人所得税率均为45%左右。

青训球员都去了哪

很多专家指出，皇马和巴萨两家俱乐部球员培养策略的核心区别，在于巴萨在著名的拉玛西亚青训营（La Masia）投入更多，而且培养出更多球员。①在2015—2016赛季，巴萨阵容中的青年学院毕业生比皇马多2人，巴萨有11人，而皇马仅有9人。尽管巴萨的阵容总是在变动，它的常规首发阵容中出身青年学院的毕业生也总是多于皇马。然而数据表明，皇马青年学院出产的球员质量并不低于拉玛西亚青训营。目前，有62名毕业于皇马青年学院的球员效力于欧洲5大联赛的一级联赛，其中有43人效力于西甲联赛（皇马中有9人），5人效力于英超，3人在德甲联赛，7人在意甲联赛，还有5人在法甲。目前，共有130名出身皇马青年学院的球员效力于欧洲各地的一级联赛和二级联赛。CIES的一份研究显示，在欧洲各地，皇马青年学院毕业生有54%的时间可以上场比赛，而巴萨毕业生的这个数据则是43%。

公众对这两个俱乐部青训营的认知，可能与教练的决定及球员的选择有关。出身青训营的巴萨教练，比如路易斯·恩里克（Luis Enrique）和佩普·瓜

---

① 20世纪70年代末，巴萨在离队的约翰·克鲁伊夫的建议下开设了拉玛西亚青训营。克鲁伊夫告诉即将上任的巴萨主席，想和皇马竞争，巴萨需要一个像皇马和阿贾克斯一样的成功的青年学院。

迪奥拉（Pep Guardiola）更喜欢使用青训营球员，而安切洛蒂、穆里尼奥等皇马教练未在青年学院执教过，似乎不愿意给出自青年学院的球员在一队上场的机会。皇马一般通过"租借"的方式将有潜力的球员出租给其他球队，让他们获取上场经验，同时拥有召回权利。在博斯克担任主教练期间，年轻球员在每赛季的上场时间仅占7%～15%。要知道，博斯克还曾在皇马青年学院做过教练。自2009年起，皇马年轻球员的上场时间只有3%～5%，唯一例外的是2013—2014赛季，那年皇马在安切洛蒂的执教下赢得了欧冠冠军。

迥然不同的比赛风格

我在前文讨论过，皇马社区希望球队踢出漂亮、让人兴奋的攻势足球，他们还要求球员球风优雅、时尚、有品位。我和家人第一次去看皇马比赛时，球队在主场取得3∶0的胜利。取得领先优势后，球队摆出守势，不断在侧翼及后场传球，试图消耗时间保住领先优势。主场球迷却疯狂冲着自家球员吹口哨，大声呐喊，希望他们继续进攻。他们希望在整场比赛中都能得到娱乐，看到精彩的比赛。① 球员想踢出皇马的攻势风格需要天赋和创造力，他们要成为艺术家而不仅仅是专业球员。当这样的球员上场时，皇马的比赛会非常精彩。但如果有球员出现伤病、有新球员加入，或者有球员被分到不适合的位置上时，队友之间的默契就会遭到破坏。为了掌握适合彼此的时机，做出正确预判，球员可能需要在赛场上投入更多时间，这就让他们面临着更高的受伤和疲劳风险。皇马没有一套固定的进攻、防守体系模板，用以应对赛场上的突发状况，因此他们需要一套成熟的领导体系，这套体系包括镇定的教练和有领导力的队长。我们不清楚皇马能否开发出这样的体系，也不知道社区会对这样的体系持怎样的态度。

---

① 这能解释为什么皇马在比赛中进球和丢球数量都很多，因为进攻时球队的后防空虚。认为皇马总是推高比分，特别是在主场比赛推高比分的批评者不理解，但皇马社区尊重对手，他们只是想看到有艺术性的比赛，只是想在整场比赛中都能感受到快乐。

相比之下，巴萨的比赛都经过赛前设计，每个球员都有特定的任务，自由度比皇马球员要低得多。从 20 世纪 80 年代末开始，拉玛西亚青训营中的每支球队都会学习克鲁伊夫设计的 3-4-3 阵容，并对这一阵容进行一些微小的修改。这种贯穿俱乐部青训营各队的稳定持久的足球哲学，使年轻球员不仅能充分学习战术体系，而且在升入下一个年龄组时几乎不需要时间调整适应。

克鲁伊夫结束执教之后，巴萨的比赛风格演变至如今的 Tiki-taka 战术[①]。这种足球战术，以短传和移动为特点，球员会在传球的同时保持控球。巴萨球员就是在用控球的方式防守。此外，因为很多球员都学会了合作，而且了解自己在体系中的角色，他们在人员轮转时就更具有可替换性。这么多西班牙球员在同一个体系中训练，这帮助博斯克在 2010 年带领西班牙队夺得世界杯冠军，在 2008 年和 2012 年两次夺得欧洲杯冠军。这是因为西班牙队球员都使用相似的战术体系，而其他队则只是将平时不怎么在一起踢球的顶级球员集中在一起，这些球员平时踢球时所使用的战术体系是不一样的。

THE REAL MADRID WAY
从皇马看俱乐部经营

黄牌与红牌

西班牙足球历史调查与统计中心（The Investigation History and Statistics Centre of Spanish Football）研究了从 1928 年开始的连续 85 年的西甲联赛历史数据。他们发现，皇马获得了 487 次点球数，为历史最高，第二名的巴萨为 460 次，比皇马少 5%。皇马被判罚球的次数排名第 9，而巴萨被判罚球的次数排名第 4。不出意料，

[①] 电视评论员安德烈斯·蒙特斯（Andrés Montes）在 2006 年为这种战术起了 Tiki-taka 这个名字。

双方的差距相对较小，因为两个俱乐部的球队多年来都是强队。皇马和巴萨队史上都有以强硬而闻名的防守球员。①

我查看了从 2011—2012 赛季开始，巴萨和皇马球员收到黄牌和红牌的数量。因为 1970 年世界杯前的比赛中没有使用过红牌，所以我无法查看银河战舰 1.0 时代的信息。而现在的裁判向球员出示红黄牌的数量普遍比过去更多，所以我们很难进行历史对比。不过，自 2011—2012 赛季时起，皇马吃到的黄牌数量平均比巴萨多出近 25%②。皇马球迷可能会把这看作皇马受到歧视的证据；非皇马球迷可能会说，黄牌是皇马应得的。我们需要明白，4 年只是很短的一段时间，而且教练风格也是影响黄牌数量的重要因素。但不论如何，皇马的黄牌数量确实有些过多。

比赛对球员最大的处罚可能是红牌。从 2011—2012 赛季开始，皇马收到了 17 张红牌（7 张为直接红牌），巴萨和马德里竞技分别收到 11 张（4 张直接红牌）和 16 张（6 张直接红牌）。由于样本量过小，我们无法得出有意义的结论。但不论如何，数字上的绝对差距会对球员的赛场表现产生影响。2008 年，哥伦比亚大学统计学部门的教授维瑟尔、弗兰蒂泽克·科普日娃（Frantisek Kopriva）和托莫尤基·伊奇巴（Tomoyuki Ichiba）在《运动定量分析期刊》（*Journal of Quantitative Analysis in Sports*）上发表了主题为《估算足球中红牌影响力》的论文。他们表示，一张红

---

① 在西甲联赛中，累积 5 张黄牌会导致停赛一场。我分析了以下几名球员每吃到一张黄牌的平均用时：拉莫斯（皇马），219 分钟；阿尔瓦罗·阿韦洛亚（Alvaro Arbeloa，皇马），224 分钟；拉法·马克斯（Rafa Márquez，巴萨），265 分钟；塞尔吉奥·布斯克茨（Sergio Busquets，巴萨），300 分钟；杰拉德·皮克（Gerard Piqué，巴萨），313 分钟；佩佩（Pepe，皇马），314 分钟；马诺罗·桑奇斯（Manolo Sanchis，皇马），321 分钟；卡莱斯·普约尔（Carles Puyol，巴萨），371 分钟；耶罗（皇马），420 分钟。
② 2011—2012 赛季，马德里竞技吃到的黄牌数量比巴萨多出近 62%。

牌一般会导致球员进球数减少，球队在遭到处罚后，进球数通常会比正常状态下少 33%。此外，未被出示红牌的球队因为多出一名球员，进球数通常会比正常状态下多 25%。在那 6 场比赛中，皇马处于竞争劣势，我们在后文可以看到，皇马与巴萨的赛场成绩差别非常小，一个进球，或者一场西甲联赛比赛都有可能导致不同的结果。

THE REAL MADRID WAY

最想赢的比赛不一样

从 2011 年开始，从获胜场数、进球数和净胜球次数看，皇马和巴萨的成绩几乎不相上下。[①] 以下信息来自西甲联赛。从 2011—2012 赛季开始，两支球队都至少赢得过一次欧冠冠军，都在西甲联赛踢出过 32 胜的成绩。巴萨在 2014—2015 赛季收获了 4 个主要冠军。而皇马在 2014 年夺得 4 座奖杯——欧冠第 10 冠、世界杯、欧洲超级杯和西班牙国王杯，还取得了 22 场连胜。宏观地看，在俱乐部历史上，皇马曾经 3 次在 1 年里赢过 3 次冠军，这 3 次分别是：1957 年赢得欧洲俱乐部杯、西甲联赛和拉丁杯冠军；1989 年赢得西甲联赛、西班牙国王杯和西班牙超级杯冠军；2002 年赢得第 9 座欧冠奖杯、欧洲超级杯以及洲际杯冠军。

表 11-3 表明，皇马和巴萨的获胜场数和进球数非常接近。两支球队都是在主场胜率更高，进球更多。巴萨在主场的进球数远高于客场，在主场的丢球数也比皇马少得多。在客场比赛中，两支球队的统计数据非常接近。

---

① 从 2011 年开始，皇马连续 6 次打进欧冠半决赛，巴萨从 2008 年到 2013 年也曾连续 6 次打进欧冠半决赛。从 2011 年开始，巴萨在最近的 6 年中 4 次打进欧冠半决赛。

表 11-3　2011—2015 财年皇马和巴萨在西甲联赛的主客场统计数据

球队	赛季	主场 胜	平	负	进球(个)	丢球(个)	净胜(个)	客场 胜	平	负	进球(个)	丢球(个)	净胜(个)
皇马	2011—2012	16	2	1	70	19	51	16	2	1	51	13	38
	2012—2013	17	2	0	67	21	46	9	5	5	36	21	15
	2013—2014	16	1	2	63	17	46	11	5	3	41	21	20
	2014—2015	16	2	1	65	15	50	14	0	5	53	23	30
	总数	65	7	4	265	72	193	50	12	14	181	78	103
	中位数	16	2	1	66	18	48	13	4	4	46	21	25
巴萨	2011—2012	17	1	1	73	11	62	11	6	2	41	18	23
	2012—2013	18	1	0	63	15	48	14	3	2	52	25	27
	2013—2014	16	2	1	64	15	49	11	4	4	36	18	18
	2014—2015	16	1	2	64	11	53	14	3	2	46	10	36
	总数	67	5	4	264	52	212	50	16	10	175	71	104
	中位数	17	1	1	64	13	51	13	4	3	44	18	25
两队总数差值		-2	2	0	1	20	-19	0	-4	4	6	7	-1

尽管皇马力求赢得所有比赛的胜利，而且他们确实赢得了更多的欧洲杯冠军（11）和最多的西甲联赛冠军（32），但皇马似乎更注重欧冠，而巴萨则更关注西甲联赛。[①] 我认为，皇马社区将自己看作一个全球性俱乐部，而许多球迷认为伯纳乌协助创建的欧冠是能够决出世界上最强俱乐部的赛事。我猜测，巴萨社区认为西甲联赛具有政治和文化意义，能给球员和社区成员带来自豪感，所以他们更看重西甲联赛。

前文提过，我认为皇马和巴萨各不相同，都非常优秀，他们需要通过区分彼此来定义自身；通过将对方看作标杆，以此不断自我激励。我在这一章里进行的对比仅为大家提供背景信息。如今，球队的相似性越来越大，球员的薪资

[①] 佩普·瓜迪奥拉在担任巴萨主教练期间曾经说过："西甲联赛是一年中最重要的比赛……欧冠很迷人，但对我来说西甲联赛更好，让我更兴奋。"

越来越接近。以拥有大量本土球员闻名的巴萨近年来开始签约明星球员。皇马和巴萨两支球队的球员结构和比赛成绩也越来越接近。他们运用了很多相同的策略，都将营收和商业化机会推至新高。两支球队也都由会员所有。同时，两个俱乐部各自都有特色鲜明的身份认同、价值观、文化以及历史。

THE REAL MADRID WAY
皇马之道

银河战舰 3.0 的成功秘诀

1. 坚持巨星政策，引入 C 罗、卡卡、本泽马、迪马利亚、莫德里奇、贝尔、伊斯科、克罗斯、J 罗等球星，在引援上重视攻守平衡，着重强调年轻化。
2. 引入有特点、有个性，能适应球队复杂变化的主教练，比如穆里尼奥和安切洛蒂。
3. 在球队中确立领袖型球员——C 罗。
4. 弗洛伦蒂诺以身作则，在引进球员、管理俱乐部高管团队等方面始终持续贯彻皇马价值观。

THE REAL MADRID WAY

第五部分

银河战舰 4.0

THE
REAL MADRID
WAY

第 12 章

转型，驶向未来

皇马商业模式的良性循环，意味着他们可以自给自足，他们用现有的活动和项目不断拓展社区规模，为俱乐部带来营收，进而为新项目提供资金。这些在银河战舰 3.0 时代增加的营收（来自市场营销、转播收入），以及通过世界各地的友谊赛和表演赛吸引的新球迷，为打造银河战舰 4.0 时代提供了资金。球队正在向银河战舰 4.0 时代转型。如今的皇马正在投入资金，培养认同自身价值观的下一代领袖，其灵感与经验源自银河战舰 1.0 时代，通过利用历史、传统和仪式，调动社区成员的积极性。

培养最符合社区期望的教练

齐达内被任命为皇马一队主教练时，我已经完成研究，也写好了本书的大部分内容。我决定保留这一部分内容，以此说明弗洛伦蒂诺及其管理团队的思维方式。

在这张 2002 年 5 月拍摄于格拉斯哥的照片中，作为历史最优秀球员之一的齐达内举起了皇马的第 9 座欧洲冠军奖杯。他踢进了被国际足联认定为欧冠决赛历史上最好的一球，正是这一球为皇马带来了胜利。

齐达内在皇马球迷眼中属于具有标志性意义的人物，不仅因为他的球风，也因为他在场上场下的行为。他是皇马历史上最优秀的球员之一，球迷对他有一种特别的偏爱，但身为国际巨星，齐达内却以平易近人闻名，他是非常优秀的队友。在 2002 年的欧冠决赛上，他为皇马攻入了令人难忘的一球。2006 年退役后，齐达内和他的妻子决定留在马德里，并在这里养育孩子。那时齐达内关注的重点是享受家庭生活，在法国和北非进行慈善工作，同时与赞助商合作。2009 年 6 月，弗洛伦蒂诺招募齐达内作为皇马顾问。2010 年 11 月，时任皇马主教练的穆里尼奥邀请齐达内成为助理教练，齐达内因此与俱乐部有了更紧密的合作。2013 年，他成为主教练安切洛蒂的助理教练。作为助教，齐达内的主要工作是一对一训练皇马球员。他很受欢迎，与球员和教练的关系都很密切，安切洛蒂总是对他大加赞赏。2014 年 6 月，皇马宣布，齐达内成为皇马 B 队的主教练。这是皇马培养齐达内、为他日后成为一队主教练铺路的第一个真正信号。齐达内的资历符合皇马的要求：他曾是精英级球员，懂得皇马的价值观，了解青年学院，作为球员和助教都赢得过欧冠冠军，而且他的性格很沉稳。

齐达内用了不少时间提高自己的能力。比如，2015年3月，他曾经花3天时间在慕尼黑研究瓜迪奥拉，后者曾是明星球员，做过巴萨的主教练，当时正在拜仁慕尼黑执教。不久，齐达内就获得了欧足联职业级教练证书。这是欧足联颁发的教练执照，任何人想在国家联赛一级系统以及欧冠担任主教练，都需要这个执照。

皇马球员表示，齐达内很会鼓舞人心，而且不像某些天才球员那般傲慢，这种傲慢会阻碍他们激励技术或天资没那么好的球员继续进步。工作人员称赞他有战略思维，正是容易痴迷的性格让他变得独一无二。

齐达内身上还有一些特质：他有一种权威感和不可忽视的存在感。球员时期的齐达内话不多，但他以身作则，因此其他人对他的话十分信服。然而，齐达内必须做出调整，才能成为主教练。他在2015年6月罕见地接受了《法国足球》的采访，他表示："如果你对孩子们太温柔，那没用。我发现，为了共同利益，你得知道怎么对球员说他们还没做好心理准备听的话……我很少这么做，因为我觉得自己有一种天生的权威，这意味着我不需要大声责骂球员。如果总是大喊大叫，那不是我。也许你会说，做教练必须说更多的话，但事实并非如此。"齐达内只会私下里做出这些罕见的情绪表露，只在更衣室里表达情绪。他不会因为传球不到位或者错失机会而公开羞辱球员，这是一种深受球员尊重的品质。齐达内对待自己的工作非常认真。担任皇马B队教练期间，他每天早上8点半就会出现在训练场，直到很晚才会离开。

提到齐达内，就不得不提他最亲密的朋友大卫·贝托尼（David Bettoni）。贝托尼是皇马一队的技术团队成员，也是齐达内的助教。两人自1988年16岁时在戛纳的训练营成为队友后便形影不离。当齐达内在1996年转会尤文图斯时，他说服球队在当地找到一支愿意接受贝托尼的半职业队。同为光头的贝托尼足球技术比不上齐达内，但他却是齐达内"决策团"的成员，"喜欢微笑又爱说话"的他和齐达内互为补充。

公众并不了解齐达内是如何规划自己的球员生涯末期的。意识到自己已过巅峰期后，齐达内在2005—2006赛季末要求与弗洛伦蒂诺进行非公开会谈。弗洛伦蒂诺提出，在接下来的赛季里，只要出现在球队，不管教练是否派他上场，齐达内都能得到几百万欧元。但为球队利益考虑的齐达内选择直接退役，他放弃了一大笔钱，而且在阵容中留出一个空位，供球队培养新球员。在践行社区使命与价值观的问题上，我们很难找到比齐达内更好的案例。

让"局内人"管理皇马

作为20世纪80年代皇马的明星球员，已经退役的布特拉格诺现在是俱乐部的高管团队成员。目前，他是皇马在国际足联、欧足联和西班牙足联的代表，也以皇马基金会代表的身份参加过世界各地的多个活动。他还是皇马研究院的主管。

布特拉格诺年纪很小的时候，因为出色的球场大局观和临场发挥能力受到马德里竞技球探的青睐，马德里竞技曾想与他签约，但布特拉格诺和他的父亲都是皇马的"合伙人"，他只想为自己支持的球队踢球。这就是布特拉格诺十几岁时选择与皇马青年学院签约，并且在22岁那年开始效力皇马一队的原因。在带着15座奖杯、两次在金球奖评选中排名第3的荣誉结束皇马职业生涯后，布特拉格诺又去墨西哥踢了3年职业联赛，随后前往加利福尼亚州的洛杉矶，在加州大学洛杉矶分校攻读商科。1998年毕业后，布特拉格诺开始为洛杉矶道奇队工作，尽管那里的大多数人不熟悉皇马，但他们都很尊重布特拉格诺，因为他在1984—1992年一直为西班牙国家队效力。很多人以为他会回到皇马青年学院，成为教练，但与桑切斯一样，布特拉格诺选择了一条大家意料之外的路。

布特拉格诺为管理团队带去了独特的视角。他对赛场上的一切，包括比赛、球员及其需求、场地、球员心态和心理压力都有可靠的见解。他了解青年学院的价值观和需求，懂得并理解俱乐部的使命与价值观，尽管这些内容在他踢球时尚未成文，但他在青年学院里不断受到浸染。他知道如何在商业考量与上述一切之间取得平衡。在许多方面，布特拉格诺就是皇马价值观与使命的现实案例。

弗洛伦蒂诺认识到了这一点。布特拉格诺在俱乐部的第一份工作与比赛的关联更大，而弗洛伦蒂诺如今将他轮转到其他部门，让他接触更多的工作领域，去实践价值观与使命，丰富对俱乐部的了解。弗洛伦蒂诺和他的管理团队经常从不同股东那里收到涉及体育或经济的要求或建议。布特拉格诺承担着一个特别角色，协助弗洛伦蒂诺分析并考虑这些请求，他与德阿尔博诺兹及桑切斯也有着独特的信任与友谊。当他们意见相左时，他们并不觉得自己受到了挑战，而是在与对方合作。有趣的是，尽管一个组织通常需要一个有远见的"局外人"来让策略、身份认同和文化保持统一，可皇马需要的可能是一个得到普遍认可、有经验的主席，以及了解并坚守俱乐部价值观的"局内人"。

布特拉格诺只是其中一个案例。2014年，皇马在107个培训项目上投入超过20万美元，其中包括与诚信、最佳实际、防止体育竞赛中作弊以及俱乐部和管理机构行为准则有关的培训课程。

皇马大学，投资下一代的管理人员

弗洛伦蒂诺和他的管理团队投入大量时间和精力，为皇马乃至足球行业招聘、培训人才。在他们2000年接管皇马时，俱乐部并未将关注重点放在培养未来的体育管理人才上。然而，在他们的协助下，足球逐渐向利润丰厚的全球性产业转变，这个行业对管理人员、营销与传媒专家以及其他体育商业人才产生了巨大需求。

皇马管理团队因此决定做点什么，他们想传授自身经验和管理模式，同时赚一些钱。2006 年，皇马与马德里当地的私立大学——欧洲大学合作，设立了一系列针对体育行业的硕士学位。这个项目近些年来发展得很快。这个学院的官方名称为欧洲大学皇马研究生院，2015 年有大约 400 名学生在马德里校区上学，还有超过 1 000 名海外学生。学院的学生数量在两年内实现翻倍，2020 年预计还能再次翻倍。就职于这所学校的教师包括 65 名马德里当地员工，其中有营销专业人员，也有传媒专家和理疗师。布特拉格诺是学院的主管。

这个学院为皇马创造了营收，更重要的是，它也是未来管理人员的培训基地。皇马通常每年接收 100 名学生做实习生，不过近年来也有毕业生进入切尔西、温布利球场、马德里竞技和西班牙篮协工作。皇马希望能招募到有多元文化背景的员工，希望他们不仅能从事与足球有关的工作，也会做管理。为了实现这个目标，皇马正努力向全世界推广该项目。截至 2016 年，皇马研究生院已经在 13 个国家开课。

最好的球员要配备世界顶级的设施

伯纳乌意识到，想要拥有最好的球队，需要对基础设施做出投资，需要培养球员。弗洛伦蒂诺信奉同样的理念，为了吸引并留住最好的球员，皇马需要拥有世界顶级的训练设施。弗洛伦蒂诺认为，如果他能签下符合社区价值观要求的世界顶级球员，为他们提供最好的训练设施和教练，并让他们浸染皇马文化，他就能为球队奠定成功的基础。在 ACS 集团，他同样投资打造了世界顶级的设施，聘请最优秀的专家为高管进行领导力培训。

空中拍摄的皇马体育城，启用于2005年。这是世界上最大的足球体育设施。背景中位于马德里的高楼大厦是皇马旧训练设施的所在地。

从2005年启用时起，皇马体育城就是世界上规模最大的由足球俱乐部修建的体育建筑群，总面积达120万平方米，是老体育城的10倍。皇马在这个项目上的投入超过1.86亿欧元。皇马体育城为一队的球员和教练创造了独特空间，让他们可以在最好的设施中训练。这一设施被一座巨大的T形中心建筑分割，这座建筑的长边为9 935米，其中设有皇马一队和青年学院成员训练与比赛所需的全部空间，包括更衣室、体育馆、技术会议室、医疗与康复区域等。主休息区看起来就像机场里舒服的头等舱休息室。休息区内随处可见球员与球队的照片、获奖经历、比赛用球、信件、剪报等，让每个人都能回想起俱乐部的历史与成就。额外的休息区里还有游戏机、F1赛车模拟器和其他游戏设施。每名球员都拥有私人卧室，卧室的风格、大小与现代酒店房间相当。每个房间的房门只能用特定球员的指纹打开，球员无须携带钥匙。床上的枕头绣有皇马的徽章，房间里还有平板和电视。

T型中心建筑两侧设有6个足球场，分别配有球员通道，球场周围的看台可以容纳超过11 000名观众。训练场馆里还设有水疗室，其中配有游泳池、

第12章 转型，驶向未来

桑拿房，还有土耳其浴室。有些游泳池设有玻璃幕墙，训练师和医护人员可以观察球员腿部浸入水中时跑步或骑自行车的状态。有个房间里铺有小型人工场地，天花板上装配了几百个高速摄像机，以便球员和工作人员了解不同动作和腿部速度能够让足球产生怎样的旋转。大型力量房和健身室中配有你能想到的所有健身训练器材。此外，皇马还配有可以消除重力影响的跑步机，这种机器可以减少跑步对膝盖的损伤。

我曾进入皇马球队的私人更衣室。一般来说，只有得到授权的教练、训练师和球员才可以进入这个更衣室。有人告诉我，为了保护球员隐私，每年只有少数未获授权的人可以进入这里。当我进入私人更衣室时，我碰到了皇马的一位明星球员。很明显，他因为在这个房间里看到教练和球员以外的人而吃了一惊。每名球员的私人更衣柜一模一样，柜门上贴着球员的名字，更衣柜由深色木头制成，里面配有两个衣架和一个可存放贵重物品的小保险柜，更衣柜前还有一个软垫，球员可以坐在上面。这个更衣室比球场里的更衣室更舒适，但也算不上奢侈。更衣室里还有一个特别的球鞋储藏室，其中的架子上存放着额外的球鞋，员工在必要时会清理并更换球鞋，因为球员在不同情况、不同环境下会穿着不同的球鞋。在更衣室的上方，有一个供媒体记者及球员家人观看训练的大厅，可以俯瞰主训练场。场馆中还有一个电影中心，供球员和教练观看电视和电影。另有一个特别教室，用于观看技战术视频录像。

T型建筑的两边是两栋独立的建筑，每栋建筑的面积均接近8 000平方米，一栋用于球队工作、营养、休息与康复等事务，另一栋用于教练准备培训的技术设施。

供青年学院的年轻球员使用的设施分散于园区各处。其中包括教室、寄宿设施，还有面向学生的游戏室。皇马体育城的这些建筑设施很像我见过的很多世界领先的体育学院，比如佛罗里达州布拉登顿的IMG学院。他们希望年轻球员围绕着一队生活、训练。园区里随处可见照片、雕像、传奇球员铜像和展示俱乐部历史的老照片，还有在皇马取得成功的青年学院毕业生的照片。

球员可以自主选择开什么车前往训练场地。俱乐部在球员效力期间会为他们配备一辆奥迪汽车，高管和教练也享有同样的待遇。大家可以将车停在靠近前门的一个便利停车场内。如果球员想开其他品牌的汽车，就必须把车停在有着高围栏、便利性差的停车区域，需要步行更长距离才能到达训练场地。

伯纳乌球场和训练场地由同一组专业人员负责维护，它们的草坪种类、阳光照射量和肥料用量完全相同。球员表示，两个地方的草坪不论是从外观还是给人的感觉上来看，都一模一样，让人感受到主场的优势。

皇马会员和球迷有机会申请参观皇马体育城。2014—2015 赛季，约 6 000 人参观了皇马体育城。此外，媒体、会员和球迷可以在特定日期和时间观看球员训练。

THE REAL MADRID WAY
从皇马看俱乐部经营

皇马训练日程安排

皇马的训练一般从上午 11 点开始，但炎热的夏季除外，那时训练会早些开始。训练一般持续 75～90 分钟。取决于当天情况，训练内容各不相同，但大多数属于有球训练。在一些训练课程中，球员会佩戴 GPS 追踪设备，用来记录他们的跑动距离、速度、加速度以及其他对教练有用的参数。此外，这种追踪设备还能测量球员进行不同训练时的心率变化。球员一般会提前一小时抵达训练场地，有些人会在球队开始训练前自行前往训练馆练习，或者接受理疗师治疗。球队训练结束后也是如此，有人去训练馆加练，有人找理疗师治疗。每次训练结束后，俱乐部会为想留下来吃午餐的球员和教练提供自助餐。赛季期间，皇马一般不会在一天内进行两次训练，而且每次训练的持续时间不会超过 90 分钟，但球员整个上午基本都会在体育城度过。教练通常在早上 8 点半到达训练场地，晚上很晚才会离开。

在马德里本地进行重大比赛的前一晚，教练可能要求球员在皇马体育城过夜。在一起时，球员可能会讨论战术问题，或者进行社交活动，一起看电影或参加团建活动。与媒体报道不同，皇马没有"睡眠顾问"或"睡眠项目"，因为俱乐部希望尽可能地尊重球员的隐私。然而，如果有球员告知医生自己存在睡眠问题，俱乐部的医生会帮助球员解决。

目标是认识 4.5 亿皇马支持者

银河战舰 4.0 时代真正的创新之处是，皇马进行了体育界前所未有的数字化变革。在银河战舰 3.0 时代，数字电视领域得到发展，皇马宣传比赛可以触达世界各地的球迷。某种程度上，数字电视技术为球迷提供了一座虚拟球场。随着转播技术的发展，球迷看到了质量最高、最接近现实的比赛画面。伯纳乌球场设置了 50 台高清摄像机，为本地及国际转播机构提供比赛画面。从皇马电视中心发出的国际转播信号可以将球场内的实时情况发送至每家每户的数字电视和手机上，还能提供实时回放。但在银河战舰 4.0 时代，皇马可以通过互联网直接向球迷提供音频、视频和其他媒体内容，通过前所未有的方式拉近与球迷的距离，皇马因此可以将模仿者远远甩在身后。

皇马建队已过百年，可任何走进球场、参加球场观光，或者在网上与球队交流的人，都会觉得皇马是一个走在时代前沿的现代化俱乐部。皇马每天都在创新领域锐意进取。作为最早做出改变的俱乐部之一，皇马已经借助科技和社交媒体联络并拓展了全球社区，并在内部传达和强化价值观。比如，2014—2015赛季，皇马官网用1.12亿个内容板块获得了超过3.17亿次的页面点击量，独立用户数量超过5 000万。在社交媒体方面，世界上使用次数最多的体育类话题标签是HalaMadrid（加油马德里），2014—2015赛季一共被使用了270亿次。由于皇马的全球化程度非常高，所以皇马官网上的所有内容都由以下8种语言翻译：西班牙语、英语、法语、葡萄牙语、汉语、印度尼西亚语、日语和阿拉伯语。

皇马在许多重要的社交媒体平台上拥有账号，在全球范围内拥有超过2亿名社交媒体粉丝，其中只有不到3%的用户位于西班牙。皇马的社区经理监控着每一个社交媒体平台，他们可以用西班牙语、英语、法语、阿拉伯语、中文和日语与球迷互动。皇马希望"在用户所在的区域，使用用户所用的社交媒体平台"。俱乐部的目标是，认识4.5亿皇马支持者，了解他们是谁，真正理解他们对皇马的激情与热爱，满足他们的需求。因为球迷想得到更多接触皇马的机会，希望获得内容和情感共鸣，所以皇马希望能以他们希望的方式满足他们的要求。皇马希望能频繁、活跃地向球迷开放，尽可能地贴近球迷。但创造互动，尤其是进行双向交流，确实是个不小的挑战。皇马在全球的4.5亿球迷中，只有不到5%位于西班牙境内。事实上，美国和印度尼西亚的皇马球迷数量均多于西班牙本土（见图12-1）。

皇马球员可以自由使用社交媒体，只不过俱乐部会提出建议或咨询，以避免出现可能损害球员个人及俱乐部形象的事件。皇马的社区经理会监控球员与社区的沟通交流，并提出建议。他们希望球员能够经常礼貌地与社区进行沟通。

第12章 转型，驶向未来

图 12-1　皇马的数字生态系统

　　皇马也通过智能手机上的游戏与软件，与球迷建立联系。前文提到过，桑切斯在世嘉公司工作过，凭借对电子游戏的了解，他帮助皇马设计出各种游戏，作为与球迷沟通的一种方式。《皇家马德里：游戏版》(*Real Madrid: The Game*) 有创新的游戏概念，其中融合了不同类型的游戏风格。玩家在游戏中可以扮演皇马球员，体验"真实的"个人生活和职业生活。这个游戏中还加入了伯纳乌球场和皇马体育城等标志性元素。

　　《皇马范特西总经理》(*Real Madrid Fantasy Manager*) 是一款足球队管理游戏。这是一款世界知名的足球游戏，2015 年该游戏的下载量超过 100 万，每月的活跃用户人数超过 13 万。玩家在游戏中有 3 种选择：创建自己的球队，使用皇马全队，或者使用另一支球队。大多数得到皇马授权的游戏都可以在各大平台上找到。在大部分游戏中，玩家也可以邀请朋友加入。很多游戏也为经常玩的用户设置了奖励机制。

皇马相信，自己是第一支在中国开设官方办公室的欧洲职业足球队，他们将总部设在了中国首都北京。皇马也从这笔投资中收获了回报。在邮人体育（Mailman Group）制作的 2015 年数字足球指数中，皇马成为数字领域中声望最高的足球队。新浪微博作为中国人气最高的网站之一，用户每天会在微博上发布约 1 亿条信息，超过 30% 的中国互联网用户都在使用微博。皇马也在使用新浪微博，与中国球迷直接沟通，不断发展中国的球迷群体。球迷可以在皇马的新浪微博上看到实时更新的比赛消息、照片、球队历史以及与伯纳乌球场相关的信息。此外，皇马发布的微博重点突出了球迷体验，也着重介绍了马德里市，因为很多浏览这些内容的中国球迷没有机会前往马德里观看比赛。皇马甚至考虑了信息发布的时间，以便充分利用流量高峰期。频繁而活跃的互动、具有分享性的球迷内容，以及与中国媒体的紧密关系，让皇马获得了最高级别的声量，有机会发展自己与中国社区成员的关系。为了拉近与世界各地的社区成员之间的关系，皇马为每个国家的球迷打造了个性化的内容。中国球迷同时支持多支球队的情况很常见，因为他们不像西班牙本土球迷那样与不同城市的球队有直接联系。邮人体育因此进行了一次研究，想要确定"谁是中国第二受欢迎的球队"。皇马在这份调查中获得了 17% 的选票，排名第一，进一步证明了自己是网络上讨论度最高的球队。

然而，数字生态系统并不是孤立的，还需要线下的支持与补充。一方面，2015 年，皇马在中国进行了两场比赛，为当地的皇马球迷提供了现场观赛的机会，从而获得了巨大反响。另一方面，皇马还想办法与转播商合作，将比赛安排在适合亚洲时区的时间进行。2014—2015 赛季，皇马在中国收视率最高的两场比赛，分别是 2014 年 10 月 25 日北京时间午夜开始的与巴萨的比赛，和 2015 年 4 月 5 日北京时间晚上 6 点开始的与格拉纳达（Granada）的比赛。中国乃至整个亚洲都能收看到 24 小时播出的皇马电视台，让球迷在比赛之外也有节目可看。上述做法激发了人们的热情，为皇马在中国带来了商业成功。在中国最大的网上零售平台淘宝上，皇马是搜索量最高的球队。此外，皇马的数字平台在与中国的商业合作方面也起到了越来越重要的作用。中国市场对丰富内容、多媒体及广告赞助的需求，为皇马创造了推广社区价值观及品牌的全新商业机会。

皇马想让自己的数字生态系统更加完善。弗洛伦蒂诺认为，如今人们消费体育媒体的方式与过去存在巨大区别。体育产业正在逐渐向多屏互动的方向发展。皇马球迷可以一边在高清电视上观看皇马比赛，一边通过皇马网站查找丰富的数据信息，观看回放，也许还会在社交媒体上发布相关信息。实际上，皇马球迷不需要电视也能观看比赛，他们可以选择自己喜欢的平台观赛。

皇马球迷一边观看比赛，一边通过社交媒体与其他球迷交流，这种情况变得越来越普遍。例如，每个比赛日都会有超过 40 万名社区成员浏览皇马的官网。他们也许是想看精彩镜头重放，也许是想在其他设备上感受比赛，重要的是，他们想自主选择信息来源，而不是简单地接受电视转播内容。我们可以举一个皇马帮助球迷更好观赛的例子：在皇马官网，球迷可以找到彩色热区图，图片显示了每名球员的位置或者他们的在场时间，这与教练和技术团队评估球队表现时使用的是同一种技术。

皇马的官方 App 可以为数百万球迷提供完整的球队信息。这款 App 作为新的数字化沟通渠道，成为皇马与世界的重要连接。比如，俱乐部在球员通道里安装了两个摄像头，用于拍摄皇马球员赛前经过通道时的照片，"混合区"（Zona Mixta）也会在赛后直播球员通道里的影像，这些影像和照片都能在 App 上看到。这款 App 在设计之初明显把焦点放在了娱乐上，设计者希望球迷能在他们自己的设备上享受到各式各样的内容与服务。这款 App 最吸引人的地方在于它提供了全面的视听体验：球迷可以查看比赛概要、多角度回放由特别摄像机拍摄的画面，以及延后录播。球迷可以利用 App 追踪球队情况，他们可以查看统计数据，听到英语和西班牙语版本的实时解说。在第十冠的周年庆祝日上，皇马 App 还开设了一个特别板块，球迷可以再次欣赏在里斯本进行的那场决赛，观看皇马制作的纪录片，还能听到"第十冠之歌"。除了上述全面丰富的视听内容，皇马电视台还在皇马 App 上推送补充内容，球迷因此可以一边观看皇马电视台的直播，一边追踪俱乐部的最新消息。这款 App 是皇马与微软多年紧密合作的成果。微软与世界各地的专业人员密切合作，打造出了皇马 App。

2014 年 11 月皇马 App 展示会。从左到右穿西装的人分别是：弗洛伦蒂诺、安切洛蒂和奥兰多·阿亚拉（Orlando Ayala）。

20 世纪 50 年代，皇马的营收主要来自门票收入。当时还没有电视转播权这个概念。俱乐部建造了容量超过 80 000 人的伯纳乌球场，就是为了提高收入，从而签约世界上最好的球员。如今皇马相信，借助微软云和其他科技手段，他们可以打造出一个能够容纳世界各地 4.5 亿球迷的虚拟球场。

2014 年 11 月一个温暖的下午，在伯纳乌球场的主席包厢里，举办了一场以媒体代表为主的聚会。皇马主席弗洛伦蒂诺坐在第一排的正中央，而我就坐在他的身后。微软高管马克·雷格拉（Marc Reguera）当时就在马德里，他要展示的是准备在 2015 年夏天推出的一个尖端合作项目：这个平台可以将网络上的数千万皇马球迷连接在一起，就像书籍网站 Goodreads 将读书爱好者连接在一起一样。这项技术本身就是一个奇迹，当雷格拉微笑着在主席包厢前方的舞台上展示这个平台的各种功能时，弗洛伦蒂诺和受邀参加会议的媒体嘉宾清楚地意识到，在微软的帮助下，皇马可以将社区体验提升到前所未有的高度。雷格拉展示了平台的数据分析能力。他调出了C罗自2003年以来的进球数据，其中分别显示了他为哪支球队、对战哪支球队以及在哪座球场进过多少球。雷格拉以这个信息为基础打造了互动视觉体验，展示了C罗进过球的每一座欧洲城市，通过放大的图片还能看到每一座球场的卫星照片。这个平台还可以比较皇马现在与过去的进球数据。随后，面带稚气、来自马德里的14岁金发女孩埃斯特走上台，开始讲述自己如何与其他皇马球迷建立联系。她点击显示着全球球迷的巨大数字屏幕，与他们连线、交流并分享信息。

通过皇马的官方网站和App，世界各地的球迷可以传播与皇马相关的各种内容。球迷可以观看每一场比赛的赛前赛后直播，观看球员通道里的情况、新闻发布会和球员采访，还能看到青年学院的比赛、篮球赛以及其他俱乐部活动。通过提供在任何地方、任何时间、使用任何终端设备（比如电脑、平板、智能手机和可穿戴设备）都能获取的数字服务，皇马革命性地提升了会员和球迷的体验。

微软的新兴市场主席阿亚拉认为这个项目是"皇马和微软共同开启的一段漫长旅程，朝着俱乐部的全面数字化革命前进"。而弗洛伦蒂诺关注的是科技在团结皇马社区中所扮演的角色：

> 今天，我们（和微软）达成了强大的合作，创造出了一个能够改变数百万球迷与皇马关系的庞大数字平台。今天，是俱乐部全面数字化革命开始的日子。这个全新的时代将带来前所未有的个性化体验，可以让这个世界上的数百万球迷在任何地方、任何时间、使用任何设备都能投入他们对皇马的热情。

弗洛伦蒂诺还重点关注了科技在团结皇马社区时起到的作用：

> 组成了这个庞大数字社区的皇马球迷来自不同国家，但他们有一个共同点，那就是他们热爱皇马。那些让皇马成为足球历史上最伟大传奇的人凸显出了我们的价值观。这是一段意在征服新天地、实现新目标、应对新挑战的征程。伯纳乌和斯蒂法诺创造出了世界上最伟大的梦工程，他们永不止步的进取心，激励我们不断进步。今天，我们奠定了一个数字化革命，它足以引导皇马迷的激情。

微软CEO萨蒂亚·纳德拉（Satya Nadella）身穿皇马球衣出现在大屏幕上，他提到了未来让人激动的发展："……前所未有的个性化体验可以让世界各地的数百万球迷在任何地方、任何时间、使用任何设备，都能享受到他们对皇马的热爱。"

和这场活动一样能让人一窥美好未来的是，人们在雷格拉身上也能看到皇马的过去与未来。因为雷格拉不只从职业角度参与了皇马的项目，那是他的激情所在；而且他对这个功能强大的数字工具的有趣展示，充满活力的同时也让人兴奋。

展示结束后，我在一个接待台旁边找到雷格拉时，他仍面带微笑。他正和皇马沟通部门主管安东尼奥·加莱诺（Antonio Galeno）、商务部门主管贝戈尼亚·桑斯、技术部门主管昂里克·尤里尔（Enrique Uriel）以及新媒体业务部门的拉斐尔·德·洛斯·桑托斯（Rafael de los Santos）在一起。雷格拉的眼睛里闪着光亮，他对我说："皇马是我的生命。我因为工作总是在出差，我每到一个地方提出的第一个问题都是，我在哪儿可以看比赛？和我父母、孩子以及朋友聊天时，我们总在谈论皇马。我不停地努力，就是在为这个做准备。"雷格拉甚至给父母买了前往马德里的机票，邀请他们参加活动，并且介绍他们和弗洛伦蒂诺认识。

"这个男人，他爱皇马。"弗洛伦蒂诺对我说，他的手搭在雷格拉的肩膀上，"你能看到！皇马就在他的心里！他的忠诚与激情帮助我们将世界各地的人们集合在一起，并且建立联系，让我们能为他们服务。"

THE
REAL MADRID
WAY

第 13 章

银河战舰 4.0 的挑战

在这本书中，我讨论过皇马这些年来面临的诸多挑战，其中包括：

- 人才过多效应。
- 太累太老效应。
- 为了赢得主席选举，可能出现操控选举或做出不合理经济承诺的行为。
- 没有亿万富翁做老板，可能难以承受潜在损失，或者无法筹集必需的资金。
- 采用球风漂亮的攻势足球踢法，更具艺术性，这可能让皇马处于劣势。
- 因为价值观不符合社区预期而放弃优秀球员导致在竞争中处于劣势。
- 主教练承担双重任务，既要管理球员，又要坚守社区的价值观。

皇马管理层依靠社区的文化与价值观，已经在着手应对人才过多效应带来的影响。通过签约年轻球员，皇马在一定程度上缓解了太累太老效应，但球员还是会因为许多不可控因素而过度疲劳，比如代表各自国家出战国际比赛。皇马已经解决了主席选举可能遭人操控的问题，他们对组织架构做出了调整，同时制定规则填补了一些可能被人利用的漏洞。比如，他们规定有意参选的人成为俱乐部会员的时间必须是之前规定的两倍才有资格参选，以此确保候选人在准备参选前就了解俱乐部的价值观。① 这些改变也能够阻止未来有人或机构为施加可能与社区价值观相悖的影响力，而出资支持傀儡候选人参与主席选举的行为发生。尽管有人认为潜在候选人需要个人负担 15% 的运营预算是皇马特有的规定，但这其实是西班牙政府为了保护俱乐部，自 1990 年就开始实施的一项法律。这项规定导致只有少数极为富有的人才有资格参选，而能满足个人财产担保要求的候选人则更少。

除了上述提到的挑战，皇马正在面对一系列挑战。

不再是一家小俱乐部

在某种程度上，皇马已经超越了俱乐部这个概念，他们的营收从 2000 年的 1.18 亿欧元增长到 2015 年的 5.78 亿欧元，财年报告长达 293 页。皇马已经发展成了一家全球性企业。自 2000 年起，这个行业已经出现了很多改变：转会费和球员薪资大幅上涨；媒介权利商业化；各家俱乐部为了在还未成熟的市场扩大球迷群体而展开竞争，同时竞争赞助合同；各家俱乐部开始使用数据分析，将科技运用到球场和社交媒体上；体育方面的医学与技术也在不断发展。在这种环境下，为了拥有充足的资金去竞争、签约最好的球员，皇马必须持续、大量增加营收。俱乐部需要像跨国企业一样，时刻掌握顶级、科学的管理知识，不断对各种工具进行投资。面对数量如此庞大且极其复杂的竞争，以及俱乐部的国际化趋势，我们不得不怀疑俱乐部主席是否有足够的时间去承担另

---

① 2012 年 9 月 30 日，皇马会员大会通过决议，规定任何参选主席的候选人都必须拥有 20 年会龄（过去为 10 年），董事会其他成员需要有 10 年会龄（过去为 5 年）。此外，会员大会还通过了新的银行担保规定。有些会员因为不满这些修改而向法院起诉。法院在 2016 年 2 月 11 日驳回了这些会员的起诉，同时要求他们承担全部诉讼费用。

一份全日制企业高管工作，就像弗洛伦蒂诺担任 ACS 集团主席兼 CEO 那样。与此同时，除非一个人熟练掌握财务知识，有处理国际市场问题的经验，同时拥有运营大型公司所需的专业管理能力，否则他很难说服俱乐部合伙人，让对方相信自己有担任主席的能力。

模仿导致趋同

和许多商业组织一样，体育组织也会模仿包括皇马在内的其他机构。由拥有大量资源的老板支持的球队最容易模仿皇马，他们会在皇马的基础上不断改进。例如，2014 年 3 月，《金融时报》的库珀发表了名为《巴黎圣日耳曼能否成为世界上最富有体育俱乐部》的文章。这篇文章发现巴黎圣日耳曼的一些做法与皇马非常相似，包括签约贝克汉姆。前面提过，巴黎圣日耳曼在 2011—2012 赛季被卡塔尔投资管理局收购，有消息称卡塔尔投资管理局的资产总额高达 1 700 亿美元。除卡塔尔投资管理局拥有球队外，巴黎圣日耳曼还与卡塔尔旅游局签下了为期 4 年、每年最多高达 2 亿欧元赞助费的赞助合同，球队每年可以从赞助商那里赚得数亿欧元。这反过来能让球队付给球员更高的薪水，做出更多投资，同时还能满足财政公平法案的要求，尽管欧足联在计算利润时只计算上述金额的 1/2。与皇马类似，巴黎圣日耳曼也和赞助商重新协商了之前的赞助协议，从而提高了自身价值，而且球队也扩建了球场中的 VIP 区域。曼联在 2012 年夏天曾为巴西边锋卢卡斯·莫拉（Lucas Moura）安排体检，球队当时已经与他达成了 3 000 万英镑的合同，但巴黎圣日耳曼在最后一刻以更高的价格从曼联手中抢走了这名来自巴西圣保罗队的球员。

巴黎圣日耳曼的一名高管在一篇文章里表示："我们参考的是皇马、曼联，但同样参考纽约洋基、洛杉矶湖人和意大利的法拉利车队。"这篇文章阐述了巴黎圣日耳曼在新的"品牌手册"中确定的球队代表形象："巴黎圣日耳曼致力于优雅、美丽与卓越，就像巴黎一样。观众走进球场，就像走进高档酒店……比赛风格应当具有骑士精神，有气势，有巴黎的风格。"一名巴黎圣日耳曼高管认为球队很快就能成为体育界最大的品牌之一，原因在于："如今世界是数字化的，时时刻刻都在发生变化。皇马用了50年时间成为最伟大的俱乐部，而现在只需要5年。如果兹拉坦·伊布拉希莫维奇（Zlatan Ibrahimović）进了一个'蝎子摆尾'式的进球（在空中用脚后跟进球），这件事在10秒内就能传遍全世界。"虽然皇马的历史和传统近期无法被人复制，但科技可以帮助其他球队在商业上追赶皇马。如果皇马的高管不像现在一样精通业务，俱乐部很快就会面临风险。

与比赛有关的知识四处传播，顶级俱乐部的成功理念在世界范围内被人模仿。比如，曼城在2012年从巴萨挖走了副主席和足球总监。《卫报》的罗威2014年2月发表了名为《曼城如何实现巴萨蓝图》的文章。2016年，在曼城任职的巴萨前高管聘请曾经的明星球员、巴萨前主教练瓜迪奥拉担任曼城的主教练。尽管过程缓慢，但可以肯定的是，经过有意识地尝试摸索，随着时间流逝，在消除错误、弥补弱点后，球队之间会变得越来越相似。和经济领域中以结果为导向的部门一样，在大量数据分析与开放性人才库的支持下，球队也在分析并使用行业中的成功架构与比赛策略，各个球队也因此变得越来越相似。从本质上看，足球正在成为经济的一部分。

幸运的是，皇马拥有独特的文化竞争优势和成熟的社区。皇马的历史、奖杯、传承、传统与仪式、使命与价值观，以及认同俱乐部风格的好球员，能够不断吸引并留住忠诚又有热情的球迷，这样的球迷社区既能带来商业成功，又能为皇马提供签约最好球员的资金。但我们不确定的是，如果没有专业的领导者坐镇，这样的成功能否持续下去。大笔资金正在涌入体育界，这样的资金具有破坏性，会提高购买球员的成本，增加球员薪资，同时也会增加风险。没有亿万富翁做老板，皇马和其他会员所有的俱乐部承受不起犯错的后果。皇马如果没有成功的可持续经济/体育模式，就很难在赛场上长期取得成功。

从根本上说，足球这项运动属于饱和市场，球队可以接触到越来越多的财务资源。各项足球赛事几乎每天都在播出。这就是皇马必须创新，必须让自身文化具有差异性的原因。考虑到足球的高人气，皇马必须想办法吸引并留住社区成员。

无法控制的比赛结果

2013年，康奈尔大学教授戴维·沙莉（David Sally）与达特茅斯学院教授克里斯·安德森（Chris Anderson）出版了名为《数字游戏》（The Numbers Game）一书。两位作者试图通过分析驳斥一些人们普遍认同的足球观念。书中最有趣的一个观点是，足球比赛的结果50%靠运气。为了支持这个观点，他们把被看好赢球的球队的胜率作为核心论据（见表13-1）。

表13-1 《数字游戏》中博彩投注者看好的球队的胜率

运动项目	被看好球队的胜率（%）
足球	50
棒球	60
篮球	66

此外，这本书中还得出了一个结论：50%的进球是由于运气，比如球的方向被改变、球幸运地弹到某个位置，或者被守门员、防守球员或门柱挡出的球恰好反弹到进球人身边。《足球经济学》一书的作者、哥伦比亚大学统计部门的前教授维瑟尔解释道："由于比赛本身的特点，即便球员站在同一位置，大部分进球也很难被复制。如果不能复制进球环境，那么进球概率就无法用统计学解释，只能用运气解释。"随机性对弱势方有利，这就是足球对那么多人有如此强大吸引力的原因。比赛中，总有球员状态不好，也总有球员超水平发挥，足球场上还会出现伤病情况、让人分心的因素、和球员失之交臂的得分机会，以及其他无法预测的因素。

足球比赛的得分率很低，这意味着一个进球就有可能带来完全不同的结果。维瑟尔解释道："从这个角度出发，足球是最不公平的运动之一，因为弱队战胜或打平强队的概率非常高。"

沙莉与安德森还提出了一个强调防守重要性的观点，即少丢球比进球更重要。按照这个观点，如果皇马的攻势足球丢球更多，这种踢法可能变成劣势。两位作者以英超 2001—2002 赛季到 2010—2011 赛季的数据为基础进行了严格而复杂的回归分析，他们得出结论，每个球队每个赛季多进 10 球，平均可多赢 2.3 场比赛，而少丢 10 球平均可多赢 2.14 场，两者的差距为 7%。由于足球比赛中存在平局，他们也分析了不输球带来的影响。一支球队多进 10 个球平均可以少输 1.76 场，少丢 10 个球平均可以少输 2.35 场。所以想避免失利，从比赛中获得积分，球队每少丢 1 球的价值比多进 1 球的价值高出 33%。作者表示，防守对于避免失利重要得多，而在帮助球队赢球方面，防守和进攻同等重要。皇马面临的挑战在于，社区想要看到的踢法是攻势踢法。

最后，足球界也存在巴萨控球风格与皇马进攻风格的流派冲突。近些年来，巴萨在比赛中的控球率可达 60%～65%，皇马的控球率为 55%～60%（一般存在 5%～8% 的差距）。一般来讲，一个球队控球时间越长，赢得的比赛数量越多。沙莉和安德森对英超过去 3 个赛季的 1 140 场比赛进行了分析。他们发现，控球率更高的球队一般能多赢 7.7%～11.7% 的比赛。这个因果关系仍然存在争论，但数据显示，由巴萨完善的 Tiki-taka 风格在数据统计上具有优势。[1] 可皇马社区成员想看到的不是一场控球风格突出的比赛，他们想看到像迪·斯蒂法诺、齐达内、罗纳尔多这样富有艺术美感的天才用与众不同的方式赢球。球风才是皇马如此迷人并让那么多人愿意观看现场比赛的原因。然而，在高压环

---

[1] 这种建立在速度、统一以及对场上阵容结构具有整合性认知基础上的踢法，帮助西班牙赢得了 2008 年和 2012 年的欧洲杯，以及 2010 年的世界杯。球员之间的互动强调了传球的重要性，但高超的传球能力并不总能带来成功，巴西队在 2013 年联合会杯上的表现就足以说明问题，尽管 47% 的控球率不及西班牙的 53%，但巴西还是赢得了比赛胜利，荷兰队和智利队也证明了同样的观点，他们让西班牙在 2014 年世界杯小组赛阶段就被淘汰。

境中，巴萨拥有一套可供球员依赖的"自动化"体系，许多巴萨球员从小在青训营就接受相关训练，而皇马的体系相对不那么统一、可靠，更多依靠球员之间的默契。巴萨没有银河战舰 1.0 这种需要追赶的历史标准。而皇马需要一个有资历的高水平教练，才能管理并激励世界上最优秀的球员，踢出符合社区价值观的优美的攻势足球，在面对决心控球或者关注防守以减少丢球的球队时，可以克服统计学上的劣势。杰克逊凭借适用于芝加哥公牛队和洛杉矶湖人的三角进攻体系向人们证明，一套进攻体系能让球员更无私地传球，让无法定期首发的球员无缝融入，了解各自角色，知道队友在做什么和将要做什么。而皇马的教练也需要打造一套符合皇马价值观的体系。最后，皇马的教练还需要向社区及媒体解释什么是随机性和运气，而这些通常难以解释，或者不被接受。

尽管在某些方面做出改变能让一支球队在一定程度上变得更有趣、更专注，但变更教练可能会带来一些难题，因为有些球员是为某个教练以及他的体系或阵型而特意选择的。很多人都在关注弗洛伦蒂诺担任主席期间更换教练的数量，但皇马向来有更换主教练的传统。根据 FootandBall.net 的数据，从 1955 年开始，只有两名教练在皇马的执教时间超过 3 个赛季，这两人分别是执教 16 个赛季的穆尼奥斯和执教 4 个赛季的博斯克，两人都曾是皇马队中受人尊敬的球员（见表 13-2）。

表 13-2　连续执教皇马 3 个赛季的教练名单

教练	执教时间	赛季（个）	主要奖杯数量[1]（座）
穆尼奥斯	1960—1974	16	14
博斯克	1999—2003	4	4
比利亚隆加	1954—1957	3	4
米利安·米尔哈尼奇 （Miljan Miljanić）	1974—1977	3	3
武亚丁·博斯科夫 （Vujadin Boškov）	1979—1982	3	3
穆里尼奥	2010—2013	3	3

注：1. 包括超级杯、拉丁杯和洲际杯。

有 3 名教练在率队赢得欧冠冠军后被解雇，他们分别是伯纳乌时期的比利亚隆加和卡尔尼利亚，以及桑斯时期的尤普·海因克斯（Jupp Heynokes）。有两名教练在赢得欧冠冠军的一年后被迫离职，他们分别是弗洛伦蒂诺时期的博斯克和安切洛蒂。事实上，尽管皇马在 21 世纪如此频繁地更换教练，但他们的换帅速度和欧洲其他顶级球队属于同一水平（见表 13-3）。

表 13-3　自 2000 年起各俱乐部的教练变更情况

球队	次数
皇马	13
马德里竞技	16
切尔西	15
尤文图斯	11
巴萨	10
拜仁慕尼黑	10
曼联	4[1]

注：1. 弗格森从 1986 年一直执教到 2013 年。从 2013 年 5 月开始，曼联换了 3 个教练。

多份研究发现，没有证据表明更换教练能帮助球队赢得更多比赛。更换教练时，新教练继承了适合另一套体系的球员。球员适应新教练的体系需要时间，教练签下合适的球员也需要时间。在转变过程中，球队可能缺少平衡。本书前面讨论过，难点在于，即便球员不是新人，教练也需要有能力应对由球员带来的改变，同时也要有能力应对竞争压力。一支足球队是一个复杂、不断变动且活生生的组织，需要每日细心呵护。一个态度足够灵活的教练，才能应对一个不断变化的团体。新教练不得不做出困难的决定，将球员安排在能让他们取得成功的位置上，而不是启用新体系。由于人员轮换需求，加上伤病影响场上球员彼此之间的熟悉程度，皇马在未来似乎需要一个从一队到青年学院通用的体系。这需要时间。真正的问题在于皇马社区是否有足够的耐心和热情，去支持一个结构性更强的体系，去支持球队选择适合这种体系的球员。这样的转变可能极具挑战性，花费的时间也会比想象得更长。

在研究熟悉性对组织的价值时，我发现了哈佛商学院的两名教授罗伯特·哈克曼（Robert Huckman）和加里·皮萨诺（Gary Pisano）写的一篇论文。这篇论文于 2006 年发表在《管理科学》（*Management Science*）上，分析了心脏外科医生在冠状动脉搭桥手术中的表现。医生在这种手术中需要"打开患者的胸膛，将腿部静脉或胸部动脉血管连接，绕过心脏动脉中的堵塞"。他们发现，在某些医院里，这类手术的质量出现稳步提升。这些医院中的外科医生与一些护士和麻醉师越来越熟悉，他们了解彼此的强项与弱点、习惯和风格。他们需要时间与特定成员培养关系，以便最大限度地发挥自己的能力。此外，当外科医生去一家新医院时，在与新团队成员培养出默契前，他们的表现会出现下滑。这个研究表明，熟悉团队成员、构建具有深层次关系的网络具有至关重要的意义。尽管无法直接对比强度、受外界关注度和竞争压力等指标，但这份研究表明，如果更换教练和球员过于频繁，球队就会面临表现不佳的风险。而皇马稳定的所有权结构可能也有益于俱乐部文化保持稳定，也许这在一定程度上抵消了更换教练带来的负面影响。

归根结底，在比赛场上，皇马高管能做的就是选择从长期来看成功概率最高的策略。如果一支球队拥有最好的球员（不能太多，也不能太老或太累），他们就比普通球队拥有更高的成功概率。皇马高管试图寻找能在欧冠中表现优秀的球员，这样才能在竞争更激烈、压力更大的状态下提高成功概率，但他们能使用的数据资料很有限，而足球的数据分析又非常复杂。皇马把焦点放在了能够强化并维持俱乐部文化的因素上，比如平等性，让毕业自青年学院的球员与引进的球员相搭配，以提高自身的成功概率。可他们终究不是赌场经理，不能像控制赌场中的随机性与运气一样控制比赛结果。

如今比银河战舰 1.0 时代更艰难

与银河战舰 1.0 时代相比，如今欧洲 5 大联赛中的普通职业球员与最优秀球员之间的差距变得更小。数据显示，顶级球员、优秀球员和普通球员之间的差距比大多数人想象得小。足球中的绝对技术能力已经达到了前所未有的高度，而相对技术能力的差距也小到了前所未有的程度。如今球员的差距更多体现在生理局限上，球员的表现也越来越集中在同一水平线。哥伦比亚商学院副教授迈克尔·莫布森（Michael Mauboussin）在他的《实力、运气与成功》（*The Success Equation*）一书中记录了奥运会男子马拉松比赛第一名和第二十名的成绩差距，从1932年的39分钟缩短至2012年的7分钟，他通过这个案例证明了上述观点。① 与足球类似，出现上述情况的原因是运动员的数量在增加，而且球员可选择的分析方法、教练、训练方法和训练设施也变得更多。

足球明星不再像过去那样具有统治力，而且令人感到荒谬的是，如今起到更多作用的是运气。总之，除少数球队外，大球队会为只比其他球员略好一点的球员支付高额薪水，因为胜负之间的差别已经变得极其微小。

为了在大背景下了解如今赢得欧冠冠军的难度，从AC米兰在1988—1989赛季和1989—1990赛季两夺冠军以来，还没有任何一支球队能在欧冠实现卫冕。在1990年前，皇马曾经在1955—1960年连夺5次冠军，阿贾克斯也曾在1970—1973年完成三连冠；此外，还有6支球队在欧冠实现过卫冕。有趣的是，1995年的波斯曼判决赋予欧洲足球运动员更多的自由。在NBA，只需追溯到1990年，就有6支球队卫冕过总冠军。拥有乔丹和皮蓬的芝加哥公牛队在1991—1993和1996—1998两次赢得三连冠，拥有科比和奥尼尔的洛杉矶湖人队也在2000—2002赢得过三连冠，另有3支球队完成过卫冕。这也体现出相互依赖性与运气在篮球中起到的不同作用，篮球这项运动存在大量出手和得分的机会（NBA总决赛为七场四胜制），相比之下足球只有少量得分机会（欧冠决赛只有1场比赛）。读者也许知道，自1988年起，NFL和MLB分别发生过3次和2次卫冕情况（洋基队曾在1998—2000年实现过三连冠）（见表13-4）。

---

① 在铁人世界冠军赛中，第一名和第三名的差距从1989年的23分钟缩短至2011年的7分钟。2015年，第一名和第三名的差距只有4分钟。

表 13-4 欧冠、NBA、NFL、MLB 的卫冕情况（1990—2016 年）

赛事	卫冕球队数量
欧冠	0
NBA	6 支：公牛队（1991—1993 年），火箭队（1994—1995 年），公牛队（1996—1998 年），湖人队（2000—2002 年），湖人队（2009—2010 年），热火队（2012—2013 年）
NFL	3 支：牛仔队（1993—1994 年），丹佛野马队（Denver Broncos）（1998—1999 年），爱国者队（2004—2005 年）
MLB	2 支：多伦多蓝鸟队（Toronto Blue Jays）（1992—1993 年），洋基（1998—2000 年）

有观点认为，足球只是被少数几支球队统治的领域，但从表 13-5 中可以看出，从 1990 年开始，共有 19 支球队打进过欧冠的决赛，同一时期打进 NBA 总决赛的球队数量为 21 支。[①]

表 13-5 打入欧冠、NBA、NFL、MLB 决赛的球队数量（1990—2016 年）

赛事	参加决赛的球队数量
欧冠	19
NBA	21
NFL	23
MLB	23

黑马无名、巨星变老，该让谁上场

当一支球队拥有这么多世界顶级球员时，有一个问题不可避免：该派谁上场？是最大牌、最耀眼的明星球员？还是社区成员想看到的球员？如果最好的球员因为太累太老效应无法发挥 100% 的实力怎么办？要通过给年轻球员上场机会来培养他们吗？这些都是教练需要面对的艰难选择。想要缓解太累太老效应，进行一定程度的球员轮换似乎是必需的。皇马球迷一直指责教练轮换球

[①] 由于参加欧冠需要符合一定资格，所以相比球队数量固定的 NBA、NFL 和 MLB，有可能参加欧冠决赛的球队数量更多。

员，而且明星球员可能也不愿意被人换下。这让教练处于非常艰难的境地，特别是当教练意识到，在有些不太重要比赛中，做适当轮换才是从长远角度来看的最优选择时。

此外，只要有球员认为自己应该获得更多上场时间却没能如愿，就会影响他在足球场上的表现，也会影响他的家庭和个人生活。数据分析表明，皇马社区未来必须接受球员轮换的做法，而教练也必须拥有足够的资历，才能应对外界的质疑。

皇马多年来始终因为超级巨星变老而左右为难。我们在前面讨论过，太累太老效应会影响球队的场上表现。皇马的每一个首发位置都存在激烈竞争。有时，球迷不太了解的"知名度不高"的球员比球迷喜爱的"更有名的"球员状态更好，这就会让教练非常为难。如果不让更知名的球员上场，媒体就会大肆报道，这时的媒体、教练和球员的关系就会变得非常尴尬，教练和球员不得不做出选择。并不是每个年纪变大的球员都能像齐达内一样深思熟虑、善解人意。

很多时候，年老的明星还能上场做出贡献，只是可能达不到皇马常规首发的水平要求了。[①] 如果年老的球员想继续首发，管理层可以出售或放走这名球员。根据各方态度及当时的环境，这件事情既可能处理得很好，也有可能变成一场公关灾难。

[①] 在皇马效力16个赛季后，皇马队长、深受球迷喜爱的青年学院毕业生卡西利亚斯在2015年7月同意转会至葡萄牙球队波尔图（Porto）。皇马称他为"俱乐部和西班牙足球历史上最伟大的守门员""我们历史最优秀球员的代表"。截至2015年11月25日，当时34岁的卡西利亚斯，荣获过欧洲最佳守门员、世界杯金手套奖，是西班牙2010年世界杯夺冠阵容的队长，3次赢得过欧冠冠军。但他在2014—2015赛季的欧冠上出现了的防守错误最多，他的欧冠扑救率为68.4%，在所有守门员中排名第二十一。与之相反，顶替他的凯洛尔·纳瓦斯（Keylor Navas）排名第一，扑救率达到100%。

为了保护自身品牌与形象，皇马会尽量让球员体面地离开，因为这是社区的期望，而且俱乐部希望与球员维持良好的关系，因为球队未来举办的仪式与传统活动也需要退役后的球员参与。然而，有时受沟通失误等其他因素的影响，球员的转会会出现问题。在对高管及教练进行采访后，我发现这似乎是对他们个人影响最大的挑战，也是高管与球员保持距离的原因之一，因为一旦教练与球员建立了深层次的个人联系后，做出人事决定就会变得非常困难。

一支球队赢得冠军后，可能变得自满，有的球员可能认为自己为团队做出了牺牲，要求获得更多认可，希望承担更重要的角色，或者要求提高薪资。这会对俱乐部的文化与价值观造成威胁，也可能影响可持续经济/体育模式的健康发展。任何成功的组织都有可能面对这类挑战。

当一切按照球员的预期发展，球员赢得了大量奖杯，收获各种荣誉时，他可能会产生自己是最好的球员，无须继续提高的想法。这是他迈向失败的导火索。球员自满或缺乏动力，可能是因为教练、队长或领袖型球员缺乏领导力，或者因为他出身于青训。对于那些认为自己有权利获得更高收入和更多认可的球员，这个问题似乎就复杂得多了。归根结底，一个组织在做出艰难的决定时，需要考虑自身的价值观与可持续的经济/体育模式。

英超联赛虎视眈眈

在不进则退的欧洲足球界不存在工资帽，最有钱的球队可以拿出比绝大多数竞争对手都多的资金，在这样的环境中，英超在成为"最富有联赛"的竞争中已经领先其他联赛。把英超称为"足球界的NBA"，是因为NBA被公认为最高水准的篮球联赛，所有欧洲篮球运动员都有去NBA打球的愿望，NBA球员的平均薪资也是最高的，而英超也具备上述特征。

"未来5年，我们面临着英超成为足球界NBA的风险，届时其他欧冠都会变成二级联赛。"西甲联赛主席哈维尔·特巴斯（Javier Tebas）曾这样说道。英超在全球的人气正在不断提高。比赛在全球212个地区转播，可能触达的家庭数量达到7.2亿，而且越来越多的美国人也开始观看英超。

平均每个赛季，英超的订阅用户数量比西甲联赛高近1 100万，营收多约14亿美元。此外，有人担心，英超里有些富甲一方的老板掌握着可以从其他联赛抢走最强球员的资源，可以不断扩大英超与西甲联赛在转播及营销收入机会方面的差距。

在世界上最富有的30支足球队（以2013—2014赛季的营收计算）中，有14支是英超球队。在排名前30的球队中有5支是意甲联赛球队，4支来自德甲联赛，3支来自西甲联赛，还有2支来自法甲。剩余的两支球队分别来自土耳其和葡萄牙。其余联赛则均没有像英超那样用电视转播费用创造出来的中上等级球队。

这可能引发人们的疑问，如果不能经常与最好的球队较量，那么身在西甲联赛的皇马和巴萨是否该被看作全球领先者，他们是否在转播和营销领域赚到了足够多的资金？然而，近期亿万富翁控股的实体企业对马德里竞技和瓦伦西亚做出的大笔投资，也许会让西甲联赛的联赛机制发生变化。

外界对英超新电视转播协议可能"危及欧洲其他联赛"表示担忧，这导致越来越多的人开始猜测欧洲超级联赛（European Super League）是否会诞生。2016年，拜仁慕尼黑的CEO表示，他不排除未来会出现一个由来自英国、法国、德国、意大利和西班牙的20支球队组成的欧洲超级联赛的可能。欧洲超级联赛中球队的收入，将远高于欧冠。

弗洛伦蒂诺2009年曾表示，他愿意考虑欧冠的替代方案，以"确保最强的球队总能相互竞争"。他还补充道，他希望设计新体系时"不要放弃国家级联赛"。阿森纳足球俱乐部（Arsenal F.C.，简称阿森纳）主教练也曾经表示，他预计未来会出现这样的联赛："欧冠的收入基本被欧足联控制，他们负责向俱乐部分配收入。"未来，那样的比赛有可能在美国或亚洲进行，以增加俱乐部的全球性营收。

为了额外的营收机会，球队总想升级、扩建球场。2014年1月，皇马提出了一项改建球场的计划，他们准备新建一个拥有150个房间的酒店，在球场外设置两块巨型屏幕，扩建博物馆和购物中心，再修建一个可伸缩的屋顶。伯纳乌球场的容量可以从81 044人扩大到90 000人。但因为城市空间不足，这份计划陷入停滞。

与此同时，巴萨公布了将球场容量从99 354人扩充到105 000人的计划，同时计划在2021年完成扩建。额外的座位，加上命名权带来的商机，让巴萨获得了经济上的优势。如果皇马不能升级球场，俱乐部就有可能面临营收机会少于竞争对手的风险。

THE REAL MADRID WAY

从皇马看俱乐部经营

一球之差

一次进球就可以改变历史。

当我研究赛场表现时，发现有时一次进球就能决定历史与结局，这让我非常震惊。我们在前面讨论过，足球场上的进球存在很大的随机性和运气成分。皇马差点倒在1956—1957赛季的欧洲俱乐部杯首轮，直到迪·斯蒂法诺踢进追平的一球，球队才有机会在加时赛赢球。在2013—2014赛季的决赛中，皇马同样因为在比赛最后150秒踢进扳平的一球，才能最终在加时赛中取胜。

前面讨论过，2011—2012赛季是皇马队史上数据最好的一个赛季，皇马力压巴萨夺得西甲联赛冠军。他们在2011—2012赛季的总积分达到100分，比巴萨在2009—2010赛季创造的积分纪录还要高1分。

皇马用创纪录的32胜赢得西甲联赛冠军，赛季的121颗进球和89个净胜球数也是西甲联赛纪录，16场客场胜利和32场总胜场同样创造了纪录。然而，在欧冠半决赛中，皇马在点球大战中输掉了比赛。在与拜仁慕尼黑的欧冠半决赛首场比赛里，拜仁在第90分钟攻入一球，主场2∶1取胜。那是皇马那一年在欧冠输掉的第一场比赛。虽然，有评论员质疑拜仁的那次进球有越位嫌疑，但那次进球最终产生了致命影响，皇马在主场2∶1取胜，但两场累积3∶3战平，只能进入点球大战。而皇马在点球大战里1∶3失利。

2012—2013赛季，皇马在欧冠半决赛中因为累积少进一球而出局。在与多特蒙德的首场比赛里，皇马让对方的一名球员成为首个在欧冠半决赛中独进4球的球员，球队也以1∶4惨败。皇马随后在主场2∶0取胜。若能在主场多进1球，或者首回合在客场少丢1球，皇马就能打进决赛。但最终，皇马遗憾出局。

2013—2014赛季，皇马只比西甲联赛冠军马德里竞技的总分低3分。放在整个赛季里，这就是多赢一场比赛的差别。2013—2014赛季有几场比赛，只需进一球，皇马就能多得3分[①]。2014年4月29日，皇马在欧冠半决赛两场累计5∶0战胜拜仁慕尼黑。到

[①] 多赢一场比赛并不足以让皇马夺得2013—2014赛季的西甲联赛冠军，因为皇马与马德里竞技的直接交手成绩处于劣势。在确定排名时，直接交手成绩是第二标准，第三标准是净胜球。

了 5 月，皇马在西甲联赛分别战平瓦伦西亚（2013—2014 赛季西甲联赛排名第 8）和皇家巴利亚多利德足球俱乐部（Real Valbdolid）（2013—2014 赛季在西甲联赛 20 支球队中排名第 19），又输给了皇家维戈塞尔塔队足球俱乐部（RC Celta de Vigo，简称塞尔塔）（2013—2014 赛季排名第 9）。

这些球队输的比赛都比赢的比赛多。那些比赛如果有一场结果不同，皇马也许就能赢得西甲联赛冠军，因为皇马的净胜球数高于马德里竞技。需要再次强调的是，皇马在赛季末令人失望的表现让人意识到过于疲劳对球队的影响。

2014—2015 赛季，皇马在西甲联赛中仅比巴萨低 2 分，排名第二；2 分的分差比一个胜场的 3 分还要少。某场比赛多进一个球，就会带来不一样的结果。在这个赛季里，皇马取得了 22 连胜，有机会挑战历史最佳战绩。但在接下来的欧冠半决赛里，皇马因为少一个主场进球而被淘汰。在半决赛的第二场比赛里，C 罗在 23 分钟时踢进一球。皇马原本可以凭借这球进入决赛，可尤文图斯在第 57 分钟追平比分，然后全力防守，最终打进决赛。

考察小误差带来的影响，结果让人震惊，一次进球竟然与否就能带来这么大的区别。球的方向有没有砸在横梁上，一次越位是否被吹罚，一次犯规究竟发生在禁区内还是禁区外，伤停补时究竟是 5 分钟还是 3 分钟，一名球员的犯规吃到的究竟是黄牌还是红牌，球队是否因为他被罚下只能以 10 人应战，这些因素都有可能影响进球。此外，在一项相互依赖性如此高的运动中，球员过于疲劳所导致的速度或注意力下降，或是错误预估了队友的速度，都有可能影响比赛结果。这些因素大多无法在数据分析中得到体现。

表 13-6 总结了皇马从 2011—2012 赛季到 2014—2015 赛季的表现。表格展现了 1 次进球对历史进程的改变。

表 13-6 皇马 2011—2012 赛季至 2014—2015 赛季的表现

赛季	教练	丢球数（个）	进球数（个）	净胜球数（个）	季终排名	总分	说明	欧冠成绩	比分情况	说明
2011—2012	穆里尼奥	32	121	89	1	100	领先巴萨9分	半决赛	首回合3:3，次回合1:3，在点球大战中失利	主场输掉了点球大战。这是皇马历史上数据最好的一个赛季
2012—2013	穆里尼奥	42	103	61	2	85	落后巴萨15分	半决赛	3:4	客场1:4失利，让对手的一名球员连进4球，最终因主场累计少进一球出局
2013—2014	安切洛蒂	38	104	66	3	87	落后马德里竞技3分，与巴萨同分，因为直接交手成绩较差而排名靠后	冠军	4:1	常规时间还剩150秒时马德里竞技，在加时赛里赢得冠军
2014—2015	安切洛蒂	38	118	80	2	92	落后巴萨2分	半决赛	2:3	因主场累计少进一球出局，尤文图斯在比赛还剩33分钟时多进一球

THE REAL MADRID WAY
皇马之道

银河战舰 4.0 的成功秘诀

1. 对教练进行投资，培养齐达内成为皇马主教练。
2. 开展 107 个高管培训项目，包括与诚信、良好实践、防止体育竞赛中作弊以及俱乐部和管理机构行为准则相关的培训课程。
3. 与欧洲大学共同创办皇马研究生院，既为皇马创造营收，又培养了多位体育管理人才。
4. 投入超过 1.86 亿欧元扩建皇马体育城，为球员、教练提供最好的基础设施。
5. 加强数字生态系统建设，为推广价值观和品牌创造全新商业机会。包括与微软合作开发官方 App 和游戏，大力发展社交媒体，与世界各地转播商通力合作。

THE REAL MADRID WAY

结　语

皇马之道的启示

皇马最大的竞争优势是什么？皇马高管认为，归根结底，是球队的价值观与文化能在赛场内外产生最大的影响。在他们看来，文化意味着每个人都以无私的方式为一个共同使命而努力，每个人都知道目标是什么，懂得如何用合作的方式实现目标。皇马这么优秀，是因为他们场上场下的策略都建立在源于社区成员的文化与价值体系之上。

皇马之道的核心

皇马之道，就是以社区价值观为核心的可持续经济/体育模式。这个模式的起点，是皇马签下符合社区价值观的世界顶级球员，踢出有风度、漂亮的攻势足球并赢得冠军，引起现有及潜在的全球观众的兴趣，让他们成为自己的球迷。科技增强了世界各地球迷的体验感，激发了他们的热情，而俱乐部的传统与仪式又强化了球迷的身份认同感。由于皇马的价值观具有包容性和普世性，能够吸引全球各个年龄层的观众，所以皇马社区的成员数量获得了全球性增长，而这带来了愿意付出大笔资金与皇马建立联系的国际赞助商，以及愿意付出大笔资金向为数众多且充满激情的全球观众转播比赛的电视转播商。这提高了球场上座率，提高了转播权价值，增加了营销与赞助机会，从而带来了更高的营收。读者可以参考附录 A "银河战舰 1.0、2.0、3.0 和 4.0 时代的对比"，了解不同时期的重要特点。

就像数据分析不能保证赢得冠军一样，文化与价值观也无法保证球队一定能获得奖杯。长期来看，文化与价值观能为俱乐部在场上场下带来统计学上的竞争优势。我们讨论过，在比赛场上，运气和一个进球就能轻松改变历史。一个人抛硬币，可能连续 5 次都抛出正面朝上的结果，历史可能就是这样被创造出来的；但我们知道，随着时间推移，抛出的硬币正面或者背面朝上的概率都会无限接近 50%。皇马高管不断寻找可以统计的竞争优势。如前所述，俱乐部高管无法控制场上的很多因素，金钱和人才同样无法保证获得冠军。他们能做的，就是活跃地与社区互动，力图满足他们的价值观与期望。

自从弗洛伦蒂诺和他的管理团队将可持续的经济/体育模式适用于皇马后，俱乐部的营收出现大幅提高，球迷也更加认同俱乐部及其球员，具体可见表 14-1。而高营收也让俱乐部有能力签约认同社区价值观的顶尖球员。文化与价值观激励最优秀的球员组成团队，共同努力，踢出特定风格的比赛，并以社区期望的方式行事。这是皇马在统计学上的竞争优势，也是其他很多球队迫切希望模仿的对象。

表 14-1 皇马在 2000 财年和 2015 财年的财务信息

财务指标	2000 年 6 月财务数据	2015 年 6 月财务数据
营收	1.18 亿欧元	5.78 亿欧元
EBITDA（资产处置前净收益）	1 000 万欧元	1.35 亿欧元
EBITDA（按会计准则计算）	3 000 万欧元	2.03 亿欧元

续表

财务指标	2000年6月财务数据	2015年6月财务数据
薪资与收入比	66%	50%
税前利润（亏损）	2 300万欧元	5 600万欧元
净负债	1.26亿欧元	9 600万欧元
净负债/EBITDA	4.2	0.5x[1]
结果	审计意见：不可持续的模式	赛季投资：2.4亿欧元（球员：1.89亿欧元；回购权利：3 000万欧元；体育设施：700万欧元；球场：1 400万欧元）2000—2015年总投资：22.59亿欧元（球员：17.85亿欧元；回购权利：4 800万欧元；体育设施：1.86亿欧元；球场：2.4亿欧元）

注：1. 计算净负债/EBITDA时使用的是按照官方会计准则计算的EBITDA。

截至2015年6月30日，皇马的财务状况达到了历史最佳。我们用皇马的总资产扣除全部负债后得到的结果是4.12亿欧元的股本。由于皇马不向股东分红，所以股本每年会随税后利润而出现变化。因为赚得利润，所以皇马的股本从2000年开始以11%的年增长率持续增加，目前的税前股本回报率为14%（平均每股5 600万欧元，共计3.91亿欧元），考虑到其低杠杆率，这是相当优秀的资本回报率。皇马9 600万欧元的净负债相当于股本价值的23%，等于0.5倍的EBITDA，这表明俱乐部的财务管理相当可靠。

文化与价值观，银河战舰永远的竞争力

针对那些对文化与价值观能够影响组织的观点持怀疑态度的人，我提供了麦肯锡的业绩数据，以说明为什么文化与价值观是核心竞争优势。麦肯锡的调查结果显示，就职于世界上最优秀企业的高管相信文化的力量。然而，不知为何，在体育管理界，这个话题并未得到积极讨论。我查看了大部分体育管理类书籍的索引，"文化"、"价值观"和"使命宣言"很少出现。对于那些认为价值观与文化不适用于体育的人，我提供了不断取胜的运动队领袖的表态来反驳，他们认为价值观和文化非常重要。当弗洛伦蒂诺和鲍尔默这两个拥有数十

亿美元身家且极其成功的商界人士接管体育组织后，他们最早采取的行动之一，就是设计一份使命宣言，而且两人都提前对各自社区进行了调研。他们知道必须以组织文化为起点，其余一切都源自这个关键因素，因为价值观和文化能够推动球队贡献出最好的表现。

皇马的不同寻常之处在于，社区本身决定了他们的文化。我认为，有意提高自身表现，希望在赛场内外及商业领域确立竞争优势的组织，都应该更认真地对待文化、使命与价值观，因为他们的竞争对手可能已经在这么做了。随着数据分析越来越多地被人使用，拥有更多资源的球队和机构应该引入更好的球员和分析人员。而资源较少的机构仍然可以在文化与价值观上形成竞争力，因为这些因素不是球队用钱能直接买来的。文化与价值观可以让社区变得更忠诚，更有激情，从而带来更多获得商业营收的机会。我认为一个组织不必做到像皇马一样成为社区所有才行，但我确实相邻，当一个组织把重点放在让自身策略与社区的价值观和期望相一致时，它的策略就会成为极为强大的工具，激发出社区成员更多的忠诚与热情。当这样的忠诚和热情转化成谨慎、活跃且高频率的支持时，就能为组织带来极为优秀的商业表现。这样的忠诚与热情可以持续很长时间，甚至不需要球队胜利也能维持下去。

皇马社区就曾多次表明，价值观比胜利更重要，这种说法也许会让很多体育管理团队震惊。有这种想法的不只是皇马社区。我在前文中提到了 NFL 和 NBA 的例子，它们都可以表明胜利或者身处大球市并不一定能带来更多球衣销量，因为球衣销量是体现球迷身份认同及情感连接的一个重要指标。对俱乐部而言，重要的是你代表了什么，以及如何证明自己代表的形象。一方面，一支运动队绝大多数时候都不能赢得冠军，所以把胜利看作社区支持球队的主要原因，这样的观点存在缺陷。另一方面，确立一种文化和身份认同需要时间，这不是一夜之间就能完成的。

在体育和商业领域的雇佣关系中，球队利益和个人利益之间始终存在紧张关系。不只是体育比赛，在大部分组织中，对工作的回报或认可方式，总会引诱人们采取不符合团队利益的行动。和商业一样，足球也具有高度的相互依赖性。商业世界和棒球比赛不一样，没人保证你一定能"上场打球"。在商业世界里，大多数时候你需要一个队友，帮助你获得签下合同或交出优秀业绩的机会。在足球比赛中，C罗需要他的队友在正确的时间把球传到正确的位置。只有与团队通力合作，才能达到最佳表现。使命、目标、价值观和文化都是能使成员表现更好的因素，特别是在高度依赖天赋的组织中。当文化是明确的，而且在组织内部得到普遍认可时，决策就会更容易，浪费的时间也会减少，权力与决策权也能分配到不同人手中。

皇马最让我震惊的一点是，一个体育社区更在乎的是如何取胜，而不只是胜利这一结果。在走捷径的诱惑面前，任何人都很难忍住，每家俱乐部都想签下一名被数据分析师认定最有可能帮助球队赢得胜利的球员。然而，ZAPPos首席执行官谢家华（Tony Hsieh）和风险投资人布拉德·菲尔德（Brad Feld）都表示，他们在招聘时更看重应聘者在文化上的适配度而非能力。冒着丢掉冠军，或者短期内对商业利益造成损害的风险，因为文化与价值观而拒绝某名球员仍是极为勇敢且长远来看非常聪明的做法。当然，一名球员或员工加入竞争对手并且帮助对方取得胜利，这样的结果自然会让人难以接受。但在研究了皇马及相关组织后，我认为，从长远看，当组织拥有明确的价值观和行事方式后，就能够使社区更具差异化、更加忠诚、更有热情，也能带来更大的商业成功，同时为满足社区需求提供资金。文化也有助于留住球员。

文化、社区支持、历史、环境、世界顶级的设施以及曝光度，这些都是皇马吸引球员的原因，而且在一定程度上，它们也能让皇马在吸引和留住球员时具有一定优势。圣安东尼奥马刺队就是依靠文化吸引并留住球员的绝佳案例。留住一名球员，而且无须为新球员支付转会费，这对企业来说，相当于省下了支付给猎头的费用，从长远来看能够省下不少钱。此外，员工与球员之间也有更高的熟悉度，这有助于他们最大限度地发挥能力。与此类似，培养并投资本土人才可能需要提前付出成本，但从长远看，这样的人才了解组织，能协助同化新员工，优化业绩表现。

皇马管理层通过彻底的透明化运作，将信任感传达给了社区。皇马利用标准化合同、平等对待所有球员的方式与社区、球员建立起了信任。这样的信任不只体现在所有球员使用一模一样的更衣柜上，更体现在贯穿整个组织的理念上。在和皇马内部成员沟通交流时，你能感受到透明度；我遇到的人态度都很直接，也很专业。观察他们之间的互动，你会发现他们很尊重彼此。他们都渴望让专家参与讨论，让我获得我想看到的一切信息。我认为，大部分运动队不会这么做，很多企业也不会这么做。一个组织不彻底公开透明就很难取得社区的全面信任，而这会影响社区的热情和忠诚。

随着时间推移，运动队会像企业一样，变得越来越有竞争力，效率越来越高，他们的工作流程和商业秘密会传播得越来越广，球队也会变得越来越相似。在棒球界，大多数球队都接受并开始运用数据分析，数据分析可以帮助他们缩小差距，削弱某些球队的巨大竞争优势。文化是一种独特、真实的差异化因素。我觉得文化不只展现在使命宣言和价值观的文字里，还体现在组织行动中。对皇马来说，这包括如何选择队长以及如何对待员工。我相信那些能够凭借历史、传统、传承以及社区价值观脱颖而出的组织无论在场内还是场外，表现都能与众不同。资源、人手均不充沛的组织也都存在这样的机会。

我在分析中发现，球队成绩不理想不能归因于某一个球员。现实中存在很多复杂且互相关联的因素。我从皇马这里明白，文化有助于确认数据分析的优先顺序，还能提供背景信息。比如，皇马会通过数据分析选择符合自身目标与价值观的优秀球员。皇马在分析数据时也会考虑背景信息，这对做对选择有非常重要的意义。

我还了解到，场外情况与场上表现之间也存在相关性。不只在体育界，在绝大多数组织中，有些人关注数据、商业部分，而其他人关注营收、创意、内容部分。两者是相互关联的。营收、创意、内容部门的人们不想知道数据到底有什么用，但他们必须了解，因为这会影响他们所能得到的资源，进而影响策略。就算最终目的不是赚取利润，两者也需要有一个可持续模式来维持平衡，即经济/体育模式。俱乐部不可能永远有办法弥补亏损，也不可能一直指望外部的捐款。归根结底，在当代社会，可持续性的模式才是维持长久成功的最佳方式。

文化本身很难定义，而分析、衡量与对比文化更为困难。此外，媒体对文化进行报道的难度也很大。向新成员推行组织文化注定会遇到抵抗，因为他们不得不去学习一种全新的思维方式和语言。事实上，想要量化文化非常困难，也有许多障碍，但这正是文化成为竞争优势的原因，因为它不容易被人抄袭。每个成功文化背后展现的都是组织的独特性格与灵魂。

就像福尼尔和拉拉·李2009年在《哈佛商业评论》上发表的文章所说的那样，统一策略、文化和身份认同"需要一个组织整体性地投入，需要他们愿意合作，跨越功能边界。管理者需要足够的勇气，才会重新审视组织性设计。坚韧的管理者，才会将控制权交给社区价值观和信仰"。以社区价值观为核心去定义文化，能够提高人们的忠诚度与热情，验证人们对品牌的身份认同，同时还能带来更多的赞助商和推广商，不断扩大业务。皇马表明，将策略、文化与身份认同统一在一起，只要拥有正确的心态和信仰，就能创造出强大的具有可持续性的模式。

以人才为导向的行业需要管理者有专业的领导力，而这样的领导力需要具有灵活性和适应性，因为人、大众期望和环境总是在发生变化。对皇马来说，拥有一个性格沉稳且可靠的教练非常重要。领导者需要拥有相关领域的成就，才能得到被管理者的尊重。皇马的可持续经济/体育模式想要顺利运行，需要局外人的思维，需要高层的高度投入，但日常管理并领导人才的教练，需要成为局内人，起到支点作用。皇马正在为下一代做必要的投资。他们致力于寻求全新理念，并在相关领域进行探索。他们始终愿意更新自身的体系与流程，这种能量与动力源自最高层。高管团队渴望了解其他行业的最佳实践方式，渴望知道如何将那些做法应用于皇马。对于一家传统如此深厚的俱乐部，他们对科技、改变和非传统理念保持着如此开放的心态，这一点让我印象深刻。伯纳乌球场存在容量为 81 044 人的物理限制，但俱乐部高管却利用科技将 4.5 亿社区成员连接在了一起。信任、尊重、倡导合作与讨论的环境，培养出了具有开放心态和快速适应环境变化能力的皇马人。起用有特殊能力的高管很重要。然而，对皇马来说，有一件事是持续而连贯的：皇马的一切都以社区价值观为中心，管理者会带着使命感和明确的目的性推动俱乐部决策，最高层会不断加大投入，建立良好的程序和环境，这些都至关重要。

最后，领导者需要具备调节能力，但同时不能偏离社区的价值观，不能忽视社区的态度与信仰。弗洛伦蒂诺是第一个承认他和俱乐部不能每次都做出正确决策的人，但他足够谦逊，懂得反思失误，从中学习宝贵经验，继而坚持俱乐部的使命与价值观，考虑到巨大的压力和外界关注，要做到这一点非常困难。一个人需要勇气，才能在坚守价值观的同时忍受批评和质疑。就像教练如果在球员时期和教练时期获得过好成绩就能让他更易被人宽容一样，弗洛伦蒂诺和他的高管团队也拥有一定的操作空间。这样的空间是他自己争取到的。而皇马社区给予领导者的空间相对更小，因为和由私人所有、由董事会成员与 CEO 关系融洽的公司所有，或者不存在降级制度联赛的球队相比，皇马每 4 年都会进行一次选举。

弗洛伦蒂诺和他的高管团队创造出了一支现代化、全球化的运动队，这支运动队珍视社区的价值观与期望，像重视比赛胜利一样重视赛场外的成功，同时还在确保俱乐部未来的长期发展。有趣的是，皇马的灵感来自过去。通过研究皇马，我了解到他们为什么能在赛场内外均取得成功。他们当然有钱，有才华横溢的球员，有强大的数据分析能力。可究其根本，皇马其实是通过社区价值观创造经济和体育价值。

皇马提供了一种具有说服力的模式，可以让除运动队外的任何组织都保持长久的竞争优势。大数据和统计分析已经成为商业决策时使用的主流方法。但皇马却用实际行动证明，拥有能够调动社区积极性的组织文化与身份认同，就可以轻而易举地击败竞争对手。

统一策略、文化和身份认同，需要全队从上到下付出努力；重新思考组织性设计需要勇气，确立文化和身份认同，需要时间和耐心；依靠社区指导使命与价值观也需要信心。这些做法能够验证品牌的意义，也能在社区成员和员工中培养忠诚与热情，进而不断扩大业务。如果负责、透明地进行上述统一活动，我们就能得到更优秀且更具可持续性的回报与表现。

附录 A

银河战舰 1.0、2.0、3.0 和 4.0 时代的对比

表 A-1 对比了皇马发现的有助于创建成功环境的不同因素。

表 A-1 银河战舰 1.0、2.0、3.0 和 4.0

因素	银河战舰 1.0 时期	银河战舰 2.0 时期	银河战舰 3.0 时期	银河战舰 4.0[1] 时期
特定年份	1959 年	2002 年	2014 年	2016 年
冠军	欧冠（第 4 冠）	欧冠（第 9 冠）	欧冠（第 10 冠）	欧冠（第 11 冠）
主席	伯纳乌	弗洛伦蒂诺	弗洛伦蒂诺	弗洛伦蒂诺
担任主席年限（年）	16	3	11	13
主教练	穆尼奥斯	博斯克	安切洛蒂	齐达内
主教练在球员时期的履历	• 在皇马司职中场 • 为皇马攻入在欧洲俱乐部杯上的第一球 • 帮助皇马获得 1956 年、1957 年和 1958 年欧洲俱乐部杯冠军	• 在皇马司职中场 • 帮助皇马获得 5 个西甲联赛冠军和 1 个欧冠冠军	• 在 AC 米兰司职中场 • 在欧冠半决赛对阵皇马的比赛中进球 • 是最后一次卫冕欧冠的 AC 米兰队的一员	• 在皇马司职中场 • 在 2002 年欧冠比赛中为皇马踢入制胜球 • 3 次获得国际足联世界最佳球员奖
担任皇马主教练前的履历	执教皇马二队	执教皇马二队	率队获得 2003 年和 2007 年欧冠冠军	• 2014 年担任皇马助教 • 2014—2015 赛季成为卡斯蒂利亚主教练
性格	沉稳	沉稳	沉稳	沉稳

续表

因素	银河战舰 1.0 时期	银河战舰 2.0 时期	银河战舰 3.0 时期	银河战舰 4.0[1] 时期
部分球员（国籍）	• 迪·斯蒂法诺（阿根廷）[2] • 普斯卡什（匈牙利）[3] • 科帕（法国）[4] • 桑塔玛利亚（乌拉圭） • 亨托（西班牙）[5] • 德尔索尔 • 迪迪（巴西）[6]	• 菲戈（葡萄牙）[7] • 齐达内（法国）[8] 弗洛伦蒂诺就任主席前在队的青年学院毕业生： • 劳尔（西班牙）[9] • 卡洛斯（巴西）[10] • 卡西利亚斯（西班牙） 2003 年入队球队： • 罗纳尔多（巴西）[11] • 贝克汉姆（英国）[12]	• C 罗（葡萄牙）[13] • 本泽马（法国）[14] • 贝尔（英国）[15] 弗洛伦蒂诺就任主席前在队的青年学院毕业生： • 卡西利亚斯（西班牙）[16] 2015 年入队球队： • J 罗（哥伦比亚）[17]	• C 罗（葡萄牙）[18] • 本泽马（法国）[19] • 贝尔（英国）[20] 2016 年入队球员： • 卡塞米罗（皇马执行回购条款） • 巴斯克斯（青年学院毕业生，从租借合同中回购）
进入金球奖评选前 3 的球员人数（人）	3	4，赛季结束后为 6	1	1
领袖型球员	迪·斯蒂法诺	劳尔/齐达内	C 罗	C 罗
领袖型球员的年龄（岁）	33	25/30	29	31
总营收（亿欧元）	—	1.52	5.5	6.08
营收主要来源	球场收益	营销	营销	营销
球场收益占总营收百分比	90% 以上[21]	26%	24%	25%
出身青年学院的球员百分比	12%	27%	39%	33%
明星球员百分比	—	16%	28%	22%
明星球员平均年龄（岁）	—	28.6	26.7	26.6
工兵百分比	—	50%	48%	50%

续表

因素	银河战舰 1.0 时期	银河战舰 2.0 时期	银河战舰 3.0 时期	银河战舰 4.0[1] 时期
年轻人百分比	—	34%	24%	27%
队长（位置）	胡安尼托·阿隆索（守门员）	费尔南多·耶罗（防守中场）[22]	伊克尔·卡西利亚斯（守门员）	塞尔吉奥·拉莫斯（防守球员）
出场数	292	601	710	337
副队长（位置）	—	劳尔（进攻球员）	塞尔吉奥·拉莫斯（防守球员）[23]	马塞洛（防守球员）

注：

1. 因为时间限制，有些信息来自 2015 年。
2. 1957 年和 1959 年获得金球奖，1956 年在金球奖评选中排名第二。贝利称他为"足球历史上最全能的球员"。与亨托及何塞·玛利亚·萨拉加（José María Zárraga）一起，全程参与了皇马的欧冠 5 连冠（1955—1956 赛季至 1959—1960 赛季）。
3. 被投票选为 1954 年世界杯最佳球员，在 1960 年金球奖评选中排名第 2。
4. 1958 年赢得金球奖，1959 年排名第 2。
5. 唯一一名 6 次赢得欧冠冠军的球员。他参加过 8 次决赛（6 胜 2 负）。亨托的队友迪·斯蒂法诺在欧冠决赛中的战绩为 5 胜 2 负。
6. 第一个在里约热内卢的马拉卡纳球场进球的球员。他是第一个称足球为"优美运动"的人。
7. 2000 年金球奖得主，2001 年当选国际足联年度最佳球员。
8. 1998 年金球奖得主，1998 年、2000 年和 2003 年国际足联年度最佳球员。在 1997 年和 2002 年国际足联年度最佳球员评选中排名第三。被投票选为 2006 年世界杯最佳球员。在 2002 年欧冠决赛中攻入著名的制胜球。
9. 毕业于皇马青年学院。2001 年金球奖评选排名第二，2001 年国际足联年度最佳球员评选排名第三。1994 年在具有象征意义的"王冠传递"中顶替了布特拉格诺。
10. 在 2002 年金球奖评选中排名第二，1997 年国际足联年度最佳球员评选中排名第二。
11. 在 1997 年和 2002 年赢得金球奖。在 1996 年金球奖评选中排名第二，1998 年金球奖评选中排名第三。和齐达内、梅西及 C 罗一起，是仅有的获得 3 次及 3 次以上国际足联年度最佳球员的 4 人之一。
12. 在 1999 年金球奖评选中排名第二。1999 年作为曼联球员赢得了欧冠冠军。
13. 赢得金球奖。在 2009 年、2011 年和 2012 年的金球奖评选中排名第二。在 2008 年、2013 年和 2014 年赢得金球奖。
14. 2011 年、2012 年和 2013 年法国年度球员。
15. 获得过 2011 年和 2013 年英国职业足球运动员协会年度球员奖。
16. 皇马青年学院毕业生。2008 年、2009 年、2010 年、2011 年和 2012 年当选国际足球历史与统计联合会（IFFHS）世界最佳守门员。
17. 2014 年世界杯金靴奖得主。

18. 2008 年、2013 年和 2014 年金球奖得主。在 2009 年、2011 年和 2012 年金球奖评选中排名第二。
19. 当选 2011 年、2012 年和 2013 年法国年度球员。
20. 2011 年和 2013 年当选英国职业足球运动员协会年度球员奖。
21. 估算结果。
22. 赢得 3 座欧冠冠军奖杯。担任皇马助理教练。
23. 2014 年欧冠决赛伤停补时期间攻入扳平一球。

附录 B

棒球中的赛季平均数据 VS. 季后赛据

我要增加一些针对棒球的数据分析，很多数据分析支持者认为击球员和投手之间有着"最纯粹的数据"。这个分析有助于说明皇马为什么关注球员在最高水平竞赛中的表现（比如欧冠和世界杯）。皇马认为，最高水平竞赛中的数据是有限的。但前文提过，皇马总是在数据统计上寻找能帮助他们赢得欧冠冠军的优势，他们在欧冠中面对最强的竞争，而在这样的竞争中，极其微小的因素都会影响结果。一名球员在漫长的西甲联赛或 MLB 赛季中的表现，可能因为不同因素而无法与欧冠或 MLB 季后赛中的表现相提并论，这些因素包括竞争的强度、是否处于赛季末期以及天气情况等。所以说，一名球员的表现也许能帮助球队打进季后赛，但这名球员面对更强球员或者投手时，也许不能帮助球队赢球。

例如，棒球运动员德里克·杰特（Derek Jeter）和亚历克斯·罗德里格斯（Alex Rodriguez）的数据统计存在惊人的差别。杰特的平均击球率和上垒率在常规赛（0.310 和 0.377）和季后赛（0.308 和 0.374）几乎一模一样。但查看罗德里格斯的数据可以发现，他在季后赛的击球率与上垒率均低于常规赛，击球率分别是 0.297 和 0.259，上垒率是 0.382 和 0.365。罗德里格斯在季后赛里的表现能像常规赛一样出色，这个观点本身就是错误的。他的季后赛平均击球率比常规赛低了 13%。

如果只看罗德里格斯效力纽约洋基队时的数据可以发现，他在季后赛的平均击球率是 0.240，比职业生涯的平均数据低了 19%，上垒率（0.363）与职业生涯基本持平。

棒球运动员雷吉·杰克逊（Reggie Jackson）以在季后赛轰出本垒打而得到了"附加局先生"的绰号，他似乎总能在球队需要的时候得分。杰克逊的季后赛数据略高于他的常规赛数据（见表 B-1）。

表 B-1 雷吉·杰克逊的数据

比赛阶段	击球率	上垒率
常规赛	0.262	0.356
季后赛	0.278	0.358
季后赛（仅效力纽约洋基队期间）	0.280	0.363

杰克逊效力纽约洋基时的季后赛击球率似乎与职业生涯的季后赛平均数据一样。与他在纽约期间最大的不同点是，他在季后赛的击球中有大约 30% 是本垒打，这比他职业生涯平均的 22% 高得多。与此相对，罗德里格斯职业生涯平均的本垒打率为 0.22 在效力洋基队的季后赛里，罗德里格斯的本垒打率出现下滑，只有 18% 左右。

当我与担任哥伦比亚大学体育管理项目理学硕士主管、《钻石美元》（Diamond Dollars）一书的作者文斯·热纳罗（Vince Gennaro）讨论时，他告诉我，棒球的季后赛和常规赛完全是两种不同的比赛，区别在于一个关键因素：球队在季后赛可以采用非常不同的投手策略……而他们确实会这么做。在一场比赛里，一名球员每 9 次打席至多上场 1 次，可顶级投手在季后赛里的上场率会明显增加。因此，他们在季后赛的投球质量比常规赛高出约 40%。在 2009 年的季后赛，也就是纽约洋基队最后一次赢得世界大赛的时候，他们最好的 5 名投手——首发投手 C. C. 萨巴西亚（C. C. Sabathia）、A. J. 伯内特（A. J. Burnett）和安迪·佩蒂特（Andy Pettitte），还有两名替补投手菲尔·休斯（Phil

Hughes）和马里亚诺·里维拉（Mariano Rivera）的上场时间约占全部投手的81%，而在常规赛里，这个数据只有53%。由此导致的结果是，击球员在季后赛里的表现会出现下滑，因为上垒/得分机会减少。热纳罗认为心理原因可能也起到了一部分作用，但同样取决于哪名球员在面对强大投手时的击球质量更高。对杰特来说，他在面对第1首发和第5首发时的表现"差距"很小。而罗德里格斯和其他球员的这个数据在常规赛和季后赛却存在差距。有些球员在常规赛期间会利用实力较差的投手（第3、第4和第5首发）提高自己的数据。所以说，背景信息与比赛的重要性对球员数据的影响很大。

我在考察1969年以来赛扬奖（Cy Young，最佳投手奖）得主的防御率（ERA）数据时发现，他们的这项数据在常规赛和季后赛不存在差别，都是3.26。可如果查看表B-2，你会意外地发现，表中列出的球员至少都在季后赛投过50局球。

表 B-2 在季后赛投过 50 局球的球员

球员	常规赛 ERA	季后赛 ERA	差别（%）
克雷顿·科肖（Clayton Kershaw）	2.43	5.12	111
大卫·普莱斯（David Price）[1]	3.09	4.78	55
C.C.·萨巴西亚	3.69	4.53	23
罗杰·克莱门斯（Roger Clemens）	3.12	3.75	20
佩德罗·马丁内斯（Pedro Martinez）	2.93	3.46	18
兰迪·约翰逊（Randy Johnson）	3.29	3.50	6
格雷格·马德克斯（Greg Maddux）	3.16	3.27	3
卡特费舍尔·亨特（Catfisher Hunter）	3.26	3.26	0
汤姆·西弗（Tom Seaver）	2.86	2.77	-3
贾斯汀·沃兰德（Justin Verlander）	3.52	3.39	-4
汤姆·格拉文（Tom Glavine）	3.54	3.30	-7
约翰·斯莫茨（John Smoltz）	3.33	2.67	-20
奥雷尔·赫希泽（Orel Hershiser）	3.48	2.59	-26
费尔南多·瓦伦祖埃拉（Fernando Valenzuela）	3.54	1.98	-44

注：1. 只投过 47 局。

考察投球局数最多的 4 名球员，格拉文和斯莫茨在季后赛中的投球局数超过 200 局，两人战胜了概率，在季后赛中投出了更好的表现；在季后赛中投过 198 局的马德克斯数据基本没变，投过 199 局的克莱门斯在季后赛表现显然更差。

纽约洋基的明星终局投手里维拉在季后赛里投过 141 局。他从未获得过赛扬奖，因为这个奖项一般授予首发投手，但里维拉曾经 4 次进入赛扬奖票选前三。考察里维拉的数据时会发现，他的季后赛数据明显优于常规赛，他甚至是现代最伟大的季后赛投手。佩蒂特（276 局）的季后赛与常规赛数据基本相同。投过 111 局的科恩在季后赛里数据比常规赛差了约 10%（见表 B-3）。

表 B-3　里维拉、佩蒂特和科恩在常规赛和季后赛中的投球率数据

球员	常规赛 ERA	季后赛 ERA	差别（%）
里维拉	2.21	0.70	-70
佩蒂特	3.85	3.81	-1
科恩	3.46	3.80	10

我向热纳罗询问投球数据的差异，他承认，除了样本量小、疲劳、秋天温度较低会减小抓球力外，他也没有合理的解释。我原以为季后赛球队的打击平均数据也许能更好解释投球数据的变化，但数据显示出的差距并没有我想象的那么大。

附录 C

2015 年皇马的组织架构

2015 年，皇马的组织架构情况如下（见图 C-1）。

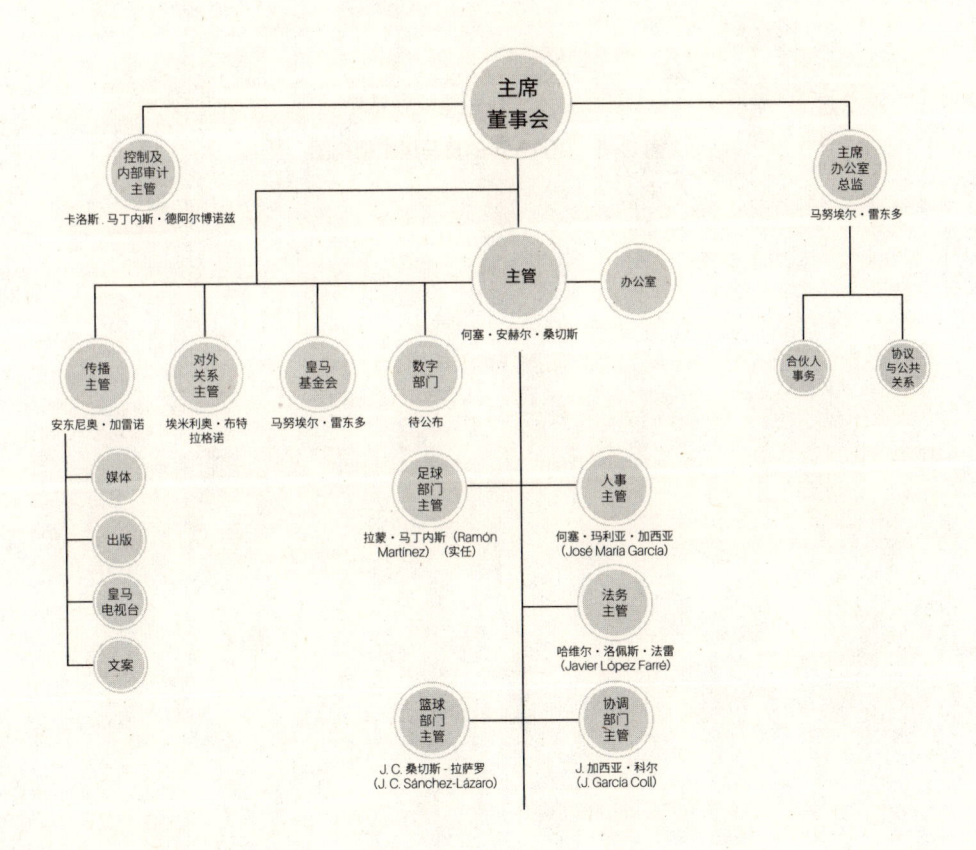

```
                              主席
                              董事会
         ┌─────────────────────┼─────────────────────┐
   控制及                                          主席
   内部审计                                        办公室
   主管                                            总监
   卡洛斯·马丁内斯·德阿尔博诺兹                    马努埃尔·雷东多
         │                    │
         │                   主管                  办公室
         │                   何塞·安赫尔·桑切斯
   ┌─────┼─────┬─────┬─────┤                      ┌─────┬─────┐
  传播   对外   皇马   数字                         合伙人  协议
  主管   关系   基金会 部门                         事务    与公共
         主管          待公布                               关系
  安东尼奥·加雷诺
         埃米利奥·布特     马努埃尔·雷东多
         拉格诺
   │                   │
  媒体               足球              人事
                     部门              主管
                     主管              何塞·玛利亚·加西亚
  出版               拉蒙·马丁内斯     (José María García)
                    （Ramón
  皇马               Martínez）（实任）
  电视台                             法务
                                     主管
  文案                               哈维尔·洛佩斯·法雷
                                     (Javier López Farré)
                    篮球              协调
                    部门              部门
                    主管              主管
                    J.C.桑切斯-拉萨罗  J.加西亚·科尔
                    (J. C. Sánchez-Lázaro) (J. García Coll)
```

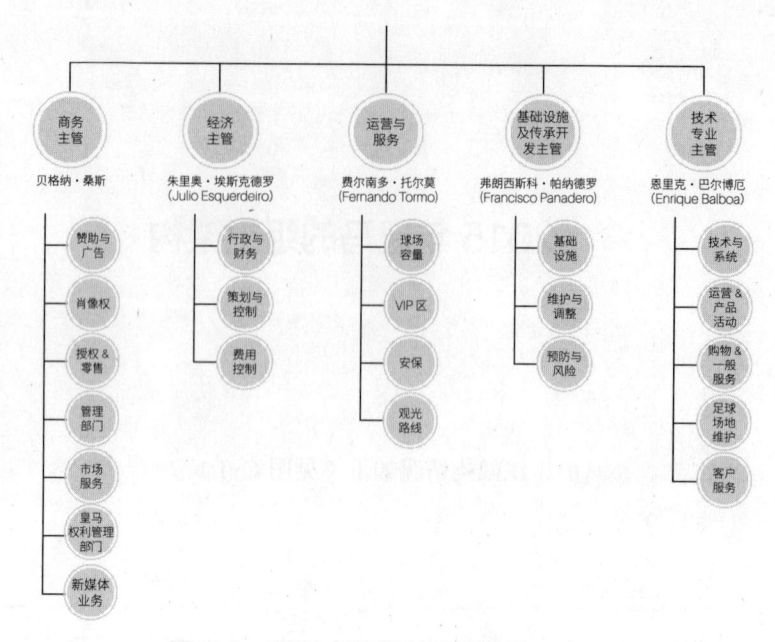

图 C-1　2015 年的皇马组织架构图

320　银河战舰皇家马德里　THE REAL MADRID WAY

附录 D

明星、工兵及年轻人的相关分析

按照我们的定义，表 D-1 展示了皇马队中 2000—2001 赛季到 2014—2015 赛季的明星球员，表 D-2 展示了皇马 2000 年至 2015 年各赛季的数据统计。

表 D-1　2000—2001 赛季到 2014—2015 赛季皇马明星球员的数据统计

赛季	球员	位置	年龄（岁）	总上场时间（分钟）	进球数（个）
2000—2001	罗伯托·卡洛斯	后卫	27	4 490	10
	路易斯·菲戈	中场	28	4 375	14
	劳尔	前锋	23	4 315	32
2001—2002	罗伯托·卡洛斯	后卫	28	4 525	6
	费尔南多·耶罗	后卫	33	4 209	5
	齐内丁·齐达内	中场	29	4 052	12
	路易斯·菲戈	中场	29	3 910	11
	劳尔	前锋	24	4 854	29
2002—2003	伊克尔·卡西利亚斯	守门员	21	4 950	-64
	罗伯托·卡洛斯	后卫	29	4 896	7
	费尔南多·耶罗	后卫	34	3 320	1
	路易斯·菲戈	中场	30	4 241	12
	齐内丁·齐达内	中场	30	4 107	12
	劳尔	前锋	25	4 042	25
	罗纳尔多	前锋	26	3 359	30
2003—2004	伊克尔·卡西利亚斯	守门员	22	4 500	-63
	罗伯托·卡洛斯	后卫	30	4 346	8

续表

赛季	球员	位置	年龄(岁)	总上场时间(分钟)	进球数(个)
	路易斯·菲戈	中场	31	4 516	14
	齐内丁·齐达内	中场	31	4 127	10
	大卫·贝克汉姆	中场	28	4 036	7
	劳尔	前锋	26	4 553	20
	罗纳尔多	前锋	27	3 917	31
2004—2005	伊克尔·卡西利亚斯	守门员	23	4 223	-41
	罗伯托·卡洛斯	后卫	31	4 034	4
	大卫·贝克汉姆	中场	29	3 107	4
	齐内丁·齐达内	中场	32	3 204	6
	路易斯·菲戈	中场	32	3 115	7
	罗纳尔多	前锋	28	3 639	24
	劳尔	前锋	27	3 487	13
	迈克尔·欧文（Michael Owen）	前锋	25	2 427	16
2005—2006	伊克尔·卡西利亚斯	守门员	24	4 290	-51
	罗伯托·卡洛斯	后卫	32	3 962	6
	大卫·贝克汉姆	中场	30	3 617	5
	齐内丁·齐达内	中场	33	2 739	9
	罗比尼奥	前锋	21	3 779	12
	罗纳尔多	前锋	29	2 154	15
	劳尔	前锋	28	2 230	7
2006—2007	伊克尔·卡西利亚斯	守门员	25	4 050	-50
	罗伯托·卡洛斯	后位	33	2 651	3
	法比奥·卡纳瓦罗	后卫	33	3 358	0
	鲁德·范尼斯特鲁伊	前锋	30	4 004	33
	劳尔	前锋	29	3 334	12
	罗比尼奥	前锋	22	2 509	8
	大卫·贝克汉姆	中场	31	1 936	4
	罗纳尔多	前锋	30	645	4
2007—2008	伊克尔·卡西利亚斯	守门员	26	4 140	-51
	法比奥·卡纳瓦罗	后卫	34	3 601	1
	劳尔	前锋	40	4 035	23
	罗比尼奥	前锋	23	2 835	15
	鲁德·范尼斯特鲁伊	前锋	31	2 624	20

续表

赛季	球员	位置	年龄（岁）	总上场时间（分钟）	进球数（个）
	阿尔扬·罗本（Arjen Robben）	中场	23	1 588	5
2008—2009	伊克尔·卡西利亚斯	守门员	27	4 230	-67
	塞尔吉奥·拉莫斯	后卫	22	3 629	6
	法比奥·卡纳瓦罗	后卫	35	3 076	0
	阿尔扬·罗本	中场	24	2 693	8
	劳尔	前锋	31	3 838	24
	鲁德·范尼斯特鲁伊	前锋	32	980	10
	罗比尼奥	前锋	24	64	0
2009—2010	伊克尔·卡西利亚斯	守门员	28	4 140	-44
	塞尔吉奥·拉莫斯	后卫	23	3 513	4
	卡卡	中场	27	2 524	9
	C罗	前锋	24	2 914	33
	卡里姆·本泽马	前锋	22	1 714	9
	劳尔	前锋	32	1 513	7
	鲁德·范尼斯特鲁伊	前锋	33	129	1
2010—2011	伊克尔·卡西利亚斯	守门员	29	4 802	-40
	塞尔吉奥·拉莫斯	后卫	24	4 049	4
	梅苏特·厄齐尔（Mesut Özil）	中场	22	3 823	10
	C罗	前锋	25	4 605	53
	卡里姆·本泽马	前锋	23	2 760	26
	卡卡	中场	28	988	7
2011—2012	伊克尔·卡西利亚斯	守门员	30	4 800	-49
	塞尔吉奥·拉莫斯	后卫	25	4 497	4
	梅苏特·厄齐尔	中场	23	3 840	7
	C罗	前锋	26	4 898	60
	卡里姆·本泽马	前锋	24	3 448	32
	卡卡	中场	29	2 055	8
2012—2013	伊克尔·卡西利亚斯	守门员	31	2 528	-28
	塞尔吉奥·拉莫斯	后卫	26	3 539	5
	梅苏特·厄齐尔	中场	24	3 562	10
	C罗	前锋	27	4 632	55
	卡里姆·本泽马	前锋	25	2 878	20
	卡卡	中场	30	1 323	5

续表

赛季	球员	位置	年龄（岁）	总上场时间（分钟）	进球数（个）
2013—2014	塞尔吉奥·拉莫斯	后卫	27	4 350	7
	卡里姆·本泽马	前锋	26	4 040	24
	C罗	前锋	28	4 026	51
	安赫尔·迪玛利亚	前锋	25	3 749	11
	加雷斯·贝尔	前锋	24	3 327	22
	伊克尔·卡西利亚斯	守门员	32	2 115	-12
	梅苏特·厄齐尔	中场	25	134	0
2014—2015	伊克尔·卡西利亚斯	守门员	33	4 230	-46
	塞尔吉奥·拉莫斯	后卫	28	3 533	7
	哈梅斯·罗德里格斯	中场	23	3 506	17
	C罗	前锋	29	4 644	61
	加雷斯·贝尔	前锋	25	4 036	17
	卡里姆·本泽马	前锋	27	3 653	22

表 D-2 2000 年至 2015 年的各赛季数据统计

赛季	教练	平均年龄（岁） 球队	平均年龄（岁） 明星	平均年龄（岁） 工兵	平均年龄（岁） 年轻人	球队构成 (%) 明星	球队构成 (%) 工兵	球队构成 (%) 年轻人	平均上场时间占比 (%) 明星	平均上场时间占比 (%) 工兵	平均上场时间占比 (%) 年轻人	平均进球数占比 (%) 明星	平均进球数占比 (%) 工兵	平均进球数占比 (%) 年轻人
2000—2001	博斯克	24.6	26.0	26.5	20.0	11	61	29	86	44	12	47	50	0
2001—2002	博斯克	24.8	28.6	26.6	20.5	16	50	34	73	36	15	49	46	2
2002—2003	博斯克	25.0	27.9	26.8	20.8	24	41	34	74	42	7	60	24	15
2003—2004	卡洛斯·奎罗斯 (Carol Queiroz)	25.0	27.9	27.1	21.8	25	32	43	81	45	12	80	16	4
2004—2005	卡马乔，加西亚·拉蒙，万德雷·卢森博格 (Vanderiel Luxemburgo)	24.8	28.4	28.7	20.7	25	28	47	73	45	8	80	18	1
2005—2006	卢森博格，胡安·拉蒙兹·卡罗 (Juan Ramón López Caro)	24.9	28.1	26.5	20.9	25	39	36	70	38	19	59	26	12
平均	无	24.8	27.8	27.0	20.8	21	42	37	76	42	12	62	30	5
2006—2007	法比奥·卡佩罗 (Fabio Capello)	25.2	29.1	25.3	21.6	28	41	31	62	42	11	70	26	1
2007—2008	贝恩德·舒斯特尔 (Bernd Schuster)	25.4	27.8	25.6	22.0	24	56	20	67	44	14	60	34	5
2008—2009	舒斯特尔，胡安德·拉莫斯 (Juande Ramos)	25.2	27.9	25.8	22.1	22	50	28	59	37	10	46	51	1
平均	无	25.3	28.3	25.6	21.9	24	49	26	63	41	12	59	37	2
2009—2010	曼努埃尔·佩莱格里尼 (Manuel Pellegrini)	25.5	27.0	26.1	20.8	27	58	15	54	47	3	53	46	1

附录 D　明星、工兵及年轻人的相关分析　　325

续表

赛季	教练	平均年龄（岁）			球队构成（%）			平均上场时间占比（%）			平均进球数占比（%）		
		球队	明星	工兵	年轻人	明星	工兵	年轻人	明星	工兵	年轻人	明星	工兵	年轻人
2010—2011	穆里尼奥	23.9	25.2	26.1	20.6	17	46	37	66	42	3	68	29	2
2011—2012	穆里尼奥	24.3	26.2	25.5	21.0	20	50	30	75	41	4	64	27	8
2012—2013	穆里尼奥	24.9	27.2	26.8	20.3	18	52	30	56	43	3	62	33	1
2013—2014	安切洛蒂	25.1	26.7	26.1	21.2	28	48	24	58	52	13	72	17	11
2014—2015	安切洛蒂	24.8	27.3	26.1	20.4	23	50	24	64	41	5	77	17	4
平均	无	24.8	26.6	26.1	20.7	22	50	27	62	44	5	66	28	4

资料来源：OptaPro Sports Data。

注：1. 进球数总和不等于100%，因为没有计算乌龙球。

2. 计算上场时间时使用了每类球员（明星、工兵和年轻人）每个赛季的平均上场时间，显示的是在一个赛季里总上场时间的总占比。

3. 每类球员（明星、工兵、年轻人）的平均上场时间代表的是每类球员在赛季中上场时间在总时间中所占百分比。因此，如果一个类别中的所有球员在全部比赛中都踢满全场，那么这类球员的百分比就是100%。

4. 包括了所有比赛，不只是西甲联赛。

5. 对球员的分类非常主观，我们要考虑球员的转会费、公开排名以及是否作为国家队首发球员等因素。

6. 不同年份，球员可能被划入不同类别。

7. 大多数皇马球员都可以被划入明星一类。

8. 最后，当我们把球归入明星一类时，我们会尽量使用西班牙纳维拉大学商学院的凯斯、戈麦斯和乌鲁希亚教授最初在他们的学术研究中提出的方法。我们也更新了他们对巴萨的分析。

326　银河战舰皇家马德里　THE REAL MADRID WAY

未来，属于终身学习者

我们正在亲历前所未有的变革——互联网改变了信息传递的方式，指数级技术快速发展并颠覆商业世界，人工智能正在侵占越来越多的人类领地。

面对这些变化，我们需要问自己：未来需要什么样的人才？

答案是，成为终身学习者。终身学习意味着永不停歇地追求全面的知识结构、强大的逻辑思考能力和敏锐的感知力。这是一种能够在不断变化中随时重建、更新认知体系的能力。阅读，无疑是帮助我们提高这种能力的最佳途径。

在充满不确定性的时代，答案并不总是简单地出现在书本之中。"读万卷书"不仅要亲自阅读、广泛阅读，也需要我们深入探索好书的内部世界，让知识不再局限于书本之中。

湛庐阅读 App: 与最聪明的人共同进化

我们现在推出全新的湛庐阅读 App，它将成为您在书本之外，践行终身学习的场所。

- 不用考虑"读什么"。这里汇集了湛庐所有纸质书、电子书、有声书和各种阅读服务。
- 可以学习"怎么读"。我们提供包括课程、精读班和讲书在内的全方位阅读解决方案。
- 谁来领读？您能最先了解到作者、译者、专家等大咖的前沿洞见，他们是高质量思想的源泉。
- 与谁共读？您将加入优秀的读者和终身学习者的行列，他们对阅读和学习具有持久的热情和源源不断的动力。

在湛庐阅读 App 首页，编辑为您精选了经典书目和优质音视频内容，每天早、中、晚更新，满足您不间断的阅读需求。

【特别专题】【主题书单】【人物特写】等原创专栏，提供专业、深度的解读和选书参考，回应社会议题，是您了解湛庐近千位重要作者思想的独家渠道。

在每本图书的详情页，您将通过深度导读栏目【专家视点】【深度访谈】和【书评】读懂、读透一本好书。

通过这个不设限的学习平台，您在任何时间、任何地点都能获得有价值的思想，并通过阅读实现终身学习。我们邀您共建一个与最聪明的人共同进化的社区，使其成为先进思想交汇的聚集地，这正是我们的使命和价值所在。

CHEERS

湛庐阅读 App
使用指南

读什么
- 纸质书
- 电子书
- 有声书

怎么读
- 课程
- 精读班
- 讲书
- 测一测
- 参考文献
- 图片资料

与谁共读
- 主题书单
- 特别专题
- 人物特写
- 日更专栏
- 编辑推荐

谁来领读
- 专家视点
- 深度访谈
- 书评
- 精彩视频

HERE COMES EVERYBODY

下载湛庐阅读 App
一站获取阅读服务

版权所有，侵权必究
本书法律顾问　北京市盈科律师事务所　崔爽律师

The Real Madrid Way by Steven G. Mandis
Copyright © 2016 by Steven G. Mandis.
Published by arrangement with BenBella Books, Inc., Folio Literary Management, LLC, and The Grayhawk Agency, Ltd.
All rights reserved.

本书中文简体字版经授权在中华人民共和国境内独家出版发行。未经出版者书面许可，不得以任何方式抄袭、复制或节录本书中的任何部分。

湖南省版权局著作权合同登记章字：18-2024-170 号

著作权所有，请勿擅用本书制作各类出版物，违者必究。

图书在版编目（CIP）数据

银河战舰皇家马德里 /（美）史蒂芬·曼迪斯著；
傅婧瑛译 . -- 长沙：湖南教育出版社，2024.9.
ISBN 978-7-5754-0279-8

Ⅰ . G843.655.1
中国国家版本馆CIP数据核字第2024RY8964号

YINHE ZHANJIAN HUANGJIA MADELI
银河战舰皇家马德里

| 出 版 人：刘新民 |
| 责任编辑：杨　宁　吴志鹏 |
| 封面设计：湛庐文化 |
| 出版发行：湖南教育出版社（长沙市韶山北路443号） |
| 网　　址：www.jiaxiaoclass.com |
| 微 信 号：家校共育网 |
| 电子邮箱：hnjycbs@sina.com |
| 客服电话：0731-85486979 |
| 经　　销：全国新华书店 |
| 印　　刷：唐山富达印务有限公司 |
| 开　　本：710mm×965mm　1/16 |
| 印　　张：22 |
| 字　　数：335千字 |
| 版　　次：2024年9月第1版 |
| 印　　次：2024年9月第1次印刷 |
| 书　　号：ISBN 978-7-5754-0279-8 |
| 定　　价：109.90元 |

本书若有印刷、装订错误，可向承印厂调换。